Caminhos da educação integral católica

Emarianne Campanha Teixeira

Caminhos da educação integral católica

Do horizonte do Concílio Vaticano II
às trilhas educacionais brasileiras

Dados Internacionais de Catalogação na Publicação (CIP)
(Câmara Brasileira do Livro, SP, Brasil)

Teixeira, Emarianne Campanha
   Caminhos da educação integral católica : do horizonte do Concílio Vaticano II às trilhas educacionais brasileiras / Emarianne Campanha Teixeira. -- 1. ed. -- São Paulo : Edições Loyola, 2023. -- (Perspectivas educacionais)

   Bibliografia.
   ISBN 978-65-5504-255-9

   1. Catolicismo 2. Concílios ecumênicos e sínodos - História 3. Concílio Vaticano II 4. Educação cristã 5. Escolas católicas - Educação - Brasil 6. Igreja Católica - Educação 7. Igreja Católica - Educação - Documentos papais I. Título. II. Série.

23-146719 CDD-268

Índices para catálogo sistemático:
1. Educação cristã 268

Aline Graziele Benitez - Bibliotecária - CRB-1/3129

Preparação: Ellen Barros
Capa: Viviane Bueno Jeronimo
   Composição a partir da imagem de © nikhg | Adobe Stock e da ilustração de © art_of_line | Adobe Stock. No detalhe da contracapa, imagem de © Jorge | Adobe Stock e da ilustração de © art_of_line | Adobe Stock.
Diagramação: Sowai Tam

Edições Loyola Jesuítas
Rua 1822 nº 341 – Ipiranga
04216-000 São Paulo, SP
T 55 11 3385 8500/8501, 2063 4275
editorial@loyola.com.br
vendas@loyola.com.br
www.loyola.com.br

Todos os direitos reservados. Nenhuma parte desta obra pode ser reproduzida ou transmitida por qualquer forma e/ou quaisquer meios (eletrônico ou mecânico, incluindo fotocópia e gravação) ou arquivada em qualquer sistema ou banco de dados sem permissão escrita da Editora.

ISBN 978-65-5504-255-9

© EDIÇÕES LOYOLA, São Paulo, Brasil, 2023

102534

Dedico este livro a todos que acreditam
que a educação integral é um dos caminhos
para humanizar o mundo e a história.

Não basta a leitura sem a unção, a especulação sem a devoção, a pesquisa sem maravilhar-se; a circunspecção sem o júbilo, o trabalho sem a piedade, a ciência sem a caridade, a inteligência sem a humildade, o estudo sem a graça.

(São Boaventura, *Itinerarium mentis in Deum*, prol. 4)

Lista de siglas

AG	*Ad Gentes* (Decreto sobre a atividade missionária da Igreja)
AS	Ata Sinodal *Sacrosanti Concilii Oecumenici Vaticani II*
AD	Ata e Documentos *Concilio Oecumenico Vaticano II*
CC	Comissão Central
CCC	Comissão de Coordenação do Concílio
CP	Comissão Preparatória
CSS	Comissão dos Seminários e dos Estudos (na fase preparatória)
CSSE	Comissão dos Seminários, dos Estudos e da Educação (na fase conciliar)
DH	*Dignitatis Humanae* (Declaração sobre a liberdade religiosa)
DIM	*Divini Illius Magistri* (Carta encíclica acerca da educação cristã da juventude)
GE	*Gravissimum Educationis* (Declaração sobre a educação cristã)
GS	*Gaudium et Spes* (Constituição Pastoral sobre a Igreja no mundo atual)
IM	*Inter Mirifica* (Decreto sobre os meios de comunicação social)
LG	*Lume Gentium* (Constituição Dogmática sobre a Igreja)
REB	*Revista Eclesiástica Brasileira*

Sumário

Prefácio
A favor da educação integral 15

Introdução 19

1. Tradição conciliar da Igreja: em busca de uma educação integral 33
    1.1. Traços de uma educação integral na tradição da Igreja 39
        1.1.1. Da *paideia* ao seu desdobramento de educação integral 46
    1.2. Tradição conciliar e educação integral no Concílio Vaticano II 53
    1.3. A Igreja e a modernidade 60
    1.4. O Concílio Vaticano II 66

2. Da gênese do projeto educativo conciliar: *Gravissimum Educationis*,
um caminho de recessos, debates, consensos e dissensos 81
    2.1. Os primeiros trabalhos das comissões 83
        2.1.1. O documento base de Suárez Diéz Laureano: "Das escolas
católicas" 84
        2.1.2. Os conceitos de educação e escola 88
        2.1.3. O Texto 1, *De scholis catholicis*: fruto de um
longo trabalho redacional 96
        2.1.4. As observações da Comissão Central dirigidas ao Texto 1 102
        2.1.5. O Texto 2, proposto ao Concílio, *De scholis catholicis
et de studiis academicis* 107
    2.2. O percurso do documento durante o Concílio: elementos de
continuidade e descontinuidade 112

2.2.1. O Texto 5, "*Textus Shematis iuxta Patrum animadversiones recognit*" 120
2.2.2. O Texto 6, *Shemata Propositionum De Scholis Catholicis* 122
2.2.3. O Texto 7, a *Declaração de Educação Cristã* 127
2.3. As intervenções dos padres: 17-19 de novembro e os textos entregues às comissões 129
    2.3.1. A conclusão do relator Daem e as considerações finais sobre o texto 132

3. Um documento aberto ao mundo: a *Gravissimum Educationis* 137
3.1. Das votações: as críticas que levaram ao amadurecimento da Declaração *Gravissimum Educationis* 142
3.2. Os limites do discurso educativo 146
3.3. Os responsáveis pela educação 148
3.4. A escola 149
3.5. As universidades 151
3.6. A votação final: um documento aberto ao mundo 152
3.7. A *Gravissimum Educationis*: da sua projetualidade e influência verso ao futuro 157
    3.7.1. Relação de continuidade e comparação e evolução entre a GE e a DIM 160
    3.7.2. Da escola enquanto comunidade 165
    3.7.3. Os princípios da educação cristã aprofundados no tempo 169

4. *Aggiornamento* educacional do Concílio Vaticano II na Conferência de Medellín: a singularidade da educação libertadora e integral 175
4.1. Medellín: seu contexto, identidade e projetualidade na América Latina 181
    4.1.1. A Conferência de Medellín e o horizonte de suas teses 188
4.2. Da recepção da Declaração Conciliar *Gravissimum Educationis* à educação integral e libertadora como direito inalienável 193
    4.2.1. A educação libertadora no documento de Medellín 201
    4.2.2. A educação como caminho de humanização e novos horizontes 211

5. A educação integral e libertadora católica nas trilhas educacionais do Brasil 221
5.1. Repercussões do Concílio Vaticano II e Medellín nos colégios católicos: os sinais da educação libertadora 225

5.2. A educação libertadora em boletins da AEC 230
    5.2.1. Educação libertadora no Boletim ano 4, n. 16,
    2º trimestre de 1975 234
    5.2.2. Educação libertadora no Boletim, ano 17, n. 67 de 1988 246
5.3. Limites e possibilidades da educação libertadora
para a educação católica 258
5.4. Em síntese: caminhos em vista 262

6. Considerações sobre a educação integral no Brasil: caminhos que se cruzam 269
    6.1. Educação católica e possíveis diálogos com Anísio Teixeira
e Paulo Freire a partir da educação integral e libertadora 284
        6.1.1. Educação Integral em Anísio Teixeira: uma prática construída
a partir de influências e memórias de um educador 287
        6.1.2. A educação integral e libertadora no pensamento de
Paulo Freire: uma prática libertadora 298
    6.2. Educar juntos: trilhas que conduzem ao mesmo caminho 308

Considerações finais 315

Referências 325

ANEXO A. Atas e Documentos da Série 1 339

ANEXO B. Atas Sinodais do Sacrossanto
                Concílio Ecumênico Vaticano II 339

ANEXO C. Documentos do Concílio Vaticano II 341

Prefácio

A favor da educação integral

Em tempos de formação fragmentada do ser humano, de subjetividades administradas, temos em nossas mãos uma obra sobre Educação Integral, fruto de uma investigação extensa e acurada realizada em nível de doutorado sobre Educação Integral Católica, tarefa empreendida por Emarianne Campanha Teixeira.

O tema da Educação Integral é caro aos educadores que se põem a favor do ser humano e de suas condições de vida historicamente situadas.

Desde a Grécia Clássica, com a *paideia*, no Renascimento, com as propostas anarquistas e socialistas, e nas formulações em termos de *Bildung* no século XIX até aos dias de hoje não deixou de se colocar o desafio da formação integral/completa do homem, hoje posta em grande desfavor face ao domínio da indústria cultural, da razão instrumental, da vida administrada a favor de poucos, da latente presença da violência do Estado burguês.

Em seus estudos, Adorno nos alerta que o objetivo último da indústria cultural é a dependência e a servidão dos homens, e que seu efeito final é um anti-Iluminismo (anti–*Aufklärung*). Ela impede a formação de indivíduos autônomos, capazes de julgar e decidir conscientemente.

Quando do seu retorno à Alemanha, em 1950, após o exílio nos Estados Unidos, nas conferências junto à Divisão de Educação e Cultura da Rádio do Estado de Essen, Adorno se deteve ao menos uma vez por mês, entre 1959 e 1969, sobre as "questões educacionais da atualidade" (KADELBACH, 1995, 9).

O período das referidas conferências foi um tempo em que os países da Europa Central já se apresentavam, economicamente, recuperados do flagelo da Segunda Guerra Mundial. A média do desemprego na Europa Ocidental já estacionava em 1,5% (HOBSBAWM, 1997, 254). A Alemanha Ocidental vivia juntamente com os outros países centrais do capitalismo, período que ficou conhecido como a "Era de Ouro". Eram tempos de Estado de Bem-Estar Social, no qual as garantias de pleno emprego, de direitos sociais, como saúde para todos, educação para todos, moradia e aposentadoria, se efetivavam. As economias dos países centrais do capitalismo integravam ao setor produtivo avanços tecnológicos no campo da eletrônica e da comunicação, baseados na ciência do entreguerras e mesmo do pós-Segunda Guerra. Este processo, segundo o qual ciência e tecnologia se transformam em forças produtivas, exigindo cada vez menos mão de obra, ainda tinha um ímpeto tal que os níveis de desemprego da classe trabalhadora eram mínimos. Na Europa e mais propriamente na Alemanha dividida pelo "muro da vergonha", o sistema capitalista triunfava na Alemanha Ocidental não certamente sem uma grande demonstração de capacidade de administrar crises. "Havia uma espetacular reestruturação e reforma do capitalismo e um avanço bastante espetacular na globalização e internacionalização da economia". (HOBSBAWM, 1997, 264). O capitalismo estava irreconhecível! Essa face desenhava-se no contexto da Guerra Fria e, por conta disso, o crescimento econômico se derramava em conquistas sociais que, hoje, quando parece haver um projeto único para a humanidade, refluem. Apesar desse quadro econômico e social no qual a classe operária alemã ocidental ascendia à condição de classe média e, portanto, de um bem-estar do ponto de vista do consumo de bens, a Alemanha Ocidental era ainda trespassada pela memória das atrocidades cometidas pelas práticas políticas do regime de exceção nazista. O julgamento de Nuremberg provocava os olhares para o que tinha sido cometido, por outro lado, não estavam afastados os princípios que tinham levado a tal. Também uma onda (1966-1968) estudantil de agitação revolucionária varria a Europa, com protestos contra as estruturas autoritárias das universidades e da sociedade, a Alemanha Ocidental e a França eram seus cenários maiores. É neste contexto histórico que entendemos as conferências e os textos de Adorno, visto que o debate sobre educação estava na rua. Na década de 1960, a educação e a escolaridade eram perpassadas, no mundo capitalista, pela Teoria do Capital Humano, e a ciência e tecnologia (agora transformadas em forças produtivas e apropriadas pelo capital) eram tidas como novas divindades endeusadas, forças autonomizadas e transformadoras do mundo. Para Adorno, nem educação, nem ciência, nem tecnologia eram necessariamente fatores de emancipação.

Nosso autor apontava que, depois de Auschwitz, é preciso elaborar o passado e criticar o presente, evitando que este se perdure e, assim, que aquele se repita. O filósofo alertava os educadores em relação ao deslumbramento geral e, em particular, à educação administrada que ameaça o conteúdo ético do processo formativo em função de sua determinação social. Isto é, advertia contra os efeitos negativos de um processo educacional pautado meramente numa estratégia de "esclarecimento" sem levar na devida conta a forma social em que a educação se concretiza como apropriação de conhecimentos técnicos (MAAR, 1997, 11). Adorno alertava em suas conferências e textos que a barbárie de Auschwitz chegou à racionalidade moderna (a racionalidade ao serviço de um projeto exploratório, diríamos) e, com ela, a educação, não deve nem pode se repetir.

Passado mais de meio século das reflexões de Adorno sobre educação, assombra-nos, ainda mais, a semiformação que levou a Auschwitz. A razão administrada sob os interesses do capital não se constrange perante os milhões de seres humanos cercados por arame farpado em campos de refugiados, ou em fuga dormindo debaixo de pontes que, em lugar de estabelecerem caminhos, são barreiras à integração. A tragédia da fome e do gueto se instala para adultos, velhos e crianças, populações que pagam com a vida e o que sobra é descartado como lixo pelas classes que vivem do trabalho de outras.

Parece que os tempos de hoje são mais difíceis e trágicos do que aqueles quando Adorno proferiu suas conferências.

Entretanto, reivindica-se educação integral como uma necessidade de sobrevivência à humanidade. Não se trata de inventá-la, porque sempre esteve aí, como dito, seja com a *paideia* grega, os anarquistas, os socialistas, a *Bildung*.

Contudo, na obra em que antepomos este prefácio, é apresentada e requerida por outro ângulo, outra perspectiva, a da tradição do Concílio

Vaticano II, suas proposições educacionais advindas da Declaração *Gravissimum Educationis* (1965), recepcionadas na América Latina com a II Conferência de Medellín.

Em Medellín, a educação integral proposta pelos bispos conciliares do Vaticano II encontra seu desejo e compromisso, se engrandece, que seja libertadora. Ali, Paulo Freire e seus propósitos juntam-se aos desígnios do Concílio e lhe adensam as ações para que frutifiquem nos processos educativos das comunidades humanas/populares ou nos colégios católicos do Brasil.

Esse encontro, que resiste, está, hoje, sujeito a ações políticas de invisibilidade, de descrença e defenestramento.

Entretanto, teima-se em levantar a Educação Integral, a repor-se o debate, reclama-se pelo diálogo com uma certa tradição na esteira de Anísio Teixeira, ou mesmo a encontrar nas encruzilhadas os caminhos da formação para a emancipação humana.

A favor da Educação Integral, a obra em tela é bem-vinda!

À leitura!

Curitiba, novembro de 2021
Professora Maria de Fátima Rodrigues Pereira

Referências

Adorno, T. W. *Educação e emancipação*. São Paulo: Paz e Terra, 1995.
Hobsbawm, E. *Era dos extremos. O breve século XX, 1914-1991*. São Paulo: Autores Associados, 1997.

Introdução

Ao iniciar este livro, nos inspira o poema "Cantares", de Antônio Machado, que nos seus versos entoa que "o caminho se faz ao caminhar". Esta metáfora que perpassa o poema pode soar como despreparo em uma soma de passos que não projeta o futuro ou, paradoxalmente, pode exprimir a verdadeira identidade do ser humano, "o caminho se faz caminhando", somos nós, peregrinos, itinerantes, por isso o poeta tem muitas razões e lucidez quando diz: "tudo passa e tudo fica, porém o nosso é passar, passar fazendo caminhos, caminhos sobre o mar" (Machado, 1912).

Caminhar é um gesto subversivo. É a metáfora do pensar. Caminhar é saber (Kagge, 2018). O caminhar revela a multilinearidade dos caminhos, revela a finitude diante do imenso: até Heráclito afirmava que, por mais que se caminhe na alma, os limites nunca serão alcançados, pois caminhar envolve uma forma pacífica de reinventar o tempo e o espaço numa postura humilde diante do mundo.

Aristóteles ensinava caminhando sob os pórticos do Liceu e seus alunos eram chamados de peripatéticos, do grego, *peripatein* (andar). Os sofistas, por outro lado, viajavam de cidade em cidade a pé para ensinar retórica. Sócrates adorava andar e falar, e os estoicos discutiam filosofia enquanto caminhavam sob o Stoa, os pórticos de Atenas. Desde então, caminhar se tornou um ato revolucionário, quase subversivo. Lao Tsé escreveu que uma jornada de mil quilômetros sempre começa com um passo. O primeiro passo.

Sendo assim, a relação entre literatura, religião, filosofia, antropologia, sociologia, política e educação é um caminhar, é interminável. Como escreveu Honoré de Balzac, em "Théorie de la démarche", os autores fazem "nascer os pensamentos enquanto caminham" e reembalam suas experiências por meio da escrita (BALZAC, 1993).

Para Gabriel Marcel (2005), filósofo do século XX, a existência humana, enquanto experiência itinerante, é uma "condição fundamental de um Ser viajante" (MARCEL, 2005, 17). Em sua obra *O Homo Viator*, Marcel procura descrever o caminho do homem itinerante. Nela, o teórico fala de um percurso que passa pelas trilhas da relação entre o eu e o tu, fala, ainda, de uma caminhada que pretende mostrar o modo como a existência nos envolve e nos cerca a partir de todas as manifestações vitais. Esse é um testemunho autêntico, pois a verdade do Ser surge à medida que esse ser se põe ousadamente a caminhar.

Nesse sentido é que nos dispomos a caminhar na tessitura inacabada desta obra, não como espectadores e/ou curiosos que, contemplando uma paisagem, não se sentem parte constituinte dela, mas como pessoas que interagem com a história numa atitude dialética, de alguém que, resistindo à tentação de se mover pelas respostas dadas, dispõem-se a formular as perguntas que ainda não foram feitas; a procurar participar e construir um pensamento que não se move de maneira linear, mas que se abre na perspectiva de espiral que, à medida que se move, descobre e anuncia outras formas e possibilidades.

Mais do que uma exigência de caráter acadêmico, a pesquisa, em torno da Educação Católica, constitui uma resposta a um imperativo espiritual, acadêmico e profissional, desencadeado pela convicção da responsabilidade histórica que a Igreja assume diante da educação.

A Igreja sempre reservou peculiar atenção à educação, concebendo a tarefa educativa como uma realidade inerente à própria natureza. O cristianismo considerou a questão educacional desde as suas origens, não por uma tese preconcebida ou reducionista, interpretada a partir do seu próprio ângulo, mas por uma necessidade incita na terminologia de sua doutrina, em que a posição educativa permanece preeminente, sempre a caminho. Torna-se evidente que a comunidade cristã, na sua missão de anunciar o Evangelho a todos os homens, nunca esteve ausente do âmbito educacional, ao invés disso, ela se revela na história das Instituições Educativas e para além delas, num projeto educacional que vive da história e por meio dela cresce e se desenvolve.

A partir dessas premissas, este livro apresenta uma investigação sobre os caminhos da educação integral católica a partir do horizonte do Concílio Vaticano II às trilhas educacionais brasileiras.

O Concílio Vaticano II, convocado por João XXIII, realizado de 1962 a 1965, aponta para a "extrema importância da educação" *(Gravissimum Educationis)* na vida do homem e no progresso da sociedade. Passados mais de cinquenta anos do evento do Concílio, a declaração conciliar continua sendo uma preciosa fonte de inspiração para a continuidade do projeto educativo da Igreja Católica. Cientes da brevidade e agilidade do documento, esse não conduz ao esquecimento do conturbado processo que conduziu à sua aprovação desde a fase preparatória. Para os padres conciliares, tratou-se de oferecer uma síntese sobre o delicado tema da educação e, mais especificamente, sobre o da educação cristã, dando indicações sobre como compreendê-la à luz da relação entre a Igreja e a sua responsabilidade diante da educação integral da pessoa, delineadas nas novas coordenadas do próprio Concílio.

A declaração *Gravissimum Educationis* utiliza a expressão "emergência educativa", despertando interlocuções acerca do motivo de a Igreja se interrogar sobre a temática da educação. Além das considerações contingentes apresentadas na declaração, a resposta a essa pergunta pode ser dada somente a partir de um olhar que perscrute o caminho educacional trilhado pela Igreja, que coloca em luz sua estreita relação com o empenho de possibilitar uma Educação Integral desde a sua tradição. Essa busca e posicionamento ocasionam um desvio a um presumível neutralismo e fortalecem a identidade da Igreja quando opta por um enquadramento pedagógico que considera o âmbito mais decisivo dos fins e trata não só do "como", mas também do "porquê", superando o mal-entendido de uma educação neutral, dando, de novo, ao processo educativo aquele caráter de unidade que impede a dispersão nos riachos dos diversos conhecimentos e aquisições (CONGREGAÇÃO EDUCAÇÃO CATÓLICA, 1997). É preciso afirmar que a educação católica é chamada a um caminho que, sem dúvida, define-se como educação integral.

Portanto este trabalho tem como questão norteadora: que caminhos da educação integral católica foram percorridos pela Igreja após o Concílio

Vaticano II nas trilhas educacionais do Brasil? Entendemos que percorrer o caminho da educação integral católica na compreensão de sua maturação histórica e social nos conduz a interrogar se essa fonte legítima e rica de significado, que envolve a pessoa num processo de humanização, tem sido introjetada nas trilhas educacionais brasileiras com vistas a ser o denominador comum das instituições católicas.

Nossa hipótese de trabalho é o caminho que se faz caminhando, sem a pretensa de resultados quantitativos. O que vislumbramos e consideramos como fator predominante é que a proposta de educação da Igreja Católica, nas suas raízes e no seu processo de continuidade, tem como base constituinte a educação integral, não somente como um conceito a ser efetivado, mas como um mandato, um compromisso, uma responsabilidade a ser dispensada em favor da pessoa e da sociedade.

Tendo dito isso, precisamos justificar a escolha deste tema e sua relevância para a pesquisa educacional católica a nível geral e também a nível de Brasil. A concepção educacional da Igreja aponta que educar vai além de instruir. Essa se subtrai da ênfase instrumental, competitiva e restritamente funcional que possui impostação na sociedade pós-moderna. Na visão cristã, a educação não encontra sua legitimidade somente ao serviço da economia de mercado e do trabalho, o *Instrumentus Laboris* (2014) afirma que: "não se trata de minimizar as exigências da economia [...], mas é preciso respeitar a pessoa na sua integralidade, desenvolvendo uma multiplicidade de competências que enriquecem a pessoa humana [...]" (CONGREGAÇÃO PARA EDUCAÇÃO CATÓLICA, 2014, n. 1).

A proposta da educação integral assumida neste trabalho reafirma o paradigma da competência interpretado segundo a visão humanista que supera a aquisição de conhecimentos específicos ou habilidades, referindo-se ao desenvolvimento de todos os recursos pessoais da pessoa num vínculo significativo entre escola e vida. A escolha pela categoria maior de "educação integral", que perpassa a gênese da prática educativa da Igreja em sua longa caminhada histórica, requer um resgate original e criativo da sua identidade que, interpretada no Concílio Vaticano II a partir dos sinais dos tempos, encontrou horizonte no Brasil a partir da Conferência de Medellín com a educação libertadora. Essa caminhada nos permitiu fazer memória do passado, como um resgate das fontes que a Educação Católica necessita revisitar para, assim, tornar autêntico seu projeto educacional que é responsável por caminhos de educação integral que conduzam a pessoa a seu desenvolvimento pleno.

Essa afirmação nos autoriza a caminhar para além do marco temporal inicial que, neste trabalho, condiz com o Concilio Vaticano II (1962-1965). Os cortes cronológicos resultam de opções da pesquisadora que, diante das análises das proposições educacionais da Igreja marcadas pelo movimento de continuidade e descontinuidade chamada de permanência e transformação, conduziu-nos a sistematizar o trabalho no envolvimento com momentos diferenciados da história.

O objetivo geral da investigação reside em explicitar os caminhos da educação integral católica assumidos após o Concílio Vaticano II em seus contextos, debates e finalidades, desdobrando-se nas suas especificidades a identificar na tradição da Igreja os traços de uma educação integral; explicitar os elementos fundamentais do percurso redacional da *Gravissimum Educationis* conduzida nas comissões, ressaltando a centralidade dos debates conciliares sobre o tema da educação nas posições dialéticas que acompanharam este processo em vista da educação integral; apontar os posicionamentos de acolhimento e recepção adotados pela Igreja latina diante das posições inovadoras do Concílio em relação à educação integral; trazer as perspectivas da educação integral e libertadora para o Brasil no seu movimento de acolhida e atualização, com inserção nas trilhas educacionais brasileiras; considerar a atuação da AEC por meio do Boletim Servir, individuando as temáticas produzidas em relação à educação integral e libertadora no período pós-concílio e apresentar os diálogos entre a educação integral no pensamento da Igreja católica, de Anísio Teixeira e Paulo Freire.

Nesse sentido, partimos da tradição conciliar da Igreja em vista de colher os elementos de permanência e continuidade que vão delineando o projeto educativo da Igreja. Nesse percurso, o Concílio Vaticano II demarca uma virada decisiva no âmbito educacional, em que nasce a inspiração de todos os documentos sucessivos do Magistério da Igreja sobre a educação, tendo por base a *Gravissimum Educationis*. Assim, as discussões contidas nesta tese dialogam entre passado e presente, alcançando a receptividade das inspirações conciliares acerca da educação nas Conferências da América Latina, em que nos detemos em Medellín (1968).

A concepção de educação integral trazida pelo Concílio Vaticano II é interpretada nessas conferências enquanto educação libertadora. "A educação latino-americana, numa palavra, é chamada a dar uma resposta ao repto do presente e do futuro em nosso continente. Somente assim será capaz de libertar a humanidade das servidões culturais, sociais, econômicas e políticas que se opõem ao nosso desenvolvimento" (CELAM, 2004, 116).

A sistematização da tese compreende duas partes, estruturadas em seis seções. A primeira parte, na sua primeira seção intitulada *Tradição conciliar da Igreja: em busca de uma educação integral,* constitui um preâmbulo, um caminho propedêutico que introduz a compreensão do mandato da Igreja enquanto educadora. No palmilhar da prática educacional inicial, mesmo ausente de sistematização ou conceituação do termo educação integral, seu campo de vida e experiências veiculam na sua práxis o pleno sentido de uma formação integral da pessoa. Não podemos falar de uma escola cristã organizada, mas de um ensinamento a ser transmitido em que o fulcro do processo de "enculturação" da mensagem cristã se realiza por meio da dinâmica educacional.

Nessa compreensão, reconstruímos, com dados antigos, a noção de educação enquanto formação integral que remonta o ideal educativo do mundo helênico contido no conceito de *paideia.* Sublinha-se que a ideia de educação integral, compreendida como processo de maturação harmônica do indivíduo, remanda inevitavelmente o ideal educativo do mundo helênico que, na cultura clássica, indicava um caminho de aquisição de um conjunto de conhecimentos e valores que significava a formação do homem na sua especificidade de ser homem, no vigorar do seu ser, como *poiesis.* Embebidos desse marco inicial, versamo-nos a estilar o desenvolvimento da educação no magistério da Igreja, trazendo em linhas gerais a sua trajetória conciliar, na ciência de que nos concílios mais antigos não encontramos uma abordagem que trate de modo específico a educação, pois, anteriormente ao Concílio Vaticano II, os concílios se preocuparam mais com o binômio doutrina-disciplina. No entanto, no Concílio Vaticano I, por causa de Leão XIII e Pio XI, vemos despontar dois documentos que se reportam à educação, dentre eles o mais significativo, a carta Encíclica *Divini Illius Magistri*, de 1929, que será abordada em relação a *Gravissimum Educationis* (1965).

O Concílio Vaticano II assume grande importância nesta investigação por suas representações que influenciaram profundamente a relação da Igreja com a sociedade e os matizes da educação em vista da evolução do seu projeto educacional. Outrossim, o texto apresenta a complexidade e a dinamicidade que o evento conciliar provoca, com a postura eclesial a qual proclama que "a finalidade principal deste Concílio não é, portanto, a discussão de um ou outro tema da doutrina fundamental da Igreja [...] é necessário que esta doutrina certa e imutável, que deve ser fielmente respeitada, seja aprofundada e exposta de forma a responder às exigências do nosso tempo" (João XXIII, 1962)[1]. Ou, ainda, conforme Paulo VI, a reforma a que tende o Concílio não é uma subversão da vida presente da Igreja ou uma ruptura com a sua tradição no que tem de essencial e venerável, mas antes uma homenagem a essa tradição, no próprio ato de despojá-la de toda a manifestação caduca e defeituosa para tudo aparecer genuíno e fecundo (Paulo VI, 1963)[2].

Considera-se, portanto, que, diante das complexidades, o Concílio Vaticano II significou para a Igreja católica um divisor de águas encerrando a longa fase inaugurada com o Concílio de Trento (1545-1563), etapa de ruptura com o nascente mundo moderno e de confronto com as correntes espirituais, culturais e políticas que emergiram do conjunto da Renascença e, de modo particular, da Reforma Protestante. Para a realidade brasileira, o Vaticano II provocou uma ocasião única para a história, de reorganização, não somente ao interno da Igreja, mas inserindo-a também num complexo tecido de relações com as demais igrejas do mundo todo, com as outras igrejas da América Latina e redefinindo suas relações com o centro romano. Como preconiza Beozzo (2001), o Vaticano II transferiu a Igreja do Brasil de uma relativa marginalidade no seio da Igreja universal para a condição de

---

1. Discurso de sua santidade papa João XXIII na abertura solene do SS. Concílio, 11 de outubro de 1962.

2. Discurso do papa Paulo VI na solene inauguração da 2ª sessão do Concílio Vaticano II, 29 de setembro de 1963.

protagonista na complexa rede pastoral, espiritual, institucional e doutrinal do catolicismo contemporâneo.

A segunda e a terceira seções focalizam sua atenção no percurso redacional da Declaração *Gravissimum Educationis*, na busca de trazer as percepções que delineiam o projeto educativo cristão. Nos detemos a revisitar o texto-base estilado por Suárez Diéz Laureano, que servirá de matriz para o percurso redacional da Declaração, realizado pelas comissões empenhadas na complexa construção de um documento que, nas suas diversas fases, viveu o drama de ser deixado de lado. Ressalta-se a centralidade dos debates conciliares sobre o tema da educação, elucidando as posições dialéticas que acompanharam esse processo: as relações, votações, críticas (limites e restrições), consensos e dissensos que marcaram a sua aprovação. A leitura da Declaração, nos limites desta tese, é inervada nas inspirações do Concílio, em que a *Gravissimum Educationis* encontra sua força geradora que está na base do próprio evento conciliar.

Este estudo vale-se de investigações relevantes realizadas, sobretudo fora do Brasil, as quais podemos citar as seguintes: *La política docente: Estudio a la luz del Vaticano II de Juaquin Garcia Carrasco* (1969); *Il Vaticano II e la l'educazione de V. Sinistrero* (1970); *L'educazione nel concílio Vaticano II de G.A. Ubertalli*; *La Gravissimum educationis: storia, genesi e teologia del concetto di educazione Cristiana de M. Gordillos* (1987); *Lineas fundamentales de la educacion Cristiana. Estudio sobre la declaracion "Gravissimum educationis", de M. Gordillo Canãs* (1987) e *Pecorso redazionale da Gravissimum educationis de Giuseppi Fusi* (2018).

Este livro, valendo-se em parte desses trabalhos precedentes, buscou enriquecer os debates por meio das associações e nexos da *Gravissimum Educationis* com os documentos posteriores ao Concílio, evidenciando a relevância da Declaração que suscitou uma mudança no pensamento educacional da Igreja cuja orientação se dá sobre a esteira de uma educação integral, como explica a terceira seção. Sem dúvida, o essencial do ensinamento conciliar escapa e vai além dos limites de uma série de debates, discursos ou coleção de textos, pelo fato que esse revela a ação da Igreja vivente (animada pelo espírito) que se esforçou laboriosamente para formar uma consciência mais completa e profunda do seu ser para discernir melhor a face do mundo no qual e para o qual ela se coloca a serviço. Sendo assim, a *Gravissimum Educationis* torna-se um documento aberto ao mundo.

A segunda parte do estudo faz uma releitura do evento conciliar em relação à educação integral à luz de um paradigma mais afeito à América Latina, com foco no Brasil. Nela está a quarta seção a qual faz a releitura da *Gravissimum Educationis* à luz dos documentos do Conselho Episcopal Latino-Americano (CELAM), sobretudo em Medellín (1968), que marca as recepções de acolhimento e avanço das ideias emanadas na Declaração, trazendo o conceito de educação libertadora, que propunha o questionamento das relações sociais que a escola católica ajudara a reproduzir com a sua educação tradicional. Essa afirmação perfaz o caminho em mão dupla, pelo fato de que a educação libertadora representou uma ruptura com a tradicional educação católica formadora de uma elite que nem sempre se comprometeu com as questões sociais, por outro lado, não havia na educação libertadora uma análise rigorosa (com base científica) da realidade social nem um projeto definido de transformação.

Segundo Gandin (1995), a educação libertadora foi forjada com a prática das classes populares que, na verdade, já vivia a educação libertadora, porém em Medellín não é mais a concepção de grupos católicos que trabalhavam nos meios populares, mas se torna a concepção de educação da Igreja Católica na América Latina, oficializada por Medellín.

Vista a emergência de um novo projeto educacional, o documento de Medellín reconhecerá na educação libertadora a concretização do projeto educacional advindo do Concílio, atualizando e problematizando as linhas da *Gravissimum Educationis* para a realidade latino-americana. Essa atualização não condiz mais como uma fotocópia de ideias a serem exercidas, mas como uma reflexão que se incorpora no grande laboratório da história, lugar em que o caminho da obviedade é substituído pelos passos da dialética, "caminhos entre as ideias", em que o diálogo convergirá para um projeto educacional significativo que merece ser aprofundado.

Nas duas últimas seções, trazemos o horizonte da educação integral e libertadora para a realidade brasileira. Nota-se que o Concílio se compõe em um período de dramáticas mudanças políticas e sociais no país. O fato de os bispos encontrarem-se regularmente ao longo dos quatro anos que antecederam a crise (1962-1963), com ela coincidiram (1964) e a sucederam (1965), no início dos anos 1960, o golpe militar de 1964, que permitiu à instituição Igreja Católica situar-se como corpo episcopal frente a essas mudanças como nenhuma outra instituição ou grupo nacional. Nesse contexto, sua análise vinha impregnada por uma profunda mudança de referencial teórico sobre o lugar e o papel da Igreja na sociedade.

A partir dessas discussões, evidencia-se que o Concílio Vaticano trouxe uma nova dinâmica para e educação católica no Brasil, na qual emergiram muitos debates e posicionamentos que foram assumidos e atualizados a partir das trilhas educacionais que o Brasil estava percorrendo. Denota-se, então, que Brasil não fora somente um receptor dessas conclusões, mas parte constitutiva desse caminho no alargamento do seu horizonte inicial.

Essas discussões acerca da educação integral libertadora serão alvo do entendimento que se dará de modo diverso para cada escola católica e, apesar da educação libertadora ter se tornado uma diretriz da Igreja latino-americana desde 1968, não será de todo compreendida e acolhida por parte das Instituições Educacionais Católicas.

Nessa dinâmica, abordamos a atuação da AEC[3] valendo-nos do Boletim Servir dos anos 1975 e 1988 para individuar as categorias mais evidentes na produção existente em relação à educação libertadora no período pós-Medellín.

A partir desses diálogos que enriquecem o caminhar do projeto educacional católico, nos propomos a inserir dois pensadores em diálogo, Anísio Teixeira e Paulo Freire, no intuito de fazer emergir uma face importante desse itinerário, pois, na busca de uma educação integral e libertadora, tanto a Igreja Católica quanto Anísio Teixeira e Paulo Freire tendem a compartilhar

---

3. Associação de Educação Católica do Brasil (AEC), fundada em 1945, atualmente denomina-se Associação Nacional de Educação Católica do Brasil (ANEC), tem como finalidade atuar em favor de uma educação de excelência, assim como promover uma educação cristã evangélico-libertadora, entendida como aquela que visa à formação integral da pessoa humana, sujeito e agente de construção de uma sociedade justa, fraterna, solidária e pacífica, segundo o Evangelho e o ensinamento social da Igreja.

do mesmo entendimento de que a educação integral é um direito essencial para a vida humana.

Por isso, procuraremos amiúde nos valer de citações, deixando que os autores e as memórias sobre eles "falem por si" e que delas possamos perceber os sentidos através de uma perspectiva que não é neutra, mas axiológica e determinante para a construção de uma educação integral e libertadora no Brasil. Para que essa valoração seja eticamente responsável, trazemos também outros dialogantes, comentadores de ambos os autores, que nos darão aporte necessário para essa interpretação axiológica, além de inserirmo-nos nós mesmos nela.

A investigação está orientada pelas contribuições da Escola dos Annales, principalmente na perspectiva de Fernand Braudel, em que encontramos um novo modo de conceber e representar o tempo a partir da articulação entre dois conceitos importantes: o de longa duração e o da multiplicidade de tempos históricos. Em seu artigo, "A longa duração" (1958), Fernando Braudel lembra que evento e estrutura não precisam estar, necessariamente, em campos opostos.

> Um acontecimento, a rigor, pode vir carregado de uma série de significações e elos. Às vezes, ele é testemunha de movimentos muito profundos e, pelo jogo factício ou não das "causas" e dos "efeitos" tão caros aos historiadores do passado, anexa-se a ele um tempo muito superior à sua própria duração. Extensível ao infinito, ele se liga, livremente ou não, a toda uma cadeia de acontecimentos, de realidades subjacentes e, ao que parece, impossíveis de se destacarem, desde então, umas das outras (BRAUDEL, 2011, 90).

Tal concepção corrobora com a renovação na maneira de conceber ou de representar o tempo, substituindo o tempo narrativo tradicional por um tempo estrutural, sendo que, para Braudel, "uma estrutura é sem dúvida um agregado, uma arquitetura; porém, mais ainda, uma realidade que o tempo pouco deteriora e que veicula por um longo período" (BRAUDEL, 2011, 95). Podemos, ainda, citar José Carlos Reis sobre a hipótese de que "o conhecimento histórico só se renova, uma 'nova história' só aparece quando realiza uma mudança significativa na representação do tempo histórico" (REIS, 1998, 20).

Na feitura deste livro, que trata de um objeto relacionado à Igreja, há um diálogo com vários tempos históricos compreendendo que as "representações do tempo histórico revelam as mudanças da sociedade e a sua eficácia depende de sua capacidade para acompanhar os desdobramentos desta sociedade" (REIS, 1998, 20). Este trabalho situa-se na perspectiva da longa duração, já que os elementos de continuidade e descontinuidade acompanham no tempo o projeto educativo da Igreja. Assim sendo, os fios que tecem a roupagem desta investigação revestem-se da percepção de que os ritmos deste processo histórico não necessariamente coincidem. Como explica Barros (2005), a feitura do texto historiográfico se inscreve em um ato criativo destinado a produzir novas leituras do mundo, portanto se procura compreender os acontecimentos históricos dentro de um contexto político, econômico, social, religioso e cultural em que o objeto deste trabalho está inserido.

Segundo a concepção da Escola dos Annales, não existe um elemento único de análise de acordo com o momento e o espaço, um ou mais de um desses elementos podem ser preponderantes no contexto (NORA; GOFF, 1988; BARROS, 2012). Trata-se, portanto, de um estudo bibliográfico e documental que recorre também à hermenêutica no estudo dos documentos. As fontes são de três categorias.

O primeiro tipo de fonte se refere aos documentos encontrados em arquivos como: *Arquivo dos Escolápios* (irmãos das escolas Pias), situado na Piazza Dei Massimi, 4, em Roma; *Arquivo dos Marianitas*, situado na Casa Generalíssima, em Roma, na Via Latina, 22 e *Arquivo dos Irmãos das Escolas Cristãs (La Salle)*, com sede na Casa Generalíssima, via Aurélia, 476, também em Roma.

O segundo tipo de fonte se refere aos documentos da Igreja, sobretudo do Concílio Vaticano II: atas compiladas durante a redação da *Gravissimum Educationis* (latim e italiano); documentos da Congregação para a Educação Católica; documentos da Conferência Episcopal Latino-Americana (CELAM) e Boletim *Servir* da Associação Educação Católica (AEC), no arco de 1960 a 1979.

O terceiro tipo de fonte se refere a diversos estudos sobre a temática em questão: livros, periódicos, teses, dissertações e artigos.

Nas considerações finais, apresentamos as percepções do caminho. Elas constatam que nas trilhas educacionais brasileiras percorridas pela educação integral católica no Brasil transparece a necessidade e o fortalecimento da identidade da educação integral que se concretiza no construir alianças em vista de pactos educativos que promovam uma educação integral para todos.

Essa busca torna-se evidente nos dados que compõem a pesquisa, porém a efetivação concreta desse ideal reside no ideal em que, somente a partir de uma educação integral, no respeito a diversidade e na capacidade de trilhar caminhos comuns, é possível a concretização de uma educação conforme a inspiração do Concílio Vaticano II.

Capítulo 1

Tradição conciliar da Igreja: em busca de uma educação integral

A identidade da Igreja Católica perpassa a sua missão educativa, que amadurece na consciência histórica da Igreja a qual ao longo do tempo debruça-se em individuar progressivamente uma educação que esteja a serviço da promoção da vida e do ser humano. Esse processo, inevitavelmente, envolve-se numa história longa em que a permanência e a transformação, o passado e o presente têm significados e contornos que só podem ser compreendidos à luz da própria realidade e contexto aos quais eles se inserem. No curso dos séculos, a Igreja manteve sempre viva a sua relação com a educação, como demonstra o grande número de instituições católicas espalhadas pelo mundo, nas quais se pretende oferecer uma proposta autenticamente formativa, interessada no crescimento e no desenvolvimento integral da pessoa.

As mudanças estruturais e culturais ocorridas nas últimas décadas contribuíram de todos os modos para a individuação de novas modalidades de educação, fortalecendo a concepção de uma educação que se dá para além das instituições formais, como a família, a escola, a igreja e as associações tradicionais que, ao longo da história, se encarregaram da tarefa de educar. Atualmente, grande parcela do trabalho educacional, em um sentido positivo ou negativo, acontece fora dessas instituições, na rua, na vida do bairro, nos grupos, por meio da mídia e redes sociais, em eventos etc. Em outras palavras, há uma educação que se expressa a partir de novas realidades que, comparadas às tradicionais, parecem ter um peso mais forte e mais incisivo.

Contudo, diante de uma cultura pós-ideológica e pós-secularizada[1], com transformações sociais e culturais profundas, surge a questão de como a educação católica pode continuar a operar com sua proposta formativa, isto é, com qual projeto educacional, qualificado, eficaz e credível, a Igreja pode responder a esses questionamentos atuais.

No ano de 2015, entre os dias 18 e 21 de novembro, a Congregação para a Educação Católica (CEC)[2] preparou e promoveu, em Roma, um congresso internacional intitulado *Educar hoje e amanhã: uma paixão que se renova*. Esse evento tratou de acolher o convite do papa Bento XVI para fazer memória e celebrar os 50 anos da *Gravissimum Educationis* (28 de outubro de 1965) e os 25 anos da *Ex corde Ecclesiae* (15 de agosto de 1990), apoiado atualmente pelo papa Francisco. No comunicado final do congresso mundial, os padres recordaram a finalidade de tal evento destinado à educação com as seguintes palavras:

---

1. A expressão "pós-secularismo" vem entendida na perspectiva assinalada por De Vries (2006) como uma estratégia de problematização da percepção da persistência atual das religiões através de um questionamento ou "desconstrução" da oposição binária entre religião e modernidade: "Religião", nas suas determinações mais concretas e abstratas, locais e globais, é percebida como um "problema" para o qual os formadores de opinião e de políticas, os cientistas sociais e políticos, críticos culturais e filósofos, teóricos da mídia e economistas, tendem a dirigir sua atenção quer com crescente fascinação, quer com irritação mal disfarçada. Todavia, o fenômeno se manifesta de formas cada vez mais etéreas — elusivo e absoluto, mas, também, fortemente visceral. É sob esse paradoxo, se não aporia, que a presença contemporânea e muitas vezes a virulência da "religião" (de suas palavras, coisas, gestos e poderes) é sentida. [...] A condição pós-secular e sua postura intelectual correspondente consistem precisamente no reconhecimento dessa "sobre-vivência" [living-on] da religião para além de sua morte prematuramente anunciada e celebrada (De Vries, 2001, 7). Essa vertente de problematização vem sendo desenvolvida também — a partir de pontos de vista distintos e frequentemente conflitivos — por autores como Burity (2007a, 2001b); Laclau (2007, 2006); Mouffe (2006); Lefort (2006); Asad (2006); Connolly (2006, 1999); Nancy (2006, 2005); Zizek (2005, 2000); Vattimo (2004, 2000); Santos (2003, 1997); Badiou (2003) e Derrida (2000, 1995), entre outros.

2. Em 1967, o papa Paulo VI denominou-a de *Sacra Congregatio pro institutione catholica*. O nome atual (Congregação para a Educação Católica para os seminários e institutos de estudos) data de 1988, com a constituição apostólica Pastor Bonus do papa João Paulo II.

Ao celebrar o 50º ano do aniversário da Declaração do Concílio Vaticano II *Gravissimum Educationis* (28 de outubro de 1965) e os 25 anos do aniversário da Constituição Apostólica *Ex corde Ecclesiae* (15 de agosto de 1990), a Congregação para Educação Católica quis relançar, por meio de um Congresso mundial, o empenho da Igreja no campo educativo. Nos anos pós-concílio, muitas vezes o Magistério debruçou-se sobre a importância da educação e a contribuição que essa é chamada a oferecer [...] (CONGREGAÇÃO PARA A EDUCAÇÃO CATÓLICA, 2015).

O congresso colocou em evidência os grandes desafios educacionais que hoje interpelam as escolas e as universidades católicas no mundo, em uma sociedade multicultural que está vivendo profundas mudanças, em que a resposta se converge para uma única matriz: a promoção de um percurso de educação integral.

Esse projeto educacional visa formar a pessoa na unidade integral de seu ser, tocando "os critérios de julgar, os valores que contam, os centros de interesse, as linhas de pensamento, as fontes inspiradoras e os modelos de vida da humanidade" (EVANGELII NUNTIANDI, 1975, n. 19). Esse projeto educacional sustenta que, "no contexto da globalização, é necessário formar sujeitos capazes de respeitar a identidade, a cultura, a história, a religião e sobretudo os sofrimentos e as necessidades dos outros, na consciência de que 'todos somos verdadeiramente responsáveis por todos'" (EDUCAR JUNTOS NA ESCOLA CATÓLICA, 2007, n. 44).

Pressupõe-se que a reflexão sobre a educação integral esteja no âmago da caminhada educativa da Igreja que, no seu cumprimento magisterial, ocupou-se em buscar, também, a partir de uma reflexão antropológica, uma educação concebida enquanto integral. Assim, a visão cristã de educação diz respeito ao produto cultural, ao conjunto de valores educacionais que derivam da inspiração cristã e que iluminam com uma nova luz, a da Revelação, os fundamentos antropológicos e outros valores relacionados ao conteúdo e a dinâmica da educação, bem como a reflexão pedagógica que dela deriva[3].

---

3. Com esta visão, entendemos uma educação que visa "desenvolver todas as energias espirituais, formar a inteligência no sentido pleno do termo, através de uma

É importante notar que a Igreja, em sua longa história, na sua natureza educacional, nem sempre se ocupou da educação por meio de intervenções doutrinárias por parte do magistério, mas o fez mediante experiências educacionais concretas e instituições escolares e acadêmicas com elaborações pedagógicas inspiradas na Palavra de Deus. Somente mais tarde, na época contemporânea, em virtude do fato de que a educação tenha adquirido uma relevância mundialmente, tornando-se prerrogativa das políticas dos Estados, a Igreja passou a lidar com a categoria da educação também a nível de magistério eclesial. Nesse sentido, denotamos que, antes do Concílio Vaticano II, foram publicados documentos importantes para a educação: por Leão XIII, a encíclica *Rerum Novarum* (1891), um dos grandes manuais de instruções para a interpretação e inserção católica do mundo moderno, em um tempo difícil, ao cabo de um século complexo com o explosivo nascer da era industrial e a consequente revolução socioeconômica, que caracterizaram a crise da cultura ocidental nos fins do século XIX.

Respondendo aos desafios sociais emergentes nessa crise, uma plêiade de pensadores católicos comprometidos com a justiça social elaborou um conjunto de orientações doutrinais e critérios de ação, criando um clima propício para a promulgação da *Rerum Novarum*, que estabelece em suas linhas que, "entretanto, a Igreja não se contenta com indicar o caminho que leva à salvação; ela conduz a esta e com a sua própria mão aplica ao mal o conveniente remédio. Ela dedica-se toda a instruir e a educar os homens segundo os seus princípios e a sua doutrina" (1891, 12). Posteriormente, Pio XI publicou dois documentos importantes: a encíclica *Divini Illius Magistri* (1929), sobre a educação cristã, e a constituição apostólica *Deus scientiarum Dominus* (1931), sobre estudos acadêmicos eclesiásticos, porém o documento que marca uma etapa de fundamental relevância é a declaração *Gravissimum Educationis* (1965) do Concílio Vaticano II. Sem dúvida, o evento conciliar marca um ponto de virada determinante do magistério na

---

cultura altruísta, aberta a todos os valores; uma educação liberal e verdadeira que forme personalidades autônomas e que seja fundada e que encontre fundamento em uma educação religiosa autêntica" (LÉNA, M., *Lo spirito dell'educazione*, Brescia, La Scuola, 1986).

categoria da educação, visto que todos os documentos subsequentes emitidos pelos papas e pela congregação serão inspirados na *Gravissimum Educationis* (ZANI, 2018).

No proêmio da declaração *Gravissimum Educationis* se lê o seguinte:

> [...] a santa Mãe Igreja, para realizar o mandato recebido do seu fundador, de anunciar o mistério da salvação a todos os homens e de tudo restaurar em Cristo, deve cuidar de toda a vida do homem, mesmo da terrena enquanto está relacionada com a vocação celeste, tem a sua parte no progresso e ampliação da educação (PROÊMIO, GE, 1965).

Considerando a expressão "deve cuidar de toda a vida do homem", entende-se que a verdadeira natureza da educação está a serviço do crescimento global e integral da pessoa humana.

Aplicar o termo educação integral na caminhada educacional da Igreja pode parecer um tanto paradoxal, visto que esse termo não foi usado literalmente na tradição e no magistério da Igreja, pois somente no Concílio Vaticano II encontraremos o seu uso direto na declaração *Gravissimum Educationis*, o primeiro documento sobre a educação após o Concílio.

Como justificar essa ausência? O motivo pelo qual a Igreja não fez uso desse termo nos documentos precedentes pode talvez ter indício na própria natureza da educação? Ou trata-se somente de uma ausência de palavra, mas seu conteúdo esteve sempre veiculado e sempre presente na história educacional da Igreja?

Considerando as várias abordagens com as quais se relaciona o conceito de educação integral, torna-se fundamental precisar o sentido com o qual ele será empregado neste capítulo. Trata-se de uma educação que promove o desenvolvimento das competências e não atua somente enquanto transmissora de conhecimentos. Desenvolve-se a partir de uma visão humanista que supera a aquisição de conhecimentos específicos ou habilidades e se volta ao desenvolvimento de todos os recursos pessoais, criando um vínculo significativo entre escola e vida, que valoriza não só as competências relativas aos âmbitos do saber e do saber fazer, mas também aquelas do viver junto com outros e crescer em humanidade (Congregação Para a Educação Católica, 2014).

Nessa visão, o desenvolvimento das competências é compreendido como "uma noção de confins que há uma dialética interna, que é aprimorada à medida que se integra (e não separa) de outras noções diferentes e contíguas, como conhecimento, capacidade, reflexão, criticidade" (Cambi, 2004, 62). Sendo assim, não é uma capacidade inata, mas construída e desenvolvida no ser humano[4].

Por meio das intervenções magisteriais e dos documentos da Congregação para a Educação Católica[5], torna-se possível então uma reflexão orgânica em perspectiva histórica, na medida em que as diversas formas de conceber a educação, também a partir da tradição no *modus vivendi* da experiência educativa, estão impressas na própria natureza da Igreja.

Falar de tradição atualmente pode suscitar estranheza, tanto porque o termo não goza de boa fama na sociedade hodierna, em uma época em que se exalta o mito de um progresso indefinido, que por volta parece romper as raízes com o passado, a tradição torna-se um obstáculo quando compreendida como uma realidade morta. Contudo, a tradição nunca é um depósito estático, mas sim um dinamismo contínuo no qual cada nova geração imprime a sua contribuição. Essa não diz respeito simplesmente ao nosso passado, mas é inovadora, aberta aos questionamentos do presente. Na transmissão

---

4. As transformações do trabalho desencadeadas pela transição pós-fordista têm gradualmente encontrado nas competências um aparato conceitual e uma metodologia capaz de explicar, classificar e reger as diferentes faces que o próprio trabalho assumiu e, ao mesmo tempo, ser capaz de administrar com mais eficácia. As novas necessidades de formação, avaliação, seleção, flexibilidade dos recursos humanos, envolvendo, por um lado, as empresas e organizações em sentido *lato*, por outro, os contextos de aprendizagem. Mais ainda, as competências passaram a ser utilizadas como emblema da sociedade contemporânea e dos imperativos de eficiência, transparência, mobilidade, produtividade e (sobretudo) subjetividade que nela existem como traços distintivos. Em outras palavras, a linguagem das competências têm assumido um sentido cada vez menos técnico-científico e cada vez mais social, político e até antropológico, evocando um modelo de sociedade (Lodigiani, 2011).

5. Ver nota 2 deste capítulo.

do próprio patrimônio educacional da Igreja, cada geração se depara com a tarefa de extraordinária importância e delicadeza, que constitui um verdadeiro e próprio exercício de resposta aos anseios da humanidade.

Contudo, por meio da tradição e do magistério, em particular do Concílio Vaticano II, propomo-nos a uma reflexão orgânica em perspectiva histórica no intuito de reconhecer os traços da educação integral no caminho da Igreja. Nos desdobramentos de sua práxis e conceito, buscamos focar a atenção não tanto no "o quê" ou no conteúdo por ela suscitado, mas também sobre "como" e "por quem" essa educação vai sendo transmitida ao longo do tempo nas modalidades que sofreram alterações dependendo do contexto histórico-social e cultural em que sua prática esteve inserida. Desse modo, fazer memória desse caminho percorrido equivale a nós como um romper o véu da aparência em vista de uma profundidade maior que habita no projeto educacional católico quando ele vem considerado na sua totalidade e integralidade.

1.1. Traços de uma educação integral na tradição da Igreja

Por muitos séculos, falar de educação representou uma dinâmica quase que simbiótica, traduzindo-se em educação cristã. Com o advento da modernidade e da evolução cultural, tal junção começou a fazer parte de um núcleo maior, em que a contribuição do magistério eclesial se tornou fundamental para a categoria educação cristã que pode ser atualizada como educação católica. As mudanças estruturais e culturais ocorridas nos últimos séculos contribuíram para a individuação de novas modalidades e concepções de educação por parte da Igreja, porém é interessante destacar que, de algum modo, com diferentes linguagens e representações, "a educação sempre foi entendida não somente como atividade educante, mas como um processo de crescimento pessoal e uma relação educativa" (ZANI, 2018, 1).

Para verificar os traços de uma educação integral nos passos da Igreja, levamos em conta o objetivo do trabalho que não se versa a uma reconstrução histórica-sistemática, mas em trazer o início, interpretou esse anúncio e a pessoa de Jesus como a revelação plena de Deus e sua vontade de salvação para toda a humanidade. Jesus, nessa visão, é o *logos*, o Verbo, a Palavra de Deus. Se formos ao século III, na obra de Clemente de Alexandria, no capítulo VII, "quem é nosso Pedagogo e qual a sua pedagogia", veremos a conceituação. "O Verbo é chamado, com razão, de Pedagogo..." (ALEXANDRIA, 2016, 71). O mandato missionário apostólico e pedagógico deixado por Cristo, desde suas origens, tem por excelência o ato educativo, presente na natureza inerente à Igreja, já em sua nascente.

Um breve olhar sobre as comunidades cristãs primitivas, desde a era patrística até a era moderna e contemporânea, traz constantes referências ao estilo educativo de Cristo. Segundo alguns estudiosos[6], a pedagogia bíblica, orientada à formação moral e espiritual, é, acima de tudo, uma pedagogia global. Uma consideração filológica nos permite destacar como são abundantes as referências ao termo *maestro*, realidade que documenta a centralidade da educação na cultura hebraica (GIOIA, 2008).

O exegeta Gianfranco Ravasi oferece algumas indicações interessantes relacionadas à estrutura semântica com a qual vem caracterizada a ação do maestro no Antigo Testamento. Por exemplo, o verbo *lamàd* deriva da raiz *imd* (ensinar, instruir, adestrar, aprender, estudar) (RAVASI, 1988). Existem, ainda, outras derivações, *melamed-melammudim*, indicam "aquele que instrui", enquanto *limud ou talmud* refere-se "àquele que é instruído" ou "aluno". Por fim, o substantivo *talmud* indica a ação do estudo. É interessante notar como os verbos *aprender* e *ensinar* tem origem na mesma raiz, dando uma conotação de que o verdadeiro maestro é aquele que se coloca em posição de aprender, enquanto o verdadeiro discípulo, no final do processo, também é capaz de ensinar (GIOIA, 1988)[7]. O maestro que não entra nesta lógica

---

6. Cf. GIOIA, F., *Metodi e ideali educativi dell'Antico Israele e del Vicino Oriente*, Città del Vaticano, Libreria Editrice Vaticana, 2008; RAVASI, G., Il maestro nella Bibbia, in: AA.VV., *Gesù il maestro ieri, oggi e sempre*, 227-253; SACCHI, A., Insegnamento, in: ROSSANO, P.; RAVASI, G.; GIRLANDA, A. (a cura di), *Nuovo dizionario di teologia biblica*, Milano, Paoline, 1988, 740-756.

7. Outro verbo recorrente na pedagogia bíblica é *yaràh*, da raiz yrh, que significa jogar, aguentar, mostrar e indicar um ensino que é "caminho e vida". O verbo *yasàr* é o mais técnico a nível pedagógico e equivale a plasmar, formar, treinar, ensinar, admoestar, corrigir, punir. De *yasàr*, deriva o substantivo *musàr*, que significa "disciplina", isto é, empenho severo e ascético do conhecer. Para ser verdadeiramente

de reciprocidade dificilmente é tido como uma figura significativa. Nesse panorama, a ação educativa concebe a dinâmica das relações como parte constitutiva do ser humano, em que, no seu núcleo, o processo educativo caracteriza-se como um construir-se, que incide na própria modalidade e qualidade da existência.

O substantivo que define o maestro é *rabbi*; literalmente, significa *meu grande* (grande, potente). Tal título de prestígio permite colher as amonições de Jesus, em Mt 23,8: "Quanto a vós, não permitais que vos chamem Rabi, pois um só é o vosso Mestre e todos vós sois irmãos".

Também na língua grega, usada pelo Novo Testamento, o substantivo maestro é impregnado de significado. Ravasi (1988) observa como o uso do termo *didáskalos*, que significa *ensinar*, apareça 58 vezes, nas quais 48 delas estão nos evangelhos e prevalentemente aplicadas a Jesus. O verbo *didáskein*, que significa ensinar, é citado 95 vezes, sendo dois terços nos evangelhos, também, e, nesse caso, aplicado a Jesus (RAVASI, 1988).

Essas indicações, ainda que sumárias, destacam como a atividade do maestro também acarreta riscos por sua relevância e influência na cultura bíblica, podendo despertar a arrogância e a soberba. Tal função era própria dos escribas, que "desprezavam o povo que não conhecia a lei e os profetas". Entretanto, tal figura era carregada positivamente de valores e ensinamentos, tendo como modelo o próprio Cristo.

Portanto, tanto no Antigo quanto no Novo Testamento o magistério fundamental é aquele que passa pela comunicação interpessoal, pela catequese familiar, a relação baseada no amor. A função de ensinar e educar é realizada de diferentes modos, segundo a qualidade daqueles que a exercitam, tanto que se pode distinguir as várias figuras que atuam como maestros:

- O pai e a mãe como os primeiros tutores e garantidores da transmissão da Torá (cf. Pr 1,8-9; 6,20-23; 31; Dt 6,4-9; 11,19; 33,4; Es 12; Sl 78);

---

maestro, é preciso ter paciência de perseverar no estudo, apesar do esforço (GIOIA, 2008, 152).

- Os sacerdotes, depositários da Torá (cf. Os 4,6; Dt 33,10; Mq 3,11; Jr 18,18; Ez 7,26; Ml 22,7-9); instrução de caráter cultual: (cf. Lv 10,10-11; Ez 22,26; 44,23);
- Os doutores da lei e os escribas, copistas, especialistas na arte de escrever, comentaristas da escritura[8];
- Os profetas, como homens de Deus, mediadores de sua Palavra, porta-vozes de sua mensagem, perscrutadores dos sinais dos tempos (cf. Dt 18,20.22; Is 1,10; 8,16-20; 1Sm 10,5; 19,20; 2Rs 2,3-5; 3,22; 4,1-38; 6,1; 9,1);
- Os sábios como mestres da vida (cf. Pr 1,8.10; 2,1; 3,1; 3,21; 4,1-17.20; 5,13; Ecl 30,3)[9].

A partir de todos esses maestros, na distinção dos seus papéis, a tradição denota um ensinamento que leva em consideração mais a vontade do que a inteligência, não tendo como finalidade principal a formação intelectual quanto sua educação integral. Tanto o conhecimento quanto o ensino incluem, portanto, desde os primórdios da ação educativa da Igreja, a esfera da experiência, vontade e relacionamento, assumindo, assim, o significado profundo e vital do que essa atividade se reveste na cultura ocidental. Nessa

---

8. Durante o exílio, foram estes escribas, prevalentemente de origem sacerdotal, que levaram ao cumprimento a compilação da Lei (Pentateuco). Ao final do exílio, Esdras, sacerdote e escriba (Esd 7,11) atento à lei de Moisés (Esd 7,6), promulga tal lei, agora fixada por escrito diante de todo o povo de Jerusalém (Ne 8,1-4). Deste momento em diante, será o escriba, doutor da lei, a assumir o papel principal da mediação do ensinamento divino, que ele apresenta como interpretação da lei escrita. Ele encontra seu modelo mais significativo no eclesiástico, de onde deriva o seu ensinamento da lei, identificada agora como sabedoria divina (Ecl 24,22-32). Do escriba origina-se a figura do *rabbi* (maestro), que desenvolverá um papel primordial na vida religiosa dos judeus na época de Cristo (cf. HAFNER, H., Maestro, in: BURKHARDT, H. et al. [a cura di], *Grande Enciclopedia illustrata della Bibbia II* [Das grosse Bibellexikon, Zürich, R. Brockhaus Verlag, 1987-1989], Casale Monferrato, Piemme, 1997, 292).

9. Pode-se supor que em Israel fossem os sábios a desenvolver o papel de educadores da juventude, função que consistia essencialmente em ensinar uma série de ditos sapienciais de caráter eminentemente prático, verificando sua observância durante os vários momentos do dia (Pr 20,24; 21,30; GIOIA, 2008, 128-132).

linha, torna-se possível entender o uso específico que a Bíblia faz desses conceitos no campo educacional.

Podemos, aqui, distinguir duas concepções de educação: a concepção judaica e a concepção greco-romana. Na concepção judaica da educação, o cristianismo herda a preocupação com a leitura dos textos sagrados. Daí a importância da alfabetização, que, no caso judaico, acontecia no contexto dos estudos sobre as Escrituras, nas chamadas "casas de instrução" ou "casas do Livro" (MARROU, 1950, 406).

A concepção greco-romana da educação tem como ponto de partida considerar que o cristianismo, ao tornar-se a religião do Império Romano, no século IV, tem diante de si uma cultura notadamente helênica. Por essa razão, não é casualidade que os escritos do Novo Testamento sejam muito influenciados pela filosofia e pela literatura grega, como bem demonstra Werner Jaeger (JAEGER, 1965, 13-19).

No entanto, a difusão do anúncio cristão expressa seus feitos e estilo de vida por meio de passagens do Novo Testamento (Atos dos Apóstolos, Cartas de Paulo, Evangelhos de Mateus, Lucas, Marcos e João), difundindo-se da primeira até a terceira geração cristã. A primeira geração pertence às testemunhas oculares e auditivas de Jesus ou daqueles que ouviram a sua mensagem na Palestina, enquanto a segunda e terceira gerações são compostas de pessoas que nunca viram Jesus e que viveram em ambientes externos da Palestina.

A atividade de Jesus que se apresenta como uma ação educativa gradual é compreendida prevalentemente no seu comportamento: seus silêncios, seus milagres, seus gestos, sua oração, seu amor pelo homem, sua aceitação do sacrifício em vista da redenção da humanidade, atitudes que descartam uma explicação oral.

Quando Jesus comunica de forma oral a sua mensagem, sabe que há, diante de si, diferenciados ouvintes, portanto ele observa seus rostos e perguntas e fala "diferentemente", de acordo com as pessoas e a situação que encontra enquanto anuncia a mesma mensagem. A instrução de Jesus é clara, incisiva, concreta, faz uso de provérbios, imagens, paralelos, parábolas e sua mensagem é dirigida ao indivíduo, através do diálogo pessoal, ao grupo de discípulos a quem ele ensina e ao povo enquanto a massa.

Seus ensinamentos conduzem os ouvintes a repensar a própria existência a um ato educativo que recorre à própria etimologia *Educere: conduzir para fora,* de modo a favorecer uma mudança radical de conduta nos homens e uma nova avaliação e realização da vida (LÄPPLE, 1985).

Assim, a práxis de Jesus é interpretada como uma pedagogia divina comprometida com a verdadeira humanidade a qual toda pessoa humana é chamada a realizar ao longo de sua vida. Entende-se, portanto, que a educação cristã tem por intuito primeiro colaborar para a formação de uma humanidade nova, em que a pessoa humana, na sua liberdade, vive a dimensão educativa como assunção de uma práxis cotidiana que integra todas as dimensões da existência num constante caminho de transformação.

Com o advento da segunda e terceira gerações cristãs, a pregação do evangelho de Cristo realizada pelos discípulos ocorreu de outra forma, pois a ausência da presença física de Jesus prepara os discípulos a uma modalidade recíproca de autoeducação.

De acordo com a reconstrução contida nos evangelhos e nas cartas, a primeira apresentação da mensagem cristã para a segunda e terceira geração de cristãos ocorre na forma de pregação ou anúncio pelos seguidores de Jesus e inclui, em um primeiro momento, um anúncio da ressurreição de Cristo mediante testemunho feito publicamente ao povo (mas também particular, de casa em casa), com o objetivo de exortação à conversão e em um segundo momento mais específico em que o convertido recebe as instruções sobre a nova vida que ele é convidado a levar como cristão. Nessa segunda fase, são dadas algumas lições, «fatos» sobre Jesus e a história sagrada do Antigo Testamento (GROPPO, 1987).

De fato, os vários povos que constituem as primeiras comunidades representam uma das pedras angulares do sentido genuíno de uma educação integral voltada à realização plena da pessoa e da comunidade, realidade marcada não só pela comunhão, mas também pelos contrastes e conflitos em que a Igreja vai tomando forma e situando-se em relação a grandes forças que conduziam o mundo: a política, a economia, a cultura e a religião.

Podemos sinalizar que o desafio do cristianismo nascente é justamente o de formar o ser humano novo e espiritual como membro do Reino de Deus em um contexto em que essa doutrina de matriz judaica não seria facilmente compreendida. Por isso, há uma apropriação criteriosa de elementos da *paideia* grega, isto é, da cultura e educação gregas para a formação de uma *paidéia* cristã (JAEGER, 1965).

Certamente não podemos falar de uma escola cristã organizada, mas de um ensinamento a ser transmitido em que o fulcro do processo de "enculturação" da mensagem cristã se realiza por meio da dinâmica educacional. É notório que a Palavra de Deus não oferece uma pedagogia revelada em sentido estreito, válida para todos os tempos e lugares, mas apresenta certos requisitos fundamentais nos quais a tradição educacional cristã se baseou para individuar critérios e métodos com os quais acompanha as práxis formativas, catequéticas e educacionais que marcaram profundamente a história do Ocidente.

No período Patrístico havia a famosa Escola de Alexandria, cujo eixo hermenêutico se assentava no método alegórico de interpretação. Os grandes luminares dessa escola na primeira metade do século III foram Clemente de Alexandria e Orígenes. Com o tempo, surgiram outras escolas congêneres em Cesareia, Antioquia, Edessa, Nisibis, Jerusalém e Cartago. Diferentes metodologias educacionais gregas e romanas foram utilizadas à medida que a ênfase passou do cultivo de uma vida cristã fiel para a reflexão erudita. Um alvo importante era equipar os cristãos para compartilharem o evangelho com pagãos cultos. O currículo incluía a interpretação das Escrituras, a regra de fé (síntese das principais convicções cristãs em forma de credo) e o caminho, ou seja, um conjunto de instruções morais como se pode ver na *Didaqué* (MATOS, 2008).

A educação cristã a partir do século IV, especialmente aquela destinada aos jovens, constitui-se de estudos selecionados da retórica, da filosofia e da literatura grega, além, naturalmente, das escrituras cristãs. A educação cristã desenvolvida especialmente entre os séculos IV e V pode ser definida com um verdadeiro humanismo cristão que será retomado no Renascimento (JAEGER, 1965). Até o século VII, o que mais se assemelhava a uma escola na tradição cristã era o Catecumenato, período de aproximadamente três anos, no qual o convertido era iniciado à doutrina e aos mistérios da fé cristã. Embora essa educação fosse estritamente religiosa, os catecúmenos participavam da formação escolar pagã existente.

Na escola do catecumenato, buscava-se a persuasão e o conhecimento de si mesmo, como sustenta Orígenes: "somente quem conhece a si mesmo, conhece Deus e conhecendo Deus se torna semelhante a Ele" (Simonetti, 1997, 145). O objetivo do Catecumenato era educar os neófitos para o batismo, seguindo-os dia após dia para intervir e corrigir sua natureza caso não se respeitasse os preceitos de vida escritos na *Didaqué*, buscando a coerência entre a palavra e a ação. O método educativo catecumenal tinha como objetivo o conhecimento de Deus que se alcança gradualmente, entendendo que é o conhecimento de Deus que conserva a vida do cristão (Simonetti, 1997).

Outro autor cristão, Bardesane, instaura também o método da interrogação: "se quiser aprender, é preciso interrogar alguém mais velho; se ao invés você quer ensinar, tem que induzir os alunos a perguntar o que eles querem de você. Os Maestros precisam ser interrogados" (Simonetti, 1997, 148). Tal reconstrução alude ao ideal da *paideia*, em que a educação era concebida como um processo de maturação harmônico da pessoa.

1.1.1. Da *paideia* ao seu desdobramento de educação integral

Historicamente, verificamos que a ideia de educação integral, compreendida como processo de maturação harmônica do indivíduo, remete inevitavelmente ao ideal educativo do mundo helênico contido no conceito de *paideia*, termo que, na cultura clássica, indicava um caminho de aquisição de um conjunto de conhecimentos e valores que distinguiam o cidadão grego do bárbaro. Segundo Franco Cambi (2006), a noção de educação enquanto formação integral remonta a dados antigos advindos da cultura clássica e da sua noção de *paideia* que significava formação do homem na sua especificidade de ser homem ou, na cultura grega, o trabalho livre vinculado ao *theorein*, a produção como *poiesis* e a participação consciente a vida da *pólis* com direito de decisão e de formulação das leis as quais se submetia (Cambi, 2006).

Esse percurso conduzia a pessoa a conquistar a sua humanidade por meio do estudo e da reflexão a partir de um itinerário que superava a aprendizagem de regras, técnicas e linguagens e dilatava-se a um processo de cultivo do espírito. Os grandes pensadores helênicos afirmavam, sobretudo, a importância da busca da verdade, no exercício de indagar a própria realidade interior a fim de conhecer a si mesmo, conhecer o bem e, por consequência, adquirir as condições para persegui-lo.

A *paideia* grega, entendida como tensão educativa e modelo formativo originário, influenciou como uma ação permanente todo o pensamento ocidental estabelecendo uma forte relação entre indivíduo, cultura e ambiente. O homem da *paideia* clássica é, antes de tudo, guardião da própria identidade pessoal, histórica e cultura da sociedade em que vive. Giuseppe Acone sublinha que é possível considerar como *paideia* a modalidade complexa da cultura formativa de uma sociedade em determinada fase histórica e o complexo de estratégias éticas, civis, técnicas, rituais e instrutivas destinadas a continuidade formativa entre as gerações (ACONE, 2001). O processo que conduz à definição da personalidade do indivíduo representa, então, uma questão decisiva que diz respeito a todos os campos do conhecimento, interceptando questões éticas, políticas e culturais.

A passagem do mundo antigo, segundo Cambi (1996), não coincide com o fim da *paideia*. O ideal educativo grego-helenístico é herdado plenamente pela *paideia* cristã que continuou a levar adiante um projeto formativo educacional fortemente centrado na pessoa. O modelo cristão, que dominou a cena da pedagogia por todo o medievo, encontra uma de suas sínteses mais fecundas no texto de Tommaso de Kempis, *Da imitação de Cristo*, uma coleção de pensamentos que, exaltando o exemplo moral de Cristo, convidava o ser humano a dedicar-se ao silêncio e a oração, a exercitar a humildade, a suportação e a caridade verso aos irmãos na tentativa de reiterar a conduta do Maestro (KEMPIS, 1993).

A *paideia* cristã se distinguiu dos outros modelos e se declinou para muitos séculos de processo educacional e cultural, imprimindo o próprio *corpus* doutrinal a todos os campos do saber. Esse ideal educacional foi eficazmente atual até a era moderna, momento em que a revolução científica, com a reelaboração dos saberes em torno do modelo científico com suas normas de empirismo, experimentação e objetividade, redesenhou a visão do Universo e, inevitavelmente, a visão de homem.

A Idade Moderna vê emergir uma subjetividade inquieta que não pode mais se reconhecer naquele complexo corpo cultural de *paideia*, que se abre a uma multiplicidade de experiências que visam ampliar seus horizontes e que reivindica o direito à pesquisa livre e à emancipação metafísica do passado. "A *paideia* clássica, fundada em estudos livres e altruístas, declina-se para dar lugar a novas visões de mundo, novos valores e novas formas de viver, organizar-se, conhecer e aprender" (Burza, 1999, 130). O saber e o conhecimento, até então cultivados como fins em si mesmos, começam a assumir um caráter utilitário tornando-se um meio de alcançar um determinado objetivo. Da mesma forma, a educação e a formação do ser humano são interpretadas como a aquisição de ferramentas conceituais a serem empregadas nos vários campos sociais e profissionais. O autocultivo cede lugar às especulações técnicas, ao desenvolvimento econômico e social, distanciando o sujeito de um crescimento interior "através de uma dialética com cultura" (Burza, 1999).

Na segunda metade do século XVIII, na época em que o progresso técnico já havia começado a mudar o mundo por meio de Revolução Industrial, o escritor e dramaturgo alemão Friedrich Schiller, enfatizando a necessidade de superar o utilitarismo que o mito do trabalho havia introjetado no homem moderno para se dedicar a um estilo de vida baseado na cultura e abertura aos outros, foi talvez um dos primeiros a dar um novo *status* à formação humana entendida como *Bildung*[10], que podemos traduzir por formação, como um percurso baseado nas formas mais altas de cultura, como cultivo das faculdades tidas como propriamente as mais humanas do sujeito, que podemos também compreender, neste trabalho, como sinônimo de

---

10. *Bildung*, termo que dificilmente poderíamos traduzir para o português mantendo sua riqueza semântica, norteou a elaboração de todo um sistema axiomático e ideológico em torno da cultura. Da palavra *Bildung* poderia sugerir uma nitidez semântica em seu uso que, de fato, está bem longe de ser verdadeira. *Bild*, em geral, significa contorno, imagem ou, mais precisamente, forma — e o prefixo *–ung* assinala o processo segundo o qual essa forma seria obtida, o que nos permitiria traduzi-la em português por "formação". Oliveira e Oliveira (2009) sintetizam assim a ideia da *Bildung*: "processo de autoconhecimento, autocultivo espiritual, a *Bildung* é o movimento do uso crítico e construtivo da razão humana [...]". A partir do posto, é possível entender que a autonomia de formação e a liberdade de escolha de atitudes e pensamentos são os pilares principais da busca pela perfeição humana.

educação integral. Como uma educação que revela ao ser humano o potencial de desenvolvimento de sua humanitude, na otimização dos seus talentos, no seu tornar-se pessoa.

Do ponto de vista filosófico, a *Bildung* é associada a conceitos-chave como: liberdade, emancipação, autonomia, razão, autodeterminação, maioridade, autoatividade (KLAFKI, 2007).

Há representada nesses conceitos-chave a ideia de um homem que pode se lançar para além de sua natureza orgânica e que tem a liberdade de escolha que o encaminha na tarefa de se tornar humano. Ilustro esse pensamento com as palavras de Friedrich Schiller (1759-1805), *Briefe über die ästhetische Erziehung des Menschen* (Cartas sobre a Educação Estética da Humanidade), escritas em 1793 e publicadas em 1795.

> Mas é exatamente isso que o faz homem, que ele não fica quieto, parado, no que a natureza dele fez, mas que ele possui liberdade, de voltar os passos, que ela nele antecipou, através da razão, transformar a obra da necessidade em obra de sua livre escolha e de elevar a necessidade física a uma necessidade moral (SCHILLER, 1795, Carta III, 39).

Johann Wolfgang von Goethe, alimentando-se do fervoroso clima cultural da época, dialetizou *Bildung* como ponto de apoio central da vida individual, segundo o qual o homem é o resultado de sua educação, a partir de uma formação que o caracteriza, valorizando-o na sua humanidade (DEMAIO, 2010). Em sua obra *Fausto*, sublimando artisticamente a figura do ser humano que, sedento de conhecimento, desafia a divindade e se perde no labirinto da presunção, Goethe encena uma magistral alegoria da vida humana na inteira gama de suas paixões, de suas misérias e de seus momentos de grandeza, afirmando o direito e a capacidade do indivíduo de poder conhecer o divino e o humano e, ao mesmo tempo, a sua imprescindível necessidade de pôr-se como medida de todas as coisas (GOETHE, 2005).

Assim, a formação como *Bildung*, como aquisição de uma forma num processo dinâmico e sempre aberto, em que a aquisição dessa forma em si é o verdadeiro *telos*, recupera uma forte centralidade no debate pedagógico, reafirmando que a educação é, no seu limite, educação e formação como tensão em direção à forma, a qual, em si, é um processo dinâmico e tensional que implica objetificação do sujeito, sublimação de seus impulsos e construção de si (CAMBI, 1996).

Sobre o conceito de *Bildung* que, por sua vez, foi construído sobre a noção clássica de *paideia*, todas as reflexões pedagógicas subsequentes que se interrogam sobre o desenvolvimento da individualidade, sob o princípio de formação cultural e humana estarão enxertadas nesse conceito que tem na sua origem a visão de educação integral.

Sem dúvida, um dos méritos do modelo de educação integral pretendido como *Bildung* é aquele de conceber o conhecimento e a cultura como algo de unitário, global, longe das fragmentações que dominam hoje o espectro do conhecimento.

Analisando pedagogicamente os paradoxos do mundo contemporâneo, a autora Viviana Burza (2008) constata que estamos vivendo uma época em que são delineados claramente os elementos que atestam o nascimento e a afirmação de novas formas de viver e pensar, a teorização das novas fórmulas associativas, de conhecer e de elaborar cultura, de comunicar, de socializar e de construir universos simbólicos (BURZA, 2008).

Provocado pela Revolução Industrial, o período de transformações que redesenhou progressivamente os traços da existência humana, experimenta hoje o seu cume na sociedade chamada pós-moderna, termo introduzido por Jean-François Lyotard em uma reflexão que, descrevendo as características da sociedade ocidental, retrata o crepúsculo da modernidade das ciências humanas e, em particular, as ciências da educação, a árdua e delicada tarefa de buscar o significado da existência humana para além do consumismo efêmero ao qual se declina o cotidiano (LYOTARD, 1987).

O conceito pós-moderno, na visão de Lyotard, indica uma fratura nos últimos tempos, especialmente nos anos de 1970, em comparação com a tradição do passado. Especificamente, o filósofo francês sustenta que o declínio da cultura moderna é constituído pelo desaparecimento das grandes narrativas que produziram as grandes mitologias do progresso e da transformação revolucionária da sociedade, bem como o declínio das grandes ideologias das quais, em sua opinião, derivam uma perda do sentido da história e de todo projeto global que é seguido por uma tendência a aceitar, como personagens positivos, a pluralidade e a destruição da cultura e dos saberes, juntamente com a renúncia à pretensão de reconduzi-los à unidade e sistematizações hierárquicas. Pode o homem também perder-se na sociedade contemporânea devido a uma série complexa de fenômenos que encontram sua raiz na frenesia do progresso, na corrida enlouquecedora em direção à inovação, dentro da qual as referências valorais que deveriam iluminar o caminho humano se destroem e se recompõem muito rapidamente, dando vazão ao homem fragmentado.

Nessa lógica, o pensamento pós-moderno delineia a imagem de um homem que cortou laços com o metafísico e o transcendente, uma fratura que não termina na perda de fé em direção a um mistério supremo, mas que esgota a esfera de suas tensões projetuais e emancipatórias em uma dimensão em que predomina o *hic et nunc* (aqui e agora), cancelando, ou pelo menos limitando, o desenvolvimento e a integração de sua interioridade.

A missão educativa, nesse contexto de mudança, compromete-se enquanto educação cristã a direcionar o ser humano à reapropriação da própria vida, tentando distanciá-lo da desorientação que pode causar a complexidade em que está imerso, selecionando contextos e experiências que o guiam na construção de sua própria identidade. A escola, enquanto primeira expressão de uma sociedade que se encarrega de seus cidadãos, portadora de uma riqueza de conhecimentos, competências e habilidades, tem missão fundamental no enfrentamento diante dos desafios da existência.

Nessa dinâmica, a escola como lugar de formação, de processos de educação integral e categoria pedagógica suprema torna-se eficaz combatente da cultura da alienação e aniquilação, direcionando a pessoa por itinerários de autenticidade e humanização e integração do próprio ser em todas as suas dimensões.

Historicamente, a Igreja buscou fazer da educação integral da pessoa a cifra específica e, talvez, universal do seu mandato a todos os homens, mas especialmente a cada homem, como repetiu tantas vezes Paulo VI. Certamente, sobre essa contribuição, encontramos poucos escritos sistematizados no que concerne a história antes do Concílio Vaticano II, até mesmo porque a tomada de consciência acerca da gravidade desse tema foi assumida de forma gradual e progressiva, com força reverberante a partir dos anos do Concílio Vaticano II.

Essa reflexão, que foi sendo gestada na história como um reservatório que vai transbordando do que está preenchido, nos ajuda a distinguir duas realidades que se distinguem entre si: a educação cristã e a visão de educação cristã.

A educação cristã diz respeito aos caminhos específicos da educação, na determinação da natureza dos conteúdos e objetivos da educação, na identificação dos métodos e ferramentas adequados para alcançá-los e na configuração de instituições educacionais que são de responsabilidade das gerações cristãs operantes nas diversas culturas. Isso explica, por exemplo, o fato de a fé cristã emergir da práxis e de instituições educativas diferentes entre si, mas legitimamente qualificadas como cristãs.

A visão cristã da educação, no entanto, diz respeito ao produto cultural, ao conjunto de valores educacionais que deriva da inspiração cristã e que ilumina com uma nova luz — aquela da Revelação — os fundamentos antropológicos e outros valores relacionados ao conteúdo e à dinâmica da educação, bem como a reflexão pedagógica que dela deriva[11].

Como já notado, a Igreja, em seus dois mil anos de história, enquanto lida com a educação, não o faz em primeiro lugar por meio de intervenções doutrinárias por parte do magistério, mas a partir da promoção de experiências educacionais que se materializam na história, por isso, ao vermos na sequência a tradição conciliar, antes do Concílio Vaticano II, não encontramos um caminho sistematizado, porém debruçamo-nos a reconhecer também, de forma mais genérica devido à sua complexidade, os Concílios da Igreja para, então, adentrarmos no Concílio Vaticano II, onde a Igreja tratará o argumento da educação também a nível de magistério.

---

11. Com esta visão, entendemos uma educação que visa "desenvolver todas as energias espirituais, formar a inteligência no sentido pleno do termo, por meio de uma cultura altruísta, aberta a todos os valores; uma educação liberal e verdadeira que forme personalidades autônomas e que seja fundada e coroada com uma autêntica educação religiosa" (Léna, 1986, 66).

1.2. Tradição conciliar e educação integral no Concílio Vaticano II

A origem da palavra "concílio" é dupla. Em latim, *concilium* refere-se à ideia de uma assembleia, o seu equivalente em grego *synodos* (*sínodo*) repropõe a ideia de caminhar juntos, percorrer juntos *(syn)* o próprio caminho (*odos*) na história[12]. Nos documentos oficiais da Igreja, as duas palavras são intercambiáveis. As celebrações conciliares constituem uma marca que perpassa toda a história cristã. Nascidos sem que houvesse um projeto preliminar, os concílios, influenciados também pelos famosos modelos do Sinédrio hebraico e do Senado romano, são uma das mais interessantes e significativas manifestações que caracterizam a dinâmica de comunicação intereclesial do cristianismo dos primeiros séculos até então (ALBERIGO, 1995).

Um concílio se refere, em termos organizacionais, à uma assembleia em que se reúnem os líderes da Igreja Católica para deliberarem sobre determinadas questões afeitas à vida do catolicismo. Esse evento traz consigo a peculiaridade de não ser periódico e de ser realizado sob a iniciativa do papa reinante. "O Concílio Vaticano II se mostra atípico, sendo provavelmente o acontecimento cristão mais importante do século XX" (BEOZZO, 2005, 43). A partir dos seus objetivos, um concílio não se sobrepõe a outro, anulando o que o antecede, cada concílio busca dialogar de forma mais significativa a partir da realidade e do contexto em que se situa. Contudo, o catolicismo atual encontra sua projetualidade mais no Concílio Vaticano II (1962-1964) do que no Vaticano I (1869-1870) ou Trento (1546-1563), mesmo que esses dois concílios citados sejam, ainda hoje, referenciais de comportamentos e noções teológicas ao catolicismo.

A cronologia dos concílios se mostra descontinua, pelo menos daqueles de maior alcance. Os Concílios Ecumênicos, em número de 21, em que os quatro primeiros (Niceia, em 325; Constantinopolitano I, em 381; Éfeso, em 431, e Calcedônia, em 451) foram recebidos no Oriente quase que com a mesma veneração tributada aos quatro evangelhos. Os grandes concílios da Antiguidade, convocados por iniciativa da autoridade imperial e celebrados

---

12. FRANCISCO, Discurso em comemoração do 50º aniversário da instituição do sínodo dos bispos, em 17 de outubro de 2015.

à sombra do seu manto tiveram uma característica própria dentro da tradição do cristianismo oriental de língua grega.

Na série dos 21 concílios, os sete primeiros são acolhidos igualmente pelo Ocidente e pelo Oriente cristãos — com exceção das antigas Igrejas orientais. O oitavo foi fator de grande dissensão entre o Oriente e o Ocidente por causa da tensão entre Roma e os patriarcados orientais e da medida disciplinar que destituiu o patriarca Fócio da sede de Constantinopla. Os concílios seguintes, a partir de Latrão I (1123), recebidos como ecumênicos pela Igreja latina, são considerados pelos orientais apenas concílios ocidentais e, portanto, não ecumênicos (BEOZZO, 2005).

Considerando o objeto em questão da educação integral, torna-se complexa uma elaboração que pretenda na historicidade dos concílios mais antigos encontrar uma abordagem que trate de modo específico da educação, pois é sabido que, antes do Concílio Vaticano II, os concílios se preocuparam mais com o binômio doutrina-disciplina. No entanto, no Concílio Vaticano I, por causa de Leão XIII e Pio XI, vemos despontar dois documentos que se reportam à educação, dentre eles, o mais significativo, a carta encíclica *Divini Illius Magistri*, de 1929, que será abordada posteriormente neste trabalho em relação com a *Gravissimum Educationis* (1965).

Os primeiros Concílios que correspondem aos padres da Igreja, de Niceno I (325) a Niceno II (787), são marcados pela busca do mistério de Deus, de Jesus Cristo e do Espírito Santo em uma constelação cultural em que três correntes se encontraram cuja harmonização não era de todo óbvia. O Evangelho da Ressurreição, chave para entender a história e o ensinamento de Jesus de Nazaré, o monoteísmo judaico que confessa o único Deus em aliança com seu povo, a filosofia helenística dominada, tanto a partir de um pensamento "Uno" que vai além de qualquer nome ou essência e de um pensamento de um *logos* imanente e impessoal que anima o andamento do mundo (IANNONE FRANCESCO, 2012).

Em se tratando dos concílios ocidentais, da Idade Média em diante, do Segundo Concílio de Orange (529) ao Concílio de Trento, vemos que a insistência está no homem: como compreendê-lo dentro da economia da salvação? Como considerar o grave problema da graça e da liberdade, isto é, a colaboração entre Deus e o homem no caminho da salvação? Como articular a fé revelada e a razão humana nas formas desenvolvidas até agora? Como pensar a obra de Cristo (os sacramentos) diante do trabalho dos homens (as virtudes)? Entre a tentação pessimista, que enfatiza a incapacidade humana, saber ou querer, e a tentação que poderia ser chamada liberal, que insiste no poder humano em termos de alcançar a verdade, determinar o bem e, finalmente, fazê-lo, que equilíbrio propor?

Com o Concílio de Trento (1545-1563) confirmado e completado pelo Vaticano I, tudo foi determinado e definido: a dogmática divina, estabelecida nos primeiros séculos da Igreja permanece como tal. Quanto à antropologia, ele encontrou fórmulas equilibradas para descrever o lugar certo do homem, alma e corpo, inteligente e livre, chamado ao sobrenatural, ferido pelo pecado, mas curado pela redenção realizada por Cristo na cruz e comunicada pelos sacramentos. Finalmente, para a eclesiologia, sua estrutura apareceu na forma correta, depois de séculos de lutas e controvérsias, uma sociedade perfeita de constituição hierárquica dominada pelo primado absoluto e abrangente do papa em termos de fé, culto e costumes, além do poder sagrado do sacerdote, ator dos sacramentos, fonte imensurável de salvação.

É importante, aqui, historicizar, mesmo sem adentrar na complexidade do assunto, que o uso habitual e o conceito corrente de Igreja Católica, pelo menos até o Concílio de Trento, a sua denominação recorrente era de Igreja latina, para contrapô-la ao Oriente cristão[13]. Após a divisão de 1054, a

---

13. O termo latino evoca más recordações no Oriente, como não deixaram de relembrar Máximos IV, na última reunião da Comissão Central, em janeiro de 1962: "Se os orientais podem ser católicos sem se tornar latinos, pergunto: por que manter no Oriente, em pleno século XX, em país muçulmano, um patriarcado latino ocidental que só pode existir latinizando, em prejuízo da Igreja oriental? A latinização do Oriente, empreendida pelo patriarcado latino de Jerusalém, constitui lamentável desmentido às declarações formais dos papas, prometendo aos Orientais que retornassem à unidade que não seriam obrigados a latinizar". A tradução desta intervenção e das intervenções do patriarca e dos demais bispos melquitas, na preparação do Concílio e durante a sua realização, foi publicada no Brasil: MOUALLEM, K. P., *A Igreja greco-melquita no Concílio — Discursos e notas do patriarca Máximo IV e dos Prelados de sua Igreja no Concílio Ecumênico Vaticano II*, Eparquia Melquita do Brasil, São Paulo, Loyola, 1992, 162.

Igreja oriental passou a autodenominar-se ortodoxa para contrapor-se à latina, que teria se afastado da reta doutrina, ou seja, da ortodoxia. Em Roma, os ortodoxos foram regularmente chamados de gregos.

Com a Reforma Protestante, na tradição luterana, a Igreja latina passou a ser chamada de Igreja romana e, atualmente, de Igreja Católica Romana (ICR), nome que lhe é atribuído na literatura do Conselho Mundial de Igrejas.

Em relação ao tema das relações da Igreja com o Estado, os padres conciliares não trataram diretamente do tema, deixando-o para a administração diplomática da Santa Sé e para a reflexão do pensamento católico sucessivo ao Concílio de Trento, mas dirigindo sua determinação, mesmo que "idealmente". As relações que, de fato, eram muito complexas e delicadas na era pós-nacional — do final do Concílio (1563) aos Tratados de Vestfália (1648) — por uma série de fatores relevantes que, nesse contexto, merecem ser mencionados.

Em primeiro lugar, o Renascimento, o grande "termômetro" que marcou a passagem da mentalidade medieval para a moderna e que, com seus elementos característicos, contribuiu para reviver a ideologia protestante. Basta pensar no aceno do individualismo, sociológico e antropológico que também levou a um individualismo religioso que retrata o homem que defendeu a própria vida religiosa e, acima de tudo, *extra ecclesiam*.

Em segundo lugar, o individualismo antropológico e religioso, irremediavelmente, levou à valorização do nacionalismo.

> Em outras palavras, a concepção de sociedade e da comunidade foi definitivamente abandonada para se chegar a uma visão nacionalista; o grupo social era tal porque pertencia a um contexto geográfico bem definido e, como consequência, estabeleceu o princípio territorial *cuius regio eius et religio*[14], um passo fundamental para alcançar o conceito de "religião estatal" (FLICHE; MARTIN, 1995, 34).

---

14. *Cujus regio, eius religio* é uma frase latina que significa literalmente "De quem [é] a região, dele [se siga] a religião", ou seja, os súditos seguem a religião do

Nesse panorama, de um lado, o Estado — forte com o apoio das novas religiões reformadas — tentou absorver e transferir todos os aspectos da vida do indivíduo, incluindo o religioso, dentro de seu território. Por outro, a Igreja, que testemunhou a constante erosão de sua competência universal, tentou afirmar a autoridade suprema do papado — uma teoria que se repetirá constantemente na ciência das relações públicas — identificando-se cada vez mais com a cabeça visível.

Delineadas as causas que, na prática, complicaram as relações entre autoridade civil e eclesiástica, resta ver como a doutrina católica pós-tridentina construiu uma teoria das relações entre Estado e Igreja, teoria esta que será retomada e aperfeiçoada pelos teóricos do *ius publicum ecclesiasticum*. Devemos enfatizar, como já dissemos, a total inexistência de uma teoria da relação entre Igreja e Estado no Concílio Tridentino, limitando os padres conciliares a impor o dever geral de proteção e soberania da Igreja.

O modelo da Igreja da Contrarreforma prevaleceu durante os séculos que se seguiram ao Concílio de Trento e que se firmou na era piana (de Pio IX a Pio XII) durante mais de um século (1846-1958).

Após a Reforma Protestante, surge uma nova figura de Igreja que vem bem traçada por J. Delumeau, que considera um mito a ideia de uma Idade Média cristã de massas essencialmente rurais. O autor esclarece que havia um grupo de cristãos bem evangelizado, o povo professava uma religiosidade voltada para as realidades desse mundo por meio das devoções, das promessas, dos ritos que eram praticados para resolver os problemas imediatos da vida cotidiana. Na realidade, não se vivia uma religião sobrenatural, de salvação eterna, mas fundamentalmente a de satisfação das necessidades imediatas (DELUMEAU, 1971, 5).

Atacados por protestantes, teólogos católicos, no período após o Concílio de Trento, ocuparam-se não só de confirmar a necessidade da autoridade eclesiástica para entender a mensagem divina, mas também de especificar a questão da infalibilidade presente na autoridade do Papado.

---

governante. Trata-se de um princípio tão antigo como o Cristianismo de Estado, estabelecido na Armênia e no Império Romano pelo imperador Constantino.

Com a morte de Pio XII, inaugurou-se um novo tempo na Igreja. Um longo arco de dez séculos de modelo eclesiástico recebia um primeiro porvir da realidade futura. Fatores externos e internos da Igreja provocaram o desmoronamento dessa concepção de Igreja, abrindo o espaço para a novidade do Concílio.

A concepção da Igreja de Cristandade, na sua função de tutela da sociedade, do saber, da moral, do comportamento das pessoas, torna-se uma realidade ultrapassada. A modernidade, que se exprimira nos seus inícios pela Reforma no campo religioso e pela mudança de imagem de mundo no referente ao espaço sociocultural, significava, ao mesmo tempo, um dado religioso e um fato sociocultural. Sob esses dois aspectos, constituiu o contexto principal envolvente do Concílio, causando enorme impacto sobre ele.

A convocação do Concílio Vaticano II, embora não tivesse sido elaborada ou pensada ao interno da Igreja, apresentou-se quase como uma parada obrigatória, uma vez que a Igreja parecia desconectada do mundo e suas instituições estavam agora longe de satisfazer as necessidades socioantropológicas do século XX. Além disso, a eclesiologia dominante, de matriz neoescolástica, de fato permaneceu inalterada desde a era da Contrarreforma e estruturada de maneira piramidal e hierárquica, era absolutamente inadequada e precisava ser repensada à luz da nova realidade do mundo (ESTRADA, 1985).

A eclesiologia, presente à época da convocação do Concílio, foi, de fato, aquela elaborada, em suas linhas essenciais, pela reunião dos padres conciliares em Trento, respondendo às necessidades da Igreja do século XVI. Uma Igreja que, atacada pelos reformadores, respondeu entrincheirando-se numa posição de defesa que, se por um lado, a protegia, por outro a retirava do mundo exterior. A eclesiologia pós-tridentina, na verdade, não levou em devida consideração a mudança de ritmo interposta na sociedade durante os séculos XV e XVI.

A questão não se refere somente à Reforma, da qual a Igreja estava bem ciente, mas a um fato ainda mais significativo: a era da *Christianitas*, entendida como a única República de estilo europeu, estava se enfraquecendo muito rapidamente e, ao reverso uma sociedade pluralista e fortemente secularizada, sinalizava um novo tempo. Nesses andares, o descontentamento com as instituições eclesiásticas e, de modo mais geral, com o sentimento religioso, tornou-se cada vez mais evidente (GROSSI, 2009).

As iniciativas referidas dizem que a lacuna existente entre a Igreja e a sociedade já estava ultrapassada antes que a necessidade fosse teorizada. Isso apareceu já no projeto de Leão XIII. O pontificado do papa Pecci propunha, de fato, como um grande projeto para reconquistar o terreno perdido, tanto no lado cultural (encíclica *Aeterni patris*, 1879) quanto no lado social (*Rerum Novarum*, 1891). Se no primeiro lado a tarefa era naturalmente confiada ao clero, detentor da verdadeira doutrina, a segunda era para os leigos, entendidos, no entanto, como executores de diretrizes elaboradas pelo magistério.

O resultado do projeto foi diferente: falência no primeiro lado, eficácia no segundo. No entanto, mesmo com Leão XIII, a visão do mundo (isso não entendido como a criação de Deus, mas como um ambiente humano, que implica escolhas pecaminosas especialmente de líderes civis e culturais) permaneceu negativa e a salvação da sociedade foi pensada como um recondicionamento do mundo. A Igreja permaneceu como um baluarte de defesa contra as ameaças e ilusões que emergiam dos sistemas de pensamento iluminista e dos governos ou forças sociais que se deixaram inspirar por ele, constituindo a humanidade (CANOBBIO, 2011).

Segundo Alberigo (1995), a variedade e a complexidade dos concílios trazem em si a realidade comum de serem eventos (às vezes significativos, outras insípidos), nos quais estão presentes forças e correntes diversas cujas decisões exprimem o grau de consciência histórica e de coerência evangélica da Igreja, numa determinada época (ALBERIGO, 1995). O autor acentua que a fisionomia dos concílios é de caráter flexível, segundo a função histórica desempenhada por cada assembleia. Sintetizando, os primeiros quatro concílios ecumênicos, que, em linhas gerais, foram equipados segundo os quatro evangelhos, consolidaram e fortaleceram essencialmente a fé da Igreja nascente, numa relação dialética com a cultura clássica. "Os concílios gerais da Idade Média, ao invés, se ocuparam da societas christiana do Ocidente; após Trento e o Vaticano I, optaram por defender o catolicismo romano das teses dos reformadores e das ameaças da cultura secularizada" (Ibidem, 1995, 8).

O Vaticano II, no entanto, é inspirado pela convicção de que se fazia necessária uma atualização global da Igreja, em resposta aos sinais dos tempos e às grandes transformações da sociedade contemporânea, da relação inevitável entre a Igreja e a modernidade.

1.3. A Igreja e a modernidade

A modernidade é uma estação histórica e cultural que se caracteriza pela autonomia do homem, que marcou o fim do cristianismo ocidental, isto é, a ideia da fé como realidade universal que tudo compreende e reconduz à unidade. A época moderna introduziu um conflito na sociedade e na Igreja, sobretudo no confronto com a Reforma Protestante, enfraqueceu a unidade em torno da fé, causando implicações culturais, sociais e antropológicas. Kant ofereceu uma solução definitiva a cada possível conciliação, e declarou a conquista advinda da era do Iluminismo: "de agora em diante o homem não precisará recorrer a nenhuma autoridade senão a sua própria razão, que será sua única luz e guia" (KANT, 1784, 45). Nessa afirmação, explicita-se a declaração do princípio que tornará específico o futuro da relação entre fé e razão, filosofia e teologia, sociedade e religião.

A Igreja, enquanto instituição portadora de uma ideologia religiosa específica, que se configura no cristianismo, em sua vertente católica romana, ao longo de séculos de história, constituiu-se em elemento de extrema importância na formação da identidade nacional de diversos países europeus e, posteriormente, a partir do século XV, estendeu-se a outras regiões do mundo, de modo notável nas Américas de colonização espanhola, portuguesa e francesa.

As sociedades rigidamente organizadas e hierarquizadas do feudalismo europeu, do absolutismo moderno e da América sob as colonizações espanhola, portuguesa e francesa podem exemplificar os espaços e períodos históricos em que a Igreja, oficialmente vinculada ao Estado, obteve grande espaço na produção ideológica, por meio da moral, da filosofia e das ciências, tendo grande influência na tarefa educacional.

Concepções distintas daquelas difundidas pela Igreja enraizaram-se em segmentos consideráveis das populações dos países ocidentais. Na visão de Augusto del Noce, um intelectual italiano, a posição dos católicos entre os séculos XIX e XX é compreensível quando considerados os eventos históricos e os fenômenos culturais que distinguiram a relação entre religião e sociedade, entre cristianismo e estado, entre a fé e a razão. Em outros termos, a compreensão do fenômeno da secularização segundo a impostação hermenêutica contemporânea se dá a partir da explicação dos complexos fatores que desencadearam a modernidade e, sucessivamente, sua crise.

O processo social, denominado "secularização", tem em suas origens a quebra da unidade cristã na Europa centro-ocidental a partir de meados do século XVI e está relacionado a formulações de interpretações diferenciadas do cristianismo, no acesso individual à palavra (dispensando a mediação do clero), assim como novas atitudes morais e de inserção individual na economia monetária (GIUMBELLI, 2002).

Nesse sentido, é importante detectar que o pensamento católico sustentou a tese de que a modernidade remeteria às concepções oriundas do protestantismo. O teólogo jesuíta João B. Libanio (2000) sinaliza que a possibilidade de relação direta entre indivíduo e Deus, estabelecida pela Reforma, ao dispensar a mediação estabelecida pela Igreja, enfraqueceu os vínculos religiosos tradicionais e objetivou a fragmentação da sociedade, até mesmo a nível individual.

Sola fide (somente pela fé) exprime a situação do fiel que aceita a revelação de Deus não interpretada e autenticada pelo magistério da Igreja, mas numa atitude pessoal, individual, experiencial diante de Deus. No seu coração de fé, sem precisar intermediação visível da Igreja, ele se encontra com Deus. *Sola gratia* (somente pela graça) expressa outra atitude subjetiva pela qual o fiel se percebe santificado, não pelas obras, nem pelos sacramentos e ritos da Igreja, mas pela atribuição por parte de Deus, de sua graça. *Sola Scriptura* (somente pela Escritura) vem reforçar mais uma vez a subjetividade. O fiel se defronta com a Palavra na solidão de sua experiência individual e não se sente preso às amarras da tradição, da Instituição eclesiástica (LIBANIO, 2000).

As propostas do reformismo protestante não foram aceitas pelo catolicismo, pois a supressão da necessidade de uma estrutura intermediária nas relações entre os homens e Deus e a valorização das atitudes de conduta individual no processo da salvação suscitou uma das marcas mais visíveis e permanentes do pensamento social católico no mundo moderno: o anti-individualismo.

A Igreja Católica, ao opor-se evidentemente à radicalidade dessa asserção — somente pela fé —, resistiu também a uma das características fundamentais da modernidade: a afirmação da autonomia humana, a valorização da subjetividade pessoal, e a importância da experiência como fonte de relação e de verdade. A Igreja fechou assim as portas à modernidade iniciante (LIBANIO, 2000).

Segundo Cury (1988), a afirmação gradativa do individualismo, o questionamento da autoridade eclesiástica pelos movimentos científicos e filosóficos da Europa e a estruturação do Estado moderno resultaram na tendência à dissolução dos espaços sociais intermediários entre o Estado e o indivíduo, abrindo precedente para os conflitos sociais característicos da sociedade liberal (CURY, 1988).

A época moderna caracteriza-se, portanto, pela independência do reino humano de Deus (ARENDT, 1970). Essa ideia teria visto, precisamente, o triunfo do Iluminismo da deusa da razão a sua afirmação definitiva que, por sua vez, continuaria no positivismo, materialismo e depois no niilismo (VATTIMO, 1985). Desse modo, o fim da religião na sua forma clássica do século XX seria a natural consequência da conquista da idade adulta do homem, como afirma Langdon Gilkey.

A religião — juntamente com a comunidade e as instituições religiosas — perdeu sua centralidade, enquanto não são mais relevantes para guiar a vida social. Não somente a religião tornou-se uma questão de escolha pessoal, muito mais do que uma necessidade pública, pois adotou-se a tendência de confiná-la à esfera das crenças pessoais, prática privada e modelos de comportamento moral individual (GILEY, 1982).

As sociedades liberais modernas tendem a considerar a religião como um assunto privado e a ter como pressuposto fundamental a dissociação entre esfera religiosa, que enfraquece sua centralidade enquanto sistema de legitimação da vida social, e o mundo das relações econômicas e políticas.

Berger (1985) afirma que o processo de secularização imbricado aos processos de implantação e consolidação das sociedades liberais nacionais articulou-se aos fenômenos sociais identificados com o projeto da modernidade: o individualismo, a mobilidade social, a organização racional e burocrática da vida econômica e das relações entre Estado e indivíduos, a tolerância cultural e religiosa. Tal projeto foi favorecido pelas transformações relacionadas aos processos de industrialização e urbanização que possibilitaram a gradativa substituição dos vínculos tradicionais de sociedades até então fundamentalmente agrárias.

Segundo Paiva (1991), a consolidação desse novo modelo de sociedade marca um corte com o passado, relacionando o fenômeno da modernidade à secularização e ao deslocamento da religião do papel de principal instância agregadora da sociedade, observa-se a "desqualificação do cristianismo no interior de um conjunto de crenças disponíveis numa sociedade trabalhada pela secularidade moderna" (PAIVA, 1991, 238).

Por outro lado, a relação histórica e cultural da Igreja Católica com a modernidade não foi somente uma relação de contraposição. Do Vaticano I ao Vaticano II, temos quase um século de história, porém as doutrinas que, sobretudo na Europa central, começaram a se desenvolver desde os fins do século XVIII, tidas como emancipação da razão do controle da Teologia e das chamadas autoridades, já tinham uma origem no passado, talvez no Renascimento e na Reforma Protestante, com os seus ideais de humanismo e de livre-arbítrio.

Sob a esteira desse desenvolvimento ideológico, avistou-se o fim das monarquias europeias, o triunfo das repúblicas, a revolução bolchevique e, dentro da Igreja, a chamada crise modernista entre os que pensavam que era necessário dialogar com os novos tempos e os que criavam resistência em vista de uma nova realidade. Entre os dois — os desafios da Modernidade e o muro do Tradicionalismo que o Vaticano I em parte reforçou e a tradição cristã autêntica que foi fazendo o seu caminho, passando fundamentalmente por uma melhor avaliação histórica e teológica da evolução das ideias e um diálogo sincero e verdadeiramente novo com a cultura moderna, como elucida Walter Kasper: "[...] ao reconhecer a independência das esferas da cultura e ao pronunciar-se pelo princípio da liberdade religiosa, o Concílio aproveita e acolhe como cristãmente legítimos, motivos decisivos do Iluminismo" (KASPER, 1973, 17).

O Concílio Vaticano II assume resolutamente o diálogo com a modernidade na Constituição sobre a Igreja no mundo contemporâneo (*Gaudium et Spes* — GS). Partindo da situação do homem no mundo moderno, a Igreja debruça-se sobre temáticas vitais para a realidade humana, ela assume também os matizes da história, e isso se dará no aspecto educacional, caminho de difícil conceituação, vistos os elementos do passado e aqueles que despontavam para uma nova compreensão do papel da Igreja enquanto educação católica nos andares da modernidade.

Se examinarmos as Atas do Concílio, vemos como esse modo de proceder responde à intervenção de vários padres conciliares, entre os quais citamos o cardeal Duval, então Bispo de Alger.

> Se queremos dialogar com o mundo, é necessário que o mundo nos compreenda; mas para que o mundo nos compreenda é preciso, primeiro, que nós compreendamos o mundo. Por conseguinte, devemos partir das nobres aspirações dos homens do nosso tempo, das suas angústias e dos seus sofrimentos e não de considerações que nos são familiares a nós (DUVAL, [1964], 1564).

Sobre a atitude do Concílio, Kasper (1973) faz uma síntese coerente na qual se percebe a disposição da Igreja em reconhecer-se, sem perder os seus princípios, portadora de uma palavra nos tempos modernos.

> O Concílio Vaticano II pode considerar-se sob certo aspecto como renúncia a esta mentalidade restauradora dirigida contra a época moderna. Evidentemente, semelhante abertura não acontece sem crises, à primeira vista parece que a Igreja renuncia ao que, até aqui, constituía a sua força, erigindo-a um ponto de atração para muitos espíritos despertos e dela fazendo o lar para todos os que aspiravam por segurança. Por agora é imprevisível uma reanimação intensa da tendência restauradora. A restauração nunca poderá trazer a solução. Uma vez que a autoridade foi posta em causa, só poderá ser fundamentada a partir de razões válidas. [...]. É como condição de possibilidade da liberdade que a autoridade tem agora de legitimar-se. Conclui-se, portanto, que temos de procurar uma legitimação positiva e criadora entre a fé e o pensamento moderno, entre a Igreja e a sociedade nos tempos modernos (KASPER, 1973, 17-18).

É sabido que o Concílio Vaticano II se delineou por caminhos distintos dos de Trento (1545-1563) e do Vaticano I (1869-1870), principalmente no que diz respeito ao diálogo com o mundo moderno que se construía na Europa à atitude de abertura da Igreja, que, no Vaticano II, identificou-se com a ideia de *aggiornamento* (atualização).

Em uma entrevista para o Instituto Humanistas, Libanio (2012) aponta que o Concílio Vaticano II foi inaugurado em um momento de transversais movimentos contraditórios. Economicamente, firmava-se o milagre econômico europeu na reconstrução da Europa com substancial ajuda americana depois da terrível destruição da Segunda Guerra Mundial, demarcando uma euforia econômica. Politicamente, a democracia se firmava após a derrota do nazismo e do fascismo. O lado ocidental europeu contrastava com o regime comunista do Leste ao agitar a bandeira da liberdade. Viviam-se ainda os anos da Guerra Fria, embora João XXIII tenha mostrado abertura para o Leste ao receber, em audiência particular, de maneira simpática e afetiva, Rada Khrushchev, filha do secretário do Partido Comunista da União Soviética. O próprio Nikita Khrushchev[15] enviara ao papa telegrama de felicitações referente à comemoração de seus 80 anos. Portanto, em meio à tensão Leste/Oeste, havia pequenos sinais de luz.

É nesse contexto que a Igreja Católica, na inspiração do Concílio Vaticano II, lança o olhar para dentro de si e para o mundo moderno. O produto desse movimento se resume em duas palavras: *aggiornamento* e diálogo.

Aggiornamento, expressão dileta de João XXIII, que, com anterioridade concebida em suas reflexões, se faz portadora do anseio da Igreja em responder aos desafios socioculturais da modernidade já avançada, na complexidade dos problemas que trazia. O diálogo representa o desejo de estabelecer novas pontes ao encontro das Igrejas cristãs, do judaísmo, das outras tradições religiosas, dos não crentes e da realidade social.

---

15. Nikita Serguêievitch Khrushchev (1894-1971): secretário-geral do Partido Comunista da União Soviética (PCUS) entre 1953 e 1964 e líder político do mundo comunista até ser afastado do poder por causa de sua perspectiva reformista e substituído pelo político conservador Leonid Brejnev na direção da URSS (Nota da IHU *On-Line*).

1.4. O Concílio Vaticano II

Em se tratando do último Concílio da Igreja, o papa João XXIII não visava repetir e proclamar o já conhecido, mas se esperava do Concílio um progresso na penetração doutrinal e na formação das consciências, articulando fidelidade à doutrina autêntica e indagação e formulação literária do pensamento moderno[16].

Em vista do esclarecimento da temática, que não é muito recorrente no campo das Ciências Humanas, propomos alguns esclarecimentos para a compreensão do evento conciliar.

Os Concílios Ecumênicos, em sua totalidade, são 21: os quatro primeiros (Niceia, em 325; Constantinopolitano I, em 381; Éfeso, em 431 e Calcedônia, em 451). Dentre os 21 concílios, os sete primeiros são acolhidos igualmente pelo Ocidente e pelo Oriente cristãos — com exceção das antigas igrejas orientais; o oitavo foi fator de grande dissensão entre o Oriente e o Ocidente por causa da tensão entre Roma e os patriarcados orientais e da medida disciplinar que destituiu o patriarca Fócio da sede de Constantinopla (ALBERIGO, 1995). Os concílios seguintes, a partir do Laterano I (1123), recebidos como ecumênicos pela Igreja Latina, são considerados pelos orientais apenas concílios ocidentais e, portanto, não ecumênicos.

O Vaticano II, enquanto movimento sinodal, procurou dar passos para superar a secular ruptura entre o Oriente e o Ocidente cristãos, consumada em 1054, convidando as Igrejas Ortodoxas[17] e as antigas Igrejas Orien-

---

16. JOÃO XXIII, O programático discurso de abertura, in: KLOPPENBURG, B., *Concílio Vaticano II*, V. II: Primeira Sessão (set./dez. 1962), Petrópolis, Vozes, 1963, 310.

17. As Igrejas Ortodoxas, seguindo caminho próprio, desde a ruptura de 1054 entre Oriente e Ocidente e de posteriores desdobramentos históricos, agrupam cerca de 200 milhões de fiéis que habitam, em sua maioria, os territórios da atual Comunidade dos Estados Independentes (antiga União Soviética), os Bálcãs e o Oriente Próximo, com diásporas importantes nos Estados Unidos, Canadá, América do Sul e Austrália, por conta das migrações da segunda metade do século XIX e século XX. Elas compreendem oito patriarcados: Alexandria (o Concílio de Niceia, em 325, no cânon 6, reconheceu que seu bispo exercia jurisdição superior sobre toda a diocese civil romana do Egito), Jerusalém, Antioquia, Constantinopla como *primus inter*

tais a participarem do Concílio, enviando observadores. Ao término do Concílio, na manhã do dia 7 de dezembro de 1965, em celebrações simultâneas, em Roma, perante todos os padres conciliares do Concílio e, em Constantinopla, perante o Sínodo Patriarcal, Paulo VI, o patriarca do Ocidente e Athenagoras, o patriarca ecumênico de Constantinopla, levantaram, em declaração conjunta, num gesto de paz, no caminho da reconciliação e da unidade, as excomunhões e anátemas proferidos entre as duas igrejas[18].

---

pares (o primeiro entre iguais) — estes três patriarcados, juntos com Alexandria e Roma, são reconhecidos no Concílio de Calcedônia, 451, formando a pentarquia que regia a Igreja); Moscou (constituído em Igreja autocéfala no Sínodo de Moscou, de 1448, e em patriarcado em 1589); Belgrado, na Sérvia (1920); Bucareste, na Romênia (1925); Sofia, na Bulgária (1953, 1961); Quatro igrejas autocéfalas: Grécia, Chipre, Polônia e Checoslováquia; Igrejas autônomas (dependentes de algum patriarcado): Igreja da China, do Japão e da Finlândia; Igrejas da diáspora. Sobre o patriarcado de Constantinopla e o trabalho ecumênico desenvolvido pelo patriarca Athenagoras, cf. MARTANO, V., *Athenagoras, il Patriarca (1886-1972). Un Cristiano fra crisi dela coabitazione e utopia ecumênica*, Bologna, Il Mulino, 1996. Cf. OLIVIER, C., *L'Eglise Ortodoxe*. 4. ed., Paris, PUF, 1991; BOSCH NAVARRO, J. *Para compreender o ecumenismo*, São Paulo, Loyola, 1995, 64; AP 1987, "Patriarcados", 1706-1707. Durante o Concílio, enviaram observadores para alguma das quatro sessões, o Patriarcado de Constantinopla (III e IV), o Patriarcado Grego Ortodoxo de Alexandria (III e IV), a Igreja Russa Ortodoxa — Patriarcado de Moscou (I, II, III, IV), Igreja Sérvia Ortodoxa (IV), Igreja Ortodoxa da Geórgia (II, III, IV), Igreja Búlgara Ortodoxa (IV), Igreja Russa Ortodoxa no estrangeiro (I, II, III, IV). Cf. AS — *Appendix Altera*, Tabella V, 276-278. Sobre o diálogo e as relações por vezes tensas e difíceis entre a Igreja Católica e a Ortodoxa Russa, cf. TAMBOURA, A., Chiesa cattolica e ortodossia russa. Due secoli di confronto e dialogo dalla Santa Alleanza ai nostri giorni, Milano, Paoline, 1992, in: BEOZZO, 2001, 23.

18. As antigas igrejas orientais, algumas delas remontando ao primeiro século do cristianismo, se separaram da corrente grego-bizantina majoritária, à raiz das controvérsias cristológicas que precederam o Concílio de Calcedônia (451), sendo, por isso, também chamadas de monofisitas, nestorianas ou, simplesmente, não calcedonianas. Agrupam cerca de 30 milhões de fiéis e compreendem a Igreja Apostólica Armênia, a Igreja Síria Ortodoxa, a Igreja Copta Ortodoxa, a Igreja Ortodoxa na Etiópia. Mandaram seus observadores para o Concílio a Igreja Copta Ortodoxa (I, II, III, IV), a Síria Ortodoxa (I, II, III, IV), a Armênia Ortodoxa do *Catholic Sat* de Etchmiadzin (II, III, IV) e do *Catholic Sat* da Cilícia (I, II, III, IV); a Etiópica Ortodoxa (I, II, IV); a Síria Ortodoxa da Índia (II, III, IV); a Assíria do *Catholic Sat*

O Vaticano II ocorreu entre os anos de 1962 e 1965. Em 25 de janeiro de 1959, João XXIII convocou o Concílio, que foi posteriormente denominado Concílio Vaticano II. Na Basílica de São Paulo Fora dos Muros[19], na conclusão da Semana de Oração pela Unidade dos Cristãos, o papa reuniu-se com os cardeais e fez o seu pronunciamento: "Pronuncio perante vós, certamente tremendo um pouco de emoção, mas também com humilde resolução de propósito, o nome e a proposta de dupla celebração: a de um Sínodo diocesano para a Urbe e a de um Concílio Ecumênico para a Igreja universal" (JOÃO XXIII, *Primus Oecumenici Concilii Nuntius*).

De certa forma, a convocação conciliar foi recebida com receio e pode-se até dizer com espanto pela Cúria Romana, pois o papa João XXIII era considerado por muitos um papa de transição. Após o longo papado de Pio XII, esperava-se um papa sem muitas projeções ou aspirações. Roncalli seria o homem cotado para isso, com espírito pacificador e ampla carreira diplomática, além de sua experiência como arcebispo de Veneza, era visto como um bispo acostumado com o ambiente curial, mas também com o ambiente pastoral (BARAÚNA, 1993, 149). Surpreendendo todas as expectativas formuladas, João XXIII convocou o mais importante acontecimento no campo cristão durante o século XX.

Nesse contexto, a Igreja, em diálogo interno no exercício conciliar, é chamada a lançar-se para uma tarefa difícil e ampla de dialogar com o mundo presente, transcendendo suas referências doutrinais consolidadas e acolhendo as verdades externas, um exercício inédito que exigiu ruptura com concepções e práticas tidas como completas e definitivas no seio da tradição católica. As diferenças teóricas e práticas construídas pelo mundo moderno, comumente vistas pela Igreja como equívocos e, em muitas ocasiões condenadas, são agora olhadas de frente e discernidas pelos padres conciliares (PASSOS, 2016).

---

do Patriarcado do Oriente (III) e a Síria Mar Thomas do Malabar (II, III, IV). AS, Appendix Altera, Tabella V, 277-278 (BEOZZO, 2001, 23).

19. *Basilica di San Paolo fuori le mura* é uma das quatro basílicas papais de Roma, a segunda maior depois da Basílica de São Pedro.

O diálogo torna-se então o caminho sempre mais consciente, na medida em que a Igreja ali presente dá a si mesma o desafio de discernir e acolher o mundo moderno. Nessa tarefa, o Concílio atua, antes de tudo, em um ambiente sociocultural moderno, ou seja, politicamente democrático, sendo esse um valor e uma regra para as decisões coletivas e, tecnicamente, mundializado pelos meios de transporte e comunicação.

As primeiras iniciativas conciliares se dão com a formação da Comissão antepreparatória[20]. O cardeal secretário de Estado, Domenico Tardini, em nome do papa, enviou aos demais cardeais de todo o mundo uma carta que continha a seguinte alocução: "agradecemos, da parte de cada um dos presentes e dos distantes, uma palavra íntima e confidente que nos assegure sobre as disposições de cada um e nos ofereça amavelmente todas as sugestões sobre a realização deste tríplice desígnio"[21]. Essa carta também chegou à Igreja do Brasil. Trazemos aqui a resposta de um dos cardeais brasileiros, Dom Helder Câmara, longe de Roma, que responde cinco semanas depois, em 3 de março de 1959.

> "Eminência reverendíssima", com particular agrado recebi a carta de 29 de janeiro, protocolada com o número 7803, que fez Vossa Eminência acompanhar a cópia do discurso pronunciado pelo Santo Padre, gloriosamente reinante na Basílica de São Paulo fora dos Muros. Esta magnífica oração do Santo Padre, que teve repercussão em todo o mundo, abriu um raio de esperança em dias melhores para a cristandade e nos permite antever a aurora da suspirada união dos filhos do mesmo Pai, gerados no Sangue Redentor de Nosso Senhor Jesus

---

20. Teve como função tomar os contatos com o episcopado católico das várias nações, para obter conselhos e sugestões; de recolher propostas formuladas pelos Sagrados Dicastérios da Cúria Romana; de traçar as linhas gerais dos assuntos a serem tratados no Concílio, ouvindo os pareceres das faculdades teológicas e canônicas das universidades católicas; de sugerir a composição dos diversos organismos (comissões, secretariados etc.) que deverão ocupar-se da preparação dos trabalhos a serem envolvidos no Concílio (REB, 1959, 478).

21. João XXIII, "Aos Cardeais: primeiro anúncio do futuro Concílio Ecumênico", KLOP I, 38 e Litterae Em.Mi. P. D. Domenici Card. Tardini, Prot. n. 7803, Roma, 29 de janeiro de 1959, Litterae I, ADA, I, 113.

Cristo. Como o Santo Padre, ao finalizar a alocução, pede uma palavra íntima e confidencial que o certifique das disposições de cada um, posso dizer que com filial reverência e incondicional acatamento recebi, como sempre o faço com qualquer palavra do Santo Padre, essa mensagem que dirigiu aos Cardeais. Com sentimentos de fraternal estima, osculo a Sagrada Púrpura de Vossa Eminência e me subscrevo, + Jaime Cardeal Câmara, arcebispo do Rio de Janeiro (Carta de Jaime de Barros Câmara a Domenico Card. Tardini, Rio de Janeiro, 03/03/1959, Litt. XXII, ADA, I, 142).

O evento conciliar é marcado por várias influências e particularidades. Nesse sentido, a América Latina exerceu grande influência tanto nos bastidores quanto nas sessões conciliares. Dentre os participantes brasileiros[22], podemos citar os mais relevantes, como o bispo frade menor Boaventura Kloppenburg, que foi assíduo na comissão teológica, e Dom Helder Câmara, que aportou as ideias e os trabalhos conciliares, por meio de suas cartas, que, no período conciliar, são exemplos da relação entre o Concílio Vaticano II e a Igreja Católica no Brasil. A participação ativa dos peritos latino-americanos colaborou para que a recepção do Vaticano II na América Latina fosse vivida com fidelidade e criatividade no compromisso com os sinais dos tempos para que se pudesse chegar à noção e realidade de uma Igreja dos pobres.

---

22. MEMBROS BRASILEIROS: D. Jaime de Barros Câmara, cardeal arcebispo do Rio de Janeiro, RJ, na Comissão Central e, dentro desta, na Subcomissão do Regulamento; D. Alfredo Vicente Scherer, arcebispo de Porto Alegre, RS, na Comissão Teológica; D. Antônio Alves de Siqueira, arcebispo auxiliar de São Paulo, SP, na Comissão da Disciplina dos Sacramentos; Mons. Joaquim Nabuco, na Comissão Litúrgica; CONSULTORES: D. Helder Pessoa Câmara, o arcebispo auxiliar do Rio de Janeiro, RJ, na Comissão dos Bispos e do Governo das Dioceses; D. Geraldo Fernandes Bijos, bispo de Londrina, PR, na Comissão dos Bispos e do Governo das Dioceses; D. Afonso M. Ungarelli, prelado *nullius* de Pinheiro, MA, na Comissão da Disciplina dos Sacramentos; Frei Boaventura Kloppenburg, OFM, na Comissão Teológica; Pe. Estevão Bentia, na Comissão das Igrejas Orientais. D. José Vicente Távora, bispo de Aracaju, SE, no Secretariado da Imprensa e do Espetáculo. In: BEOZZO, J. O., *Padres conciliares brasileiros no Vaticano II: participação e prosopografia*, São Carlos, 2001, 99.

O Vaticano II representou, para a Igreja Católica no Brasil, uma ocasião de suma importância em sua história, tendo a força de reorganizar não só internamente, mas inserindo a Igreja do Brasil num complexo tecido de relações com as demais igrejas do mundo, em especial com as outras igrejas da América Latina, e redefinindo suas relações com o centro romano. Utilizando uma imagem dos dias de hoje, o Vaticano II elevou a Igreja do Brasil de uma relativa marginalidade no seio da Igreja universal para a condição de um *global player* na complexa rede pastoral, espiritual, institucional e doutrinal do catolicismo contemporâneo (BEOZZO, 2001).

É interessante notar a evolução da Igreja do Brasil constatada no espaço entre o Concílio Vaticano I e o Concílio Vaticano II. No Concílio Vaticano I (1869-1870), a presença brasileira foi bastante reduzida. O evento contou com 1.000 circunscrições eclesiásticas, sendo 2/3 dessas europeias; do Brasil fizeram-se presentes apenas doze dioceses. Dessas doze, a de São Paulo encontrava-se vacante pelo falecimento de Dom Sebastião Pinto do Rego (1863-1868), em 1868. Apenas sete dos onze bispos[23] puderam viajar para Roma e comparecer à sessão de abertura em que se fizeram presentes 744 padres conciliares. O peso relativo dos sete bispos do Brasil que foram a Roma não chegava a 1% da assembleia conciliar.

Um grande contraste ocorre no Vaticano II, no dia 11 de outubro de 1962. Ao ser aberto o Vaticano II, a Igreja do Brasil contava com o terceiro

---

23. Compareceram ao Vaticano I: Dom Manuel Joaquim da Silveira, arcebispo metropolitano da Bahia (1861-1874); Dom Antônio Macedo Costa, bispo de Belém do Pará (1850-1890); Dom Luiz Antônio dos Santos, bispo de Fortaleza, CE (1859-1879); Dom Francisco Cardoso Ayres, bispo de Olinda e Recife, PE (1867-1870, falecido em Roma, a 12-05-1870); Dom Pedro Maria de Lacerda, bispo de São Sebastião do Rio de Janeiro — RJ (1868-1890); Dom João Antônio dos Santos, bispo de Diamantina, MG (1864-1905); Dom Sebastião Dias Laranjeira, bispo de São Pedro do Rio Grande, RS (1860-1888). Deixaram de ir ao Concílio Dom Antônio Ferreira Viçoso, bispo de Mariana, MG (1844-1875), já enfermo e com 81 anos de idade; Dom José Antônio dos Reis, bispo prelado de Cuiabá, MT (1831-1876), também idoso, com mais de 70 anos e impedido de navegar pelo Rio Paraguai, por causa da guerra da Tríplice Aliança (1865-1870); Dom Joaquim Gonçalves de Azevedo, bispo de Goiás (1864-1876) e Dom Frei Luiz da Conceição Saraiva, bispo de São Luís do Maranhão (1861-1876). In: Ibidem, 2001, p. 32.

maior episcopado do mundo, logo depois do italiano e do norte-americano. Os seus 204 bispos, no momento da abertura do Concílio, representavam parte significativa na composição do episcopado mundial (BEOZZO, 2001).

No processo de articulação do Concílio com o *Motu Proprio Superno Dei Nutu,* em 5 de junho de 1960 (KLOPPENBURG, 1960, 54), João XXIII convoca as comissões preparatórias[24] do Concílio.

As comissões preparatórias, compostas por cardeais, bispos e padres, tanto seculares quanto religiosas, em que cada comissão é presidida necessariamente por um cardeal e secretariada por um clérigo, sendo todos os membros e suas funções determinadas pelo papa e pela Cúria Romana (REB, 1960, 447). São dez as comissões, a saber:

a) Comissão Teológica, à qual pertence o encargo de examinar as questões respeitantes à Sagrada Escritura, à Sagrada Tradição, à fé e aos costumes;
b) Comissão dos Bispos e do governo das dioceses;
c) Comissão para a disciplina do Clero e do povo cristão;
d) Comissão dos religiosos;
e) Comissão da disciplina dos Sacramentos;
f) Comissão da Sagrada Liturgia;
g) Comissão dos Estudos e dos Seminários;
h) Comissão da Igreja Oriental;
i) Comissão das Missões;
j) Comissão do Apostolado dos leigos, para todas as questões que dizem respeito à ação católica, religiosa e social (REB, 1960, 447).

Sobre as fases antepreparatória e preparatória, reinou um estreito segredo, fazendo que a opinião pública e o episcopado mundial ficassem à margem do processo. Enviados os seus votos, os bispos esperaram, em vão, algum tipo de retorno acerca dos resultados. Quais seriam então as grandes

---

24. Os que foram convocados para trabalhar já na fase preparatória, mais de oitocentas pessoas entre membros, consultores e pessoal de apoio secretarial, foram divididos em dez comissões, três secretariados e uma comissão central, tendo na retaguarda, e por vezes na dianteira, o secretário-geral, Pericle Felici, que continuou na função durante toda a duração do Concílio.

questões, tendências e interrogações que teriam submergido deste tempo de profundo discernimento?

Mesmo que a pedagogia do papa João XXIII deixasse as comissões a larga liberdade, sendo fiel ao princípio do seu programa "deixar fazer, fazer, dar a fazer", não se sabe muito sobre o interno dos trabalhos, pois as comissões trabalhavam em compartimentos separados, umas não tendo notícia sobre o que as outras preparavam. Esse tipo de procedimento que priorizou o segredo e o isolamento entre as comissões conduziu a resultados paradoxais. O peso do trabalho da Comissão Central, encarregada de tudo, coordenar, examinar e aprovar, não foi suficiente para impedir a desarticulação do trabalho preparatório, problema logo detectado na Aula Conciliar.

Segundo as pesquisas de Aubert (1994), o trabalho das comissões, diante do vasto material recebido, foi muito intenso, tanto que múltiplos esquemas[25] deram espaço para desacordos entre os estudiosos. Em síntese, para colher as várias discordâncias encontradas na contagem dos textos apresentados pelas várias comissões, utilizamo-nos de um quadro proposto pelo especialista Carbone (1971).

QUADRO 1
Esquema preparatório do Concílio Vaticano II

COMISSÕES E SECRETARIADOS	PREPARADOS	FASCÍCULOS	DISCUTIDOS	PARA O CONCÍLIO
Teológica	8	25	6	8
Bispos e Governos diocese	7	10	7	2
Clero e povo cristão	17	17	17	1
Religiosos	1	11	1	1
Sacramentos	10	10	10	1
Sagrada liturgia	1	5	1	1

---

25. Vem chamado de esquema, desde tempos antigos, um texto consultivo, proposto ao Concílio como base para que se possa deliberar. A redação é semelhante a um projeto composto por propostas e leis, ao passo que se possa debater e reformular, melhorar ou retirar tais formulações do esquema (Pesh, 2005, 60).

QUADRO 1
Esquema preparatório do Concílio Vaticano II

COMISSÕES E SECRETARIADOS	PREPARADOS	FASCÍCULOS	DISCUTIDOS	PARA O CONCÍLIO
Estudos e seminários	6	13	5	2
Igrejas orientais	11 (2)	11	11 (2)	2
Missões	7 (1)	7	7 (1)	1
Apostolados leigos	1	4	1	1
Estampa e espetáculo	1	6	1	1
União dos cristãos	5	5	4	1
Total	75 (60)	124	71 (56)	22

Fonte: o esquema e as observações foram pesquisados livremente no artigo de V. Carbone (1971, 72-75), *Os esquemas preparatórios do Concílio Vaticano II*, Monitor *ecclesiasticus*, M. D'Auria, Napoli, vol. XCVI, fasc. 1.

A Comissão dos Seminários, Estudos e Educação Católica contou com a eleição de Alfredo Silva Santiago, arcebispo de Concepción, Chile, Ramão Bogarín Argaña, bispo de San Juan de las Misiones, no Paraguai, e o brasileiro Vicente Marchetti Zioni, bispo auxiliar de São Paulo. A Comissão ainda contou com a nomeação do cardeal Jaime de Barros Câmara, arcebispo do Rio de Janeiro, e de Túlio Boreto Salazar, arcebispo de Medellín, Colômbia (KLOPPENBURG, 1963). Foram eleitos para a Comissão do apostolado leigo os latino-americanos José Armando Gutiérrez Granier, auxiliar de La Paz, Bolívia; Manuel Larraín Errázuriz, bispo de Talca, Chile; Eugênio de Araújo Sales, administrador apostólico de Natal, no Brasil, e o cardeal Raul Silva Henríquez, arcebispo de Santiago, Chile (Idem, 1963).

Como se pode notar, são nítidos, nas comissões, os esquemas preparados daqueles que realmente foram discutidos na comissão central, sobretudo em alguns casos (Igreja oriental e missões) não se identifica o número dos esquemas com o número dos fascículos. O resultado, também a nível numérico, se reduz sensivelmente.

Na longa fase de velado segredo sobre as atividades das comissões preparatórias e de resultados que se revelaram decepcionantes, os que mantiveram acesa a chama do Concílio na opinião pública externa e na vida interna da Igreja foram João XXIII e o cardeal Augustin Bea pela novidade e o interesse suscitados pelo esforço ecumênico. De outro lado, o fervilhar de congressos, estudos e publicações sobre o grande tema dos Concílios e do seu papel na vida da Igreja mantinha o debate nos meios acadêmicos e entre um segmento tanto de leigos(as) quanto de religiosos(as) empenhados em acompanhar e, se possível, contribuir com o desenrolar do Concílio (BEOZZO, 2001).

Partindo desse trabalho sinodal, no seguimento de suas etapas, entrevê-se que o Concílio desperta a fisionomia de uma Igreja no caminho que soube chegar universalmente às pessoas por meio de uma linguagem renovada e compreensível, segundo o espírito originário de João XXIII, que não havia previsto novidades a nível teológico, mas novos modos de comunicar e reavivar a fé.

De toda forma, o Concílio abriu um período de incertezas, de redistribuição do poder interno, de surgimento de novos organismos e experiências eclesiais, da acolhida ao ecumenismo e ao diálogo inter-religioso e de reformulação da tradição anterior, que demarcou a inclusão e a maior participação dos leigos, quebrou, ainda, o secular predomínio dos órgãos da Cúria Romana sobre as igrejas locais e fez emergir os bispos, das realidades mais pobres, como sujeitos e atores na cena conciliar, como responsáveis primeiros e porta-vozes de suas igrejas.

Tanto que uma das características do Concílio que foi assimilada e construída de maneira processual é a de não formular dogmas. Quando o Vaticano II — sob a influência de João XXIII — decide não trabalhar na perspectiva dogmática, formulando anátemas, mas trazendo perspectivas positivas, frustra a expectativa de muitos padres conciliares que esperavam justamente um concílio normativo.

Ao final da Terceira Sessão, em ocasião da publicação da *Lumen Gentium*, o frade menor Constantino Koser retrata a opção conciliar de não trabalhar com os anátemas e dogmas.

> O Concílio Vaticano II não foi convocado para propor novos dogmas, mas para reformular a fé de sempre em linguagem nova, em termos que os homens de hoje possam compreender. O Papa João XXIII

não se cansou de o frisar, o Pontífice reinante insistiu nisto mais de uma vez, na Aula Conciliar e nas Comissões isto não deixou de ser lembrado. Diante do vasto documento doutrinal que é a Constituição Dogmática Lumen Gentium por isto não cabe indagar: quais são os dogmas novos que propõe — a priori a resposta será: "Nenhum!", pois que os Padres Conciliares não quiseram definir, não definiram. Definições são atos voluntários a não efeitos ex opere operato do exercício do magistério, e muito menos efeitos mágicos (KOSER, 1964b, 959).

Os padres conciliares optaram, portanto, em assumir uma hermenêutica moderna ao invés da linguagem ou das categorias neoescolásticas dogmatistas. Tal opção retrata a tentativa de dialogar com o sujeito moderno, que não mais trazia à Igreja Católica somente questões teológicas, mas a vivência cristã a partir de sua situação existencial (LIBANIO, 2005).

Nesta ótica, o Concílio Vaticano II não poderia deixar de refletir sobre um âmbito de suma importância para a vida humana, como o da Educação. Essa nova análise da Igreja representou um passo importante para o campo da educação cristã, oferecendo um potencial educacional intrínseco não só a partir dos documentos expressamente dedicados a esse âmbito, mas, também, de maneira mais ampla, no conjunto dos seus ensinamentos e do espírito que o animou[26].

A declaração conciliar, *Gravissimum Educationis*, sobre a educação cristã, tem grande importância histórica. De fato, foi a primeira vez que um Concílio se pronunciou sobre o tema da educação em seu significado de universidade escolástica. Trata-se de um texto breve, porém de grande significado e consequências sobre a importância e o sentido da educação, não somente a católica, mas a educação de forma ampla. Sendo um pequeno documento de natureza de declaração, ele poderia ter ficado esquecido à sombra das grandes constituições *Lumen Gentium, Gaudium et Spes, Dei*

---

26. As questões educacionais que surgiram durante os trabalhos preparatórios e o desenvolvimento do Concílio devem, de fato, ser lidas não apenas pela GE, mas considerando todo o corpo dos documentos do Concílio, nos quais há muitos apelos à educação (SINISTRERO, 1970).

Verbum, Sacrosanctum Concilium ou a sombra de outros documentos que tiveram maior visibilidade no pós-Concílio, como os da liberdade religiosa (*Dignitatis Humanae*), do ecumenismo (*Unitatis redintegratio*) ou sobre relações com religiões não cristãs (*Nostra aetate*).

Ao tratar do tema da educação no Vaticano II, Condini (2014) afirma que o Concílio "defende a ideia de que a educação deve ter como prioridade a integralidade do homem" (CONDINI, 2014, 120). Pode-se afirmar que, no campo da educação, uma das propostas de *aggiornamento* da Igreja se dará por uma educação integral do indivíduo, como consolida o autor em reafirmar que os documentos do Concílio Vaticano II ao abordarem o tema da educação propuseram maneiras de como ela deveria ser construída após o Concílio, almejando que o resultado fosse a valorização do homem, preocupando-se com sua formação integral. Os documentos conciliares abordam a educação como um importante elemento condutor da pessoa à solidariedade e à participação na vida social, política e econômica de uma comunidade. O Concílio fortificará a mentalidade de que o processo educacional deveria promover um relacionamento pacífico entre os povos e conduzir os povos à liberdade, pois essa é condição primordial para a formação integral do homem (CONDINI, 2014).

Na perspectiva histórica, a Declaração *Gravissimum Educationis* pode ser considerada como um início, pois se limita a declarar os princípios gerais da educação cristã que, mais tarde, serão retomados, desenvolvidos e integrados no documento de 1977, intitulado "A escola católica", que traçara os princípios e as características fundamentais de toda educação e o ato educacional marcado por uma inspiração cristã segundo o pensamento da Igreja Católica.

Segundo estudiosos, a *Gravissimum Educationis* foi um documento já elaborado antes do final do Concílio e, muitas vezes, não foi valorizado como teria merecido. De qualquer forma, a declaração é inervada no espírito do Concílio em uma dimensão pastoral de escuta e diálogo com o mundo sobre um tema decisivo que é a educação.

Segundo Fusi (2018), para compreender o Concílio e a declaração *Gravissimum Educationis*, que será analisada posteriormente, faz-se necessário algumas indicações hermenêuticas:

a) O Concílio como evento (a natureza da assembleia, autoconsciência): é muito mais do que a soma das decisões, das suas teses e da história produzida por meio de textos, documentos, declarações;

> De fato, antes que um conjunto de doutrinas concretas, o Concílio foi um evento que repercutiu na totalidade da comunidade credente [...]. O imenso gesto conciliar supera em muito as palavras dos seus textos, as quais podem ser compreendidas somente ao seu interno e na sua ampla intenção que manifestam o verdadeiro significado que as anima (QUEIRUGA, 2005, 41).

b) A intenção de João XXIII de um Concílio que remetesse à Igreja em condição de falar com o homem moderno, sem renunciar à essencialidade da sua mensagem e tradição, uma Igreja atenta aos sinais dos tempos que entram na história e esperam respostas novas, "*aggiornate*" para todos os homens de boa vontade;

c) A natureza pastoral do Concílio, que evitasse condenações e anátemas, influenciou também sobre o estilo dos textos compilados ao modo de apresentar-se em modo mais acolhedor e dialógico, despertando o consentimento interior à verdade e aos valores, evitando regulamentos jurídicos e autoritários sobre comportamentos exteriores. Como recorda O'Malley (2013), no Concílio estão ausentes as palavras, de estranhamento, exclusão, inimizade, de ameaça e intimidação, de servilismo e punição. Embora [...] seja repetidamente sotolineada a natureza hierárquica da igreja [...] não se fala mais da Igreja como uma monarquia e de seus membros como súditos;

d) "*L'aggiornamento*" (atualização), palavra designada como resgate de uma linguagem compreensível ao homem moderno superando os séculos de incomunicabilidade também entre as diversas confissões religiosas; encontramos o primeiro sinal no abandono da posição triunfalista e apologética da Igreja, para uma Igreja profética que não necessita favorecer os potentes, obter riquezas e privilégios: a sua verdadeira força está na palavra de Deus que garante a sua verdadeira liberdade. Embora a palavra "mudança" seja quase ausente dos documentos conciliares, no Vaticano II aparece pela primeira vez, seja empregada no sentido de outras palavras que implicam de alguma forma de movimento histórico, como "desenvolvimento", "progresso" e, por fim, "evolução";

e) A relevância do compromisso com a humanidade, como expressão da busca, por parte dos padres e das singulares comissões, do compromisso a fim de alcançar uma possível unanimidade. De fato, uma constante do Vaticano II foi o debate dentro das comissões e em aula, às vezes áspero e direto, que conduziu a aprovação dos textos com exíguos números de discordância, embora não se tenham resolvido os problemas de relacionamento que surgiram desde o início entre uma parte, minoritária, e uma outra majoritária, qualificadas como tradicionalista e a segunda progressista.

Dentro desse quadro, podemos reencontrar traços significativos de *aggiornamento* também no campo educativo, como um compromisso latente que vai se tornando convocação, em que o documento base para educação, a declaração *Gravissimum Educationis* torna-se um parâmetro e uma referência em uma caminhada de recessos, debates, consensos e dissensos, como veremos no segundo capítulo.

CAPÍTULO 2

Da gênese do projeto educativo conciliar: *Gravissimum Educationis*, um caminho de recessos, debates, consensos e dissensos

A Declaração *Gravissimum Educationis*, publicada em 28 de outubro de 1965, estabelece os princípios fundamentais da educação cristã no pensamento da Igreja e contém as diretrizes conciliares acerca do renovamento no campo educacional. Embora tenham passado muitos anos desde a sua publicação, a Declaração exerce um papel decisivo em relação ao passado e ao presente educacional da Igreja. Quanto ao passado, o documento coexiste numa relação de continuidade, desenvolvimento e crescimento com os documentos já compilados, sobretudo a encíclica *Divini Illius Magistri* (1929), e, no presente, ele continua sendo o documento base, o esteio para os posteriores divulgados após o Concílio Vaticano II.

A Declaração recorda a verdadeira natureza da educação, que está a serviço do crescimento global e integral da pessoa humana. Como já citado, esse fora um documento já elaborado antes do final do Concílio e, muitas vezes, não valorizado como teria merecido. De qualquer forma, é inervado no espírito do Concílio e representa o projeto educativo conciliar em uma dimensão pastoral de escuta e diálogo com o mundo.

Embora a Declaração seja breve na sua estrutura, a sua compilação foi marcada por um processo que podemos considerar como um trabalho de parto, em que seu devir foi produto de discussões e debates, e a sua aprovação, desde a fase preparatória (entre 4/6/1960 e 13/6/1962), já se mostrava bastante complexa, pois seu intuito em oferecer uma síntese sobre a delicada questão da educação e, mais especificamente, sobre a educação cristã, dando indicações sobre como entendê-la à luz da relação entre a Igreja e o mundo, não fora tarefa fácil nem conclusiva.

A solenidade do título é um contraponto à brevidade do texto que, com o adjetivo com o qual se abre, *Gravissima*, traz à tona a forte relevância do assunto. A educação é pronunciada como uma questão grave, na verdade, gravíssima: *"Gravissimum Educationis momentum in vita hominis eiusque influxum semper maiorem in socialem huius aetatis progressum, Sancta Oecumenica Synodus attentive perpendit"*. A extrema importância — denotando a seriedade com a qual é compreendida — da educação na vida humana e sua incidência cada vez maior no progresso social contemporâneo são objetos de consideração cuidadosa por parte do sagrado Concílio ecumênico.

> [...] em toda a parte se fazem esforços para promover cada vez mais a educação; declaram-se e registam-se em documentos públicos os direitos fundamentais dos homens e, em particular, dos filhos e dos pais, relativos à educação (3); com o aumento crescente do número de alunos, multiplicam-se e aperfeiçoam-se as escolas e fundam-se outros centros de educação; cultivam-se, com novas experiências, os métodos de educação e de instrução; realizam-se grandes esforços para que tais métodos estejam à disposição de todos os homens (Proêmio, Gravissimum Educationis, 1965).

Diante desse movimento e do surgimento de muitas iniciativas para o desenvolvimento da educação, o Concílio pretende tratar com cuidado e chamar a atenção para o tema da educação, que é de capital importância para o indivíduo e para o desenvolvimento da sociedade como um todo. Dessa forma, em continuidade com o magistério da Igreja, o Concílio entende afrontar este argumento no intuito de estilar um documento que levasse, sobretudo, em consideração o tema da educação, sua importância e sua necessidade em um contexto social e cultural completamente modificado.

Objetivamos partir da gênese do documento, que foi um dos mais debatidos na fase preparatória e fase dialética, não tanto na reconstrução sistemática do seu percurso, como já fora realizado por alguns estudiosos[1]

---

1. Ubertalli, G. A., *L'educazione nel Concilio Vaticano II*, Roma, 1987 (tese datilografada); Gordillo Cañas, M., *Lineas fundamentals de la educación Cristiana*,

espertos na temática, mas trazer à luz algumas percepções que delineiam o projeto educativo conciliar. Para tanto, nos deteremos a estudar seu documento base a partir dos primeiros trabalhos nas comissões, fazendo uma releitura que submete à discussão os elementos que deram consistência à própria Declaração, não ausentes de debates, consensos e críticas que foram tecidas dentro de um árduo caminho de estudo, reflexão e tensão diante do novo que se apresentava.

Nas páginas que seguem, veremos também o percurso do documento durante o Concílio em seus elementos de continuidade e descontinuidade, nos detalhes do seu porvir que, ao final, se dará sempre por inacabado; por não poder conter a urgência educativa apenas em princípios, tal como explicita a GE, que não intui responder a todas as questões, mas oferecer um calço de continuidade para que a Igreja, em sua busca de *aggiornamento*[2], fortalecesse seu compromisso para com o desenvolvimento de uma educação integral, que englobe a pessoa e o meio em que ela vive em toda sua complexidade.

2.1. Os primeiros trabalhos das comissões

Os primeiros trabalhos foram dedicados aos esquemas sobre as escolas católicas, que se iniciaram em 10 de março de 1961. Foram postadas oito questões elaboradas por espertos estudiosos, das quais três tratavam propriamente da educação, sendo precisamente: a) sobre a natureza, o fim e a importância da educação; b) sobre a sociedade da qual se espera educar para o direito natural e positivo e c) sobre a educação cristã e sua importância na instrução religiosa (CARRASCO, 1969).

Tal impostação demonstrava um substancioso tratado sobre o tema que se desdobrava em um contexto mais amplo do que aquele restrito ao da escola católica. Porém, progressivamente, o tema da educação foi se

---

Pamplona, 1987 (tese doutorado); CARRASCO, J. G. *La política docente. Estudio a luz del Vaticano II*, Madrid, 1969; FUSI, G., *L'educazione al tempo del Concilio*, Padova, 2018.

2. Termo bastante utilizado no Concílio Vaticano II, que significa renovação; renovamento.

limitando às escolas católicas e, por consequência, realçando alguns princípios, dentre eles, que a "primeira finalidade da escola católica seja a educação" (BALDANZA, 1985, 25). Como afirma Giuseppi Fusi (2018), esse pode ser considerado o pecado original de todos os esquemas que surgiram posteriormente, pelo fato de ter delimitado o campo educacional àquele das escolas católicas, tornara mais difícil o afastamento da educação vista somente a partir da ótica escolar. Mesmo diante dos apelos para que a elaboração do documento se voltasse mais para a esfera educativa do que escolástica, essa segunda visão permanece no corpo da Declaração.

Para a compilação do documento, seguiu-se a seguinte metodologia: os temas dispostos para as comissões eram examinados pessoalmente por todos os membros e consultores, mediante questionários elaborados por espertos. Posteriormente, as observações redigidas pelos membros e consultores das comissões eram entregues a um relator e outro correlator, os quais aprofundavam as várias propostas recolhidas e, sucessivamente, preparavam um texto base sobre cada tema a ser discutido nas pequenas comissões. Os textos analisados considerados relevantes eram revistos nas sessões plenárias da Comissão dos Seminários e Estudos (CSS), que compilava o texto a ser apresentado na Comissão Central (CC). Os esquemas do Decreto sobre as escolas católicas, na fase preparatória, passaram por cinco redações, que são apresentadas a seguir. A quinta redação apresentada à CC se tornou o primeiro texto. Veremos primeiramente a versão de Suárez Diéz Laureano, cujo texto se transformou na primeira versão do documento, chamado "*De scholis catholicis*". De certa forma, essa primeira versão pode ser conceituada como o ponto de partida que suscitou as discussões e a dialética de superação das versões até a versão do documento final.

2.1.1. O documento base de Suárez Diéz Laureano: "Das escolas católicas"

A análise do primeiro esquema redacional, considerado como ponto de partida que levará ao fechamento do documento final, na última sessão do Concílio, é constituída pelo trabalho do relator da pequena comissão, Suárez Diéz Laureano[3], e do correlator, D. Afonso Stickler.

A estrutura do documento é formada por 72 páginas, intitulada *De scholis catholicis*. Em seu proêmio, constam alguns objetivos:

1. Expor brevemente, de modo orgânico e completo a doutrina católica à cerca:
   a. Educação e
   b. A escola, atribuindo e definindo os direitos próprios de cada uma;
2. Prevenir de algum modo as dificuldades que derivam dos erros e das opiniões não de todo corretas acerca da educação católica, da qual dependem:
   — O bem individual,
   — O bem da família,
   — O bem da Igreja,
   — O bem da sociedade civil
3. Promover uma melhor organização nas escolas cristãs, seja nacional que internacional, a fim que as escolas católicas alcancem aquela perfeição que vem pedida para dar respostas mais

---

3. Suárez Diéz Laureano (Viñayo [León] 1913 — Madrid, 2005), desde jovem, foi apreciado pelos seus dotes intelectuais e endereçados ao estudo da teologia, primeiro na Espanha, depois em Roma, onde se laureou em Direito Canônico. Ordenado sacerdote na Congregação Religiosa dos Frades das Escolas Pias (Scolopi), em 1938, enquanto desenvolvia várias atividades, encontrou tempo para os estudos de Pedagogia. Sua competência e capacidade em âmbito escolástico foram observadas pela Cúria Romana, que o nomeou conselheiro da Sagrada Congregação dos Religiosos. Durante o Concílio, foi eleito como perito para a Comissão dos estudos. Em 1967, no primeiro escrutínio, foi eleito Superior Geral pelos Padres Capitulares. Como primeiro empenho, assume a tarefa de refletir sobre a modalidade de renovamento segundo as indicações contidas nos documentos emanados do recente Concílio. Continuou suas pesquisas no campo educativo na Espanha e na América (*Archivio Provinciale* PD [*Primera Demarcaciòn*]), Madrid, sobretudo nas cartelas 740-779 e 830-883, in: Fusi, 2018.

adequadas as necessidades dos nossos tempos, e para desenvolver a própria tarefa de maneira pertinente (SUÁREZ, 1961)[4].

O esquema vem estruturado em três partes:

1. *Partem Expositivam* (parte expositiva), na qual são apresentados e expostos os vários aspectos, suas conexões e complexidades;
2. *Partem Enuntiativam* (parte enunciativa), na qual são expostos claramente os princípios e os elementos principais da doutrina católica e se esboçam as normas e disposições;
3. *Partem Probativo-Difensivam* (parte probatória-defensiva), na qual as singulares partes ou artigos da Declaração são fundamentadas a partir de comprovações, quando necessário, para resolver supostas oscilações ou dúvidas em relação ao próprio texto.

O ponto central do texto resulta no existir da escola no seu contexto cultural e educativo, comportando uma certa problematização por ser um argumento complexo. Na fase expositiva do documento, esclarece-se o porquê desta problematização.

> Este problema da educação e da escola católica é bastante complexo, e sua complexidade nasce de vários elementos:
> — Da sua natureza, que é uma realidade mista.
> — Das suas múltiplas relações, que perpassam a cultura, a educação, o homem individual, a família, a Igreja, o Estado, diz respeito também ao fim terreno e o fim espiritual, a ordem natural e aquela sobrenatural.
> Desta soma de implicações nasce a dificuldade da exposição do decreto.
> Cultura, educação, escola: estas três realidades mutuamente inseparáveis, ou quase sempre conexas entre si. A cultura e a educação fazem parte de um duplo aspecto, objetivo e subjetivo, desta única realidade: o grau de evolução e perfeição que alcança uma certa sociedade. A

---

4. O texto ao qual nos referimos se encontra no Arquivo Geral *Scuole Pie* (AGSP), na Piazza dei Massimi em Roma: Suárez, AGSP, K 1/6. De agora em diante, faremos referimento utilizando apenas Suárez, 1961.

cultura ou a civilidade é aquela condição da realidade, dos tempos e dos costumes na qual o homem cresce e vive, a educação de qualquer modo é aquela capacidade do homem de adequar-se e transformar-se a cultura do seu tempo. A escola, portanto, é o instrumento mais adequado e mais eficaz para divulgar a cultura e obter esta conformação do homem (Suárez, 1961, n. 3).

Tal percepção faz emergir o justo papel da escola católica na sociedade. A educação consiste na capacidade do homem se adequar e se conformar à cultura, e a escola assume a tarefa de mediar entre a realidade cultural (objetiva) e a pessoa (sujeito) que pode se adequar. Tal concepção torna-se um debate espinhoso, como reconhece o relator:

> A cultura atual, infelizmente, não é por nada uniformemente cristã: impera um perigoso dualismo cultural, da cultura pagã e laica e da cultura cristã, que a cada dia se encontram mais separadas e independentes, onde deriva uma dupla noção de educação, uma dupla exigência escolástica. Este dualismo cultural é sobretudo identificado com a existência do Estado e da Igreja; sendo que a cultura, a educação e a escola que o estado promove são humanas, terrenas, temporais, laica, enquanto a Igreja auspica qualidades completamente opostas (Ibidem, 1961, n. 3).

A dificuldade consiste em encontrar respostas que possam extirpar tal dualidade. Por um lado, pode-se optar por absolutizar esta dupla ação educativa, laica e religiosa, reconhecendo suas finalidades distintas, terrena e sobrenatural, ou considerar errônea a visão laica, demonstrando que a visão religiosa é a mais adequada para objetivar a educação que a pessoa necessita. Essa discussão será latente e permeará parte da feitura do documento, sabendo-se que os conciliares traziam consigo um modo de pensar, de interpretar e conceber a educação a partir das matrizes que até então consideram justas e eficazes, e abrir-se ao novo não se tratava simplesmente de verbalizar caminhos, mas de abrir-se a uma mudança de mentalidade.

Para a compreensão do texto base de Suárez e suas inclinações, detemo-nos sobretudo aos conceitos de educação e de escola que perpassam esta primeira versão.

2.1.2. Os conceitos de educação e escola

O conteúdo mais aprofundado e articulado do documento em sua preparação é o que se refere à escola, ocupando toda a terceira e quarta partes do texto. Os primeiros onze parágrafos refletem o tema educativo com claros e explícitos referimentos ao documento de Pio XI, *Divini Illius Magistri*. Passa-se da definição de educação no seu sentido geral, que deve ajudar o homem a alcançar o fim último, sendo orientada ao homem em sua totalidade, espírito/corpo em uma só alma; à definição de educação católica digna desse nome, que somente ela é capaz de formar o homem para que alcance o seu fim último. A educação poderá ter outros fins, porém todos eles estariam subordinados a este único fim.

O conceito de educação é afrontado, primeiramente, sob o aspecto positivo, com uma definição descritiva, depois sob o aspecto negativo. No primeiro, enfatiza "a educação compreendida no sentido amplo, que oferece ao homem a formação necessária para que ele alcance um determinado fim" (n. 2), que pode ser assumida em três significados, em sentido lato (referindo-se a qualquer fim), em sentido estreito (referindo-se ao fim último) e em sentido estreitíssimo (em vista de seu fim temporal e sobrenatural). Se fala de fim temporal e não natural para que seja evidente que não se pode dar um fim natural ao homem, e todos os fins temporais devem orientar-se ao fim sobrenatural. Portanto, se a educação almeja ser reconhecida como tal, precisa oferecer ao educando esta disposição, que é necessária para alcançar a sua finalidade. Nesse sentido, na ótica desta visão, a verdadeira e única educação é ordenada totalmente ao seu fim último, e somente ela é digna deste nome, a educação católica, como recorda Pio XI[5].

No negativo, a definição de educação é obtida por subtração, ou seja, elencando aquelas doutrinas que afetam o verdadeiro sentido da educação.

> É falso, portanto, todo o naturalismo pedagógico que, na educação da juventude, exclui ou menospreza por todos os meios a formação sobrenatural cristã; é também errado todo o método de educação que,

---

5. A citação remanda a DIM 3, "não pode haver educação adequada e perfeita senão a cristã".

no todo ou em parte, se funda sobre a negação ou esquecimento do pecado original e da graça, e, por conseguinte, unicamente sobre as forças da natureza humana (DIM, 1929, n. 40).

Essa afirmação se refere ao naturalismo, ao fato de colocar a atenção somente nas faculdades físicas ou nas forças psíquicas do homem, transcurando quase que por completo a natureza espiritual, faz-se referimento ao materialismo, ao intelectualismo, ao voluntarismo e ao psicologismo.

Por fim, a educação refere-se ao homem e todas as suas forças e faculdades naturais e sobrenaturais, como são reportadas no texto: o homem na sua totalidade, por aquilo que vale (*quantus*) e por aquilo que é (*quallis*), considerado em relação à sua situação histórica atual. Trata-se, portanto, de uma educação integral.

Os parágrafos de 6-11 enfocam o duplo aspecto de dever-direito à educação. A realização do fim temporal e sobrenatural constitui para o homem um importante dever primário, do qual nenhuma autoridade pode dispensá-lo, pois esse dever lhe é conatural, tanto do ser na sua dimensão ontológica quanto "radicado no ser humano desde o momento da sua concepção" (n. 6). O dever de alcançar o fim sobrenatural que se refere é tido como responsabilidade importantíssima e não depende de nenhum poder humano ou divino, portanto, o homem é superior a todas as sociedades humanas, compreendendo o Estado a partir do seguinte fato:

> O homem é inserido na sociedade civil em sua totalidade (*totus*), mas não totalmente (*totalier*), se, por um lado, o cidadão está sujeito à ordem jurídica/ou sistema jurídico, por outro lado o homem está sujeito à ordem moral, que específica totalmente a relação com Deus e com o seu fim último, e que por sua dignidade transcende completamente a ordem jurídica (DIM, 1929, n. 6).

Tal responsabilidade, então, pertence a todos os homens e por todos deve ser respeitada, realizando-se de modo pessoal, inalienável e inviolável, estendendo-se também aos não crentes, pelo fato da redenção objetiva (SUÁREZ, 1961, n. 25-26)[6].

---

6. Se faz importante ressaltar o texto utilizado para sustentar esta tese, porque o autor não havia acolhido com tanta positividade: na página 17, escreve: "depois

O outro lado da moeda é o reconhecimento do direito, como se evidencia no n. 7, Suárez (1961) explicita: "quem afinal possui a obrigação fundamental e empenhativa de alcançar o fim, possui também o direito, inalienável e inviolável de receber o único meio necessário, isto é a educação". Um princípio que se contrasta radicalmente com as formas de poder estatais e coletivistas, porque nesse o indivíduo desaparece, tornando-se sujeito ao estado. É infringida uma ferida mortal em que as relações se subvertem, não é a família e o indivíduo que possuem direito em relação ao estado, mas o contrário disso[7].

Nos números sucessivos, vem afirmado a quem é reservado o dever de educar, em modalidades diferentes, mas em perfeita harmonia: cabe aos pais, à Igreja e ao Estado, segundo é indicado nos documentos da Igreja, de modo particular na DIM, e quais são os limites que subsistem nesses diversos direitos.

Aqui se encontram as várias limitações sobre os diversos direitos: os direitos dos pais está sujeito às limitações decorrentes das leis naturais e da lei divina; os direitos da Igreja estão subordinados aos próprios

---

destas explicações [...] quero [...] completar [...] as considerações [...] sobre a relação da pessoa com a sociedade política, onde a mesma na sua totalidade se empenha enquanto cidadão, e, todavia, na sua inteireza transcende em razão dos valores absolutos aos quais se refere e ao fato que o seu destino é superior ao tempo". Continua à p. 18: "importa insistir no fato que na ordem natural da pessoa a mesma já transcende o Estado, enquanto o homem há um destino que é superior ao tempo" e ainda na p. 19: "O fato que a pessoa transcenda naturalmente o Estado enquanto envolve um destino superior a tempo, pode ser verificado de muitos outros modos" (MARITAIN, 1953).

7. O relator estila quais são os princípios inalienáveis ligados à educação: "Entre os direitos fundamentais, estão contados: a) o princípio da finalidade da educação enquanto a mesma educação deve ser orientada para um fim; b) os princípios da condição social da mesma educação, enquanto se recebe a educação na sociedade e da sociedade; c) o princípio da finalidade de cada sociedade, da qual dependem os direitos e os deveres próprios de cada um, e todavia d) o princípio da influência causal no sujeito a ser educado, o qual derivam os direitos e os deveres que de modo especial dizem respeito a educação". É importante relevar como este modo de proceder será completamente eliminado no proceder do Concílio: são os direitos do homem que exigem o dever e o compromisso de assegurá-los a todos os homens, e não vice-versa, como parece preconizar da argumentação deste documento (SUÁREZ, 1961, n. 27).

direitos dos pais; por fim os direitos do Estado estão sujeitos a muitas limitações, à lei natural e divina, às prioridades dos direitos da família e da Igreja, bem como daquilo em que o poder ou a autoridade devem abster-se, tanto em relação ao sujeito a ser educado quanto ao alcance do fim sobrenatural pessoal (SUÁREZ, 1961, n. 30).

Na conclusão dessa primeira parte do documento base de Suárez Diéz Laureano, revela-se a realidade complexa da educação e sua urgência de incidir de maneira integral e harmônica na vida do sujeito, tornando evidente que a família, a Igreja e o Estado, desejando o bem do indivíduo, a quem a sociedade, em última análise, é subordinada, são chamados a agir em colaboração, de modo a superarem os prejulgamentos e as pretensões.

Essa complexidade educativa se polariza em torno de duas realidades, distintas e contrapostas, que o texto não consegue superar: de uma parte a verdade, de outra, o erro. A solução não parece ser encontrada no diálogo entre ambas as partes, mas no fazer prevalecer uma ou outra visão, assim preconiza Carrasco (1969).

> Todas as confissões se reduzem a dois grupos: os pagãos, os leigos [o documento de Suárez não faz distinção] e os cristãos. A nível cultural, educativo, escolar, a dualidade continua. Entende-se que, a razão, a opção definitiva humana por Deus ou contra Deus, não pode ser relegada unicamente ao plano da consciência. A normalidade das decisões exige as manifestações culturais (as concepções humanas do mundo, da vida, do homem e duas manifestações), seja as instituições (sobretudo aquelas que tendem a favorecer a vida em toda a sua complexidade, por exemplo, a escola) sentem-se envolvidos na opção religiosa. São dois mundos que se contrapõem. O inconveniente no decreto começa quando pretende confundir os dois mundos com a vida política e a vida eclesial: estado e igreja se apresentam como representantes e arautos dos dois mundos. Assim a escola representa um ou outro, dependendo se seja estatal ou eclesial (CARRASCO, 1969, 85).

Sobre a escola recai uma forte preocupação jurídica na formulação de uma definição de escola católica. Enquanto o n. 12 compreende a escola "não somente como meio de instrução, mas também de educação", o comentário se delonga fazendo referimento ao texto de Pio XI e ao comentário de Marrou (1950), sublinhando que a passagem da instrução à escola —, de que a educação é obra da Igreja, antes mesmo que do Estado, também naquelas nações, que, por tantos motivos, hoje se mostram hostis ao Ocidente. Portanto, o direito de ter e erigir uma escola é também uma realidade historicamente construída. "Todas essas realidades compreendem a mesma escola, ou foram despertadas pelo espírito cristão, ou se originaram de sua educação ou ensino, embora muitos o ignorem ou pretendam ignorá-lo" (SUÁREZ, 1961, n. 33).

O decreto, em seu texto base, apresenta quais são as condições exigidas na escola católica: para que uma escola possa ser realmente definida como católica, exige-se toda a sua instrução, doutrina, organização escolar (professores, planos de estudo, livros), tudo o que diz respeito à disciplina e tudo mais que circunda aos alunos sejam impregnados e ricos do espírito cristão, sob a guia e materna vigilância da Igreja, em que a própria religião represente o fundamento e a grandeza de toda explicação educacional (Ibidem, 1961, n. 13).

Essa definição é reportada quase que literalmente do documento DIM, em que o conceito de educação se desdobra a confirmar que não há verdadeira educação que não seja aquela católica e, portanto, a verdadeira escola também assume a mesma conceituação. A novidade a respeito do documento de Pio XI é a distinção entre a escola católica pública e privada descrita no número sucessivo.

> [...] as públicas são erigidas ou pelo menos dirigidas pela autoridade pública da igreja, seja diocesana ou religiosa, e está inteiramente sujeita a ela; as particulares são erigidas e dirigidas por qualquer pessoa ou empresa particular, observam as condições de outras escolas católicas e estão sujeitas à autoridade eclesiástica, diretamente no que diz respeito à fé e à moral, indiretamente em todas as outras coisas (SUÁREZ, 1961, n. 14).

A razão dessa distinção se fundamenta no fato de que dentro da Igreja existe uma grande confusão no atribuir o caráter público da escola estatal e aquele privado a todas as outras. Na realidade, a questão está na sua origem.

Quanto à questão de onde a escola infere o requisito público, parece-me lícito dizer que ela não deve esquivar-se do cumprimento da legislação: De fato, existem muitas escolas que possuem as condições exigidas e ainda permanecem privadas, e se essas não tivessem em conformidade com nenhuma lei e as condições exigidas, e mesmo assim se apresentassem como escola pública, e nem mesmo pelo fato que são acessíveis a todos: pelas mesmas razões e, sobretudo, porque esse conceito é mais adequado para escolas populares; e nem mesmo pelo fato de exercer uma certa função ou ministério público: de fato o ensino e a educação enquanto tal não podem ser considerados função pública, nem mesmo pelo fato que usufruem dos mesmos direitos públicos, de fato isso, por lei, também pode ser concedido à escola privada, e falando estreitamente de escola, da sua própria natureza, a escola deveria produzir efeitos civis; — mas a escola recebe o caráter público ou privado da natureza do poder — público ou privado — que a funda e guia; isto coincide perfeitamente com todo ensinamento jurídico acerca da moral pessoal pública e privada (SUÁREZ, 1961, n. 38-39).

Baldanza (1985) aponta que existem escolas católicas públicas que foram erigidas e aprovadas pela autoridade eclesiástica, seja ela diocesana ou religiosa, e por essas são governadas. Essas escolas são chamadas de escolas *stricto sensu* da Igreja, enquanto aquelas erigidas e governadas por uma pessoa ou sociedade privada são chamadas escolas católicas privadas e se adequam às condições da escola católica de fato, reconhecem a autoridade da Igreja "e estão diretamente sujeitas a ela no que diz respeito à fé e aos costumes" (BALDANZA, 1985, 21-22).

Outro elemento que torna possível uma escola educante, e não somente docente, é a sua liberdade. Essa faz parte dos inalienáveis direitos do homem, que são reconhecidos universalmente, sustentados e respeitados, sendo que a autoridade pública tem o direito e o dever de criar condições e situações tais, para que os pais e os cidadãos gozem da verdadeira e real liberdade na escolha de suas escolas (SUÁREZ, 1961, n. 15). A visão prevalecente nesse primeiro documento é que a escola mista, ou seja, aquela em que estão presentes contemporaneamente diversas confissões, seja sob o versante dos alunos, mas, sobretudo, nos docentes são perigosas, e as escolas neutras, aquelas que se definem como anticonfessionais, como as regidas pelo Estado, na visão do documento, são quase que ameaçadoras a essa liberdade. A lógica desta afirmação se nutre da justificativa de que, inevitavelmente, toda escola tem seu aspecto confessional por conta da pluralidade de religiões que coexistem nela, assim, nem mesmo o Estado, que por sua natureza se considera anticonfessional, pode oferecer uma escola neutra. Portanto, nesta configuração, o monopólio estatal sobre a escola é visto como injustiça, a única saída para tal problematização consiste na garantia da liberdade de escolha dos pais, também através de uma equânime distribuição do dinheiro público recolhido com os impostos dos cidadãos (Ibidem, 1961, n. 16).

Seguindo o documento, destaca-se que a liberdade de escolha é um direito de todos — família, Igreja, Estado, indivíduo e sociedade privada — de fundar e erigir escolas, seja como meio de comunicação da verdade, seja como meios que oferecem educação, em vista do bem comum (n. 17). Outro fator que se revela é a solicitação da gratuidade da escola, para não criar discriminação entre ricos e pobres, e para garantir uma verdadeira liberdade de espírito.

A Igreja deve alcançar os mais pobres para evangelizá-los e conduzi-los a Cristo e não pode pretender alcançar isso somente por meio de intervenções salutares dominicais dedicados à catequese e às obras de caridade, mas eficazmente poderá fazê-lo por meio de uma ação cotidiana de educação na escola e de convivência com os necessitados. Se necessário, que a Igreja venda tudo o que tem e distribua aos pobres, somente assim haverá um tesouro no céu, pois se os pobres não são de Cristo, não servirá a nada todos os bens que Igreja possui (n. 52-53).

As escolas católicas, como dito no parágrafo 23 do documento de Suárez, necessitam ser e estar "preparadas com adequados e modernos meios, também no que se refere aos professores", para não faltar nada que seja necessário à perfeição didática e pedagógica, levando sempre em conta o lugar, o departamento e o seu fim. Todavia, não raramente se fazem análises frágeis, que "se transformam quase em escândalo social, provocando e suscitando severos juízos da parte dos inimigos, mas também da parte dos fiéis, sobretudo dos operários" (Ibidem, 53).

Nessa lógica de visibilidade, mas, sobretudo, de verdade e coerência, entra em jogo o papel e a formação dos professores. Esse será um dos empenhos prioritários da Autoridade Eclesiástica, aquele de prover uma adequada formação profissional dos professores, confirmada por títulos acadêmicos, sem os quais a escola católica não é capaz de atingir a própria finalidade. Uma formação completa em todos os seus aspectos: religioso, intelectual, moral, humano, cívico, psicológico, pedagógico e didático, porque a tarefa educativa é mais relevante e mais difícil do que aquela do médico e do advogado, e, portanto, é necessário que venha "certificada e qualificada oficialmente", seja pelo Estado e ainda mais pela Igreja (Ibidem, 1961, n. 54-55).

Nessa primeira visão do texto base de Suárez, afirmamos com anterioridade a intenção do relator em estilar um documento que desse conta das duas realidades: educação e escola, a partir de uma visão integral, mesmo se no decorrer da elaboração acentuar certa ausência de clareza no modo de observá-las enquanto realidades distintas, dando a entender que ambos os conceitos podem ser teorizados a partir de um discurso. No decorrer das questões, o texto base sofre alterações, pela tomada de consciência dos conciliares que gradualmente são inseridos na novidade do evento conciliar. Portanto, todos os documentos, com exceção daquele sobre a liturgia, passaram por uma reelaboração tão radical que, na visão dos conciliares, suscitou a mensagem de que todo o trabalho anterior havia sido realizado em vão, para grande decepção de quem viu o ensinamento eterno da Igreja, ao longo dos séculos, reapresentado naqueles documentos. Mas, na realidade, no início da reelaboração, eles tinham em mãos um manual mais destinado para iniciados do que um documento que pudesse falar para o mundo inteiro. Segundo Fusi (2018), era necessário um sopro de vida para tirar a poeira, porque tal era o mandato dado a cada padre sinodal: ocorre que essa doutrina certa e imutável, a qual se deve dar fiel assentimento, necessita ser aprofundada e exposta de acordo com as exigências do tempo presente, ou seja, deve ser adotada uma forma de exposição que mais corresponda ao magistério, cuja natureza é predominantemente pastoral (GAUDET MATER ECCLESIA, 1962)[8].

Assim, o documento sobre a educação seguirá o mesmo destino nos seus diversos desdobramentos, procurando responder às questões

---

8. Discurso de Sua Santidade Papa João XXIII na abertura solene do SS. Concílio, 11 de outubro de 1962.

de renovação que emergiam do Concílio que se traduziu em concreto e árduo trabalho.

2.1.3. O Texto 1, *De scholis catholicis*: fruto de um longo trabalho redacional

O Texto 1 (T1), resultado de numerosas passagens redacionais do texto base de Suárez, chegou até a CC nos dias 12 e 13 de junho de 1962, apresentado na relação do Cardeal Giuseppe Pizzardo[9], presidente dessa comissão.

Nessa comissão, ele aborda que nos pareceu oportuno, mais ainda necessário que o Concílio Ecumênico Vaticano II elabore de modo solene um documento sobre a educação e sobre a escola, por conta de, ao menos, três razões: a) o desejo grande de acesso à cultura e à educação difuso em todos os lugares, abrindo, portanto, um amplo campo de ação para o apostolado; b) as perigosas doutrinas que se difundem e impedem o direito de agir com liberdade e c) a ignorância da doutrina, dos direitos e dos deveres que impera sobre os fiéis cristãos. Contudo, o Concílio ecumênico não pode se calar acerca destas situações, dos direitos e dos deveres das escolas católicas. A importância e os riscos em matéria escolástica já estavam presentes no Concílio Vaticano I, que foram declarados pelo bispo suíço, que afirmava: "de acordo como são as escolas, assim serão os tempos futuros". Também Pio XII ensinava: "nunca como hoje a educação juvenil se tornou tão decisiva e importante". Também essa CC, quando confiou o argumento *De scholis catholicis* à Comissão de Estudos, quer acrescentar explicitamente que o argumento seja tratado de modo completo (Relação do Cardeal Giuseppe Pizzardo Presidente da Comissão de Estudos e Seminários. In: AD/II, 2, 4, 1968, 133-135).

Mesmo diante de um argumento complexo, elaborado em poucos números, a crítica do cardeal objetiva que o tema seja tratado de forma mais completa, dando clareza aos conceitos de educação e escola, de modo que

---

9. O cardeal Pizzardo nasceu em Savona, em 1877, e morreu em Roma, em 1970. Desenvolveu várias atividades na Cúria Romana, tornou-se cardeal em 1937, assumiu a função de prefeito da Congregação dos Seminários e das Universidades de Estudos até 1968.

possam ser distintos e, ao mesmo tempo, revelem recíproca implicância entre si. O relator traça uma breve panorâmica das principais anotações que estruturam o Texto 1, seja nas perspectivas adotadas do texto de Suárez como nas novidades que foram estiladas a partir dele nas comissões:

1. Nesse esquema, não se fala somente da doutrina, dos direitos específicos e dos princípios sobre educação e escola, mas a Constituição[10], na sua totalidade, quer estar aberta às mudanças que tendem a incidir verdadeiramente sobre o modo de pensar e assim estimular uma ação decisiva e eficaz que seja capaz de indicar um caminho e unificar as forças, individuando os meios. A constituição se preocupa, precisamente, de: a) que todos sejam in-formados [*edoceantur*] sobre a absoluta necessidade de liberdade da escola, que deve ser contado entre as principais liberdades civis; b) que os católicos sejam encorajados a combater com firmeza em defesa dos seus direitos e de realizar a própria tarefa de modo correto; c) sejam reivindicados os subsídios econômicos para o sustentamento das escolas católicas e d) que, onde seja promovido ou instituído, haja um sistema completo e bem ordenado das escolas católicas, compreendendo toda a escola. Na Itália e na América, já existem ofícios escolares da Congregação em seminários e estudos universitários que produziram resultados positivos. Tal modelo tende a ser divulgado/reproduzido em todo o mundo católico.

2. Nessa Constituição, encontram-se também elementos de novidade, ou pelo menos propostos de modo novo: a) vem estabelecida uma clara distinção entre educação e escola tanto do ponto de vista doutrinal como jurídico. Também, mesmo que a escola e a educação estejam entrelaçadas, essa distinção é muito útil para discernir claramente os seus direitos e fundamentos; b) pela equivalente razão, é estabelecida uma clara distinção sobre a tarefa de educar na escola: a escola é o meio para oferecer educação e transmitir a verdade; c) desta compilação nasce a declaração dos direitos que

---

10. Pensava-se a *Gravissimum Educationis* como uma Constituição, mais tarde se intitulará Declaração.

pertencem à Igreja pela mesma lei natural, em relação à educação e à escola e d) destaca-se também a urgência de atualizar a escola católica nos seus métodos e organismos, na formação dos professores e na urgência de reivindicar a justiça distributiva, que comporta a concessão de financiamento econômico às escolas não estatais (Ibidem, 1968, 134-135)[11].

Diante dos textos compilados, é de grande relevância o confronto entre o texto base de Suárez e o Texto 1, que permite perceber o movimento de continuidade e diferença, que se inicia já na sua estrutura.

QUADRO 2
Comparação entre textos, elementos de continuidade de diferenças

Texto Suárez: *De scholis catholicis* (1-37)	Texto 1: *De scholis catholicis* (1-19)
Proêmio (1)	Proêmio (1)
I. O verdadeiro conceito de educação (1-37) II. O direito e o dever de educar (2-5) III. A escola como meio principal de educação (12-22) Definição e tipos de escola católica A liberdade da escola católica O direito de fundar escolas IV. A importância da educação e o sustento da escola católica (23-37) Necessidade de ação e de organização Insistência sobre a gratuidade das escolas A formação profissional dos professores A informação da opinião pública A forma organizativa	I. Os princípios fundamentais da educação (2-4) II. Importância e qualidade da escola católica (5-7) III. Os direitos da família e da Igreja em relação à escola (8-12) IV. Formação, direitos e deveres dos professores (13-14) V. O apoio às escolas católicas (15-16) VI. O sustento das escolas católicas (17) VII. Organização central e cooperação (18-19)

Fonte: Fusi (2018, 48).

---

11. O texto se refere também à carta de monsenhor Daem, relator designado na Comissão conciliar, quando foi chamado a apresentar o Texto 5 (AS/III, 8, 1976, 191-192).

Como se evidencia no texto, percebemos que o título é idêntico para os dois documentos, enquanto a parte expositiva varia, mudando a ordem de sucessão dos temas. Se na primeira parte ambos se dedicam à definição do conceito de educação, na segunda parte é afrontado o tema da escola. Um indício significativo que apresenta uma prospectiva diversa está contida no proêmio, em que é declarada a precedência da escola, quase como se a educação pudesse tornar-se o seu corolário.

QUADRO 3
Precedência da escola sobre a educação

I O Santo Ecumênico Sínodo considera necessário *catholicam de educatione et schola doctrinam denuo declarare* e infundi-la mais uma vez na mente de todos. (1)	Este Santo Ecumênico Sínodo [...] estabelece de *firma doctrinaae christianae de scholis principia denuo declarare*, de então inculcar e prover que sejam traduzidos de modo eficaz na práxis. (1)

Fonte: *Gravissimum Educationis*. Proêmio, n. 1.

Os dizeres tratam de afirmar o ensinamento católico não somente acerca da educação e da escola, mas simplesmente em relação à escola. Entende-se um retroceder a respeito das boas intenções iniciais, que pretendiam tecer um argumento sobre a educação e não somente sobre a escola. Por outro lado, há, basicamente, um acordo sobre a definição do conceito de educação, em que todo homem, de maneira integral, na condição existencial em que se encontra, é chamado.

Como aponta Fusi (2018), existe uma diferença no uso dos verbos que desperta uma reflexão e orientação: se a primeira versão utiliza o verbo *(praestat)*, indicando uma ação que assemelha à educação a um pacote com conteúdos estabelecidos a ser oferecido ao sujeito, como uma caixa fechada; no Texto 1, o verbo que prevalece é o *(perducere)* conduzir, enfatizando a educação enquanto um caminho progressivo, um conduzir pela mão, um acompanhar (Fusi, 2018, 49).

No T1, a definição de educação é feita por subtração, em negativo, revista no n. 4, que retoma quase que literalmente os três breves números do texto base, antecipando assim a reflexão acerca dos sujeitos ativos que possuem o direito e o dever de prover a educação: família, Igreja e Estado.

QUADRO 4
Passagens do proêmio da *Gravissimum Educationis*

Iidem **parentes** gravissima obligatione Tenentur — atque proind eis imprimis ius nativum et inalienabile competit — filiis impertiend et procurandi eam educationem, (8).	**Parentes** enim, vi muneris ipsis proprii, prolem educandi et gravissima obligatione tenentur et inviolabili iure gaudent (3).
Itemque proprium atque nativum, inviolabile atque indipendens est ius quod competit **Ecclesiae**, non soum iure divino positive [...] sed etiam quatenus ipsa ut societas humana (9).	Sngulari autem rationem et indipendenter a quavis humana potestate hoc officium et eis ad **Ecclesiam** spectat [...] ex positiva institutione divina [...] etiam ad ordinem baturalem pertinentes, quatenus, uti societas perfecta atque completa, Ecclesia omniibus iis iuribus pollet, quibus (3).
Cum autem ipse quoque **Status** habeat suum finem temporalem consequendum [...] etiam Statui competit ius in educationem, proprium et nativum [...] supletivum et devolutivum (10).	Sancta Synodus agnoscit officia quoque et iura quae, ex ipsa natura et amplitudine propriis finis temporalis **Civitati** competent, proprium et nativum [...] suppletivus vero ac devolutivum (3).

Fonte: *Gravissimum Educationis*. Proêmio, n. 1.

Nessas três passagens anteriores, cintilam-se algumas peculiaridades. A primeira diz respeito ao adjetivo *gravíssima*, que se encontra, em ambos os textos, relacionado ao dever de educar, correspondendo ao documento final, que também colocará em relevo esta afirmação. A segunda e a terceira se revelam mais enquanto questão de estilo: a segunda destaca a Igreja que goza do direito de educar os próprios filhos, antes de tudo como Instituição divina, mas também como sociedade, que, no texto de Suárez, é caracterizada como *humana* e no T1 como *perfeita e completa*, denotando não uma diferença banal. A terceira passagem diz respeito ao Estado, enquanto no texto base esse reconhece a autonomia do Estado *(cum habeat)* em relação ao dever de educar; no T1, parece que este direito/dever seja concedido pelo Sínodo *(agnoscit officia et iura)*, remarcando, então, não uma autonomia, mas uma dependência (Ibidem, 50).

Sobre a escola, não subsistem evidentes novidades no tratamento de ambos os documentos, a não ser no estilo, mais discursivo e optativo no primeiro, mais diretivo no segundo. De fato, colocando o T1 sob a ótica do Concílio, o documento é escrito como se fosse já emanado pelo "Santo Sínodo Ecumênico"[12]. Como exemplo, destacamos a definição de escola que vem feita nos dois textos, aquele de Suárez e o posterior T1, em que ambos se assemelham de modo quase literal a *Divini Illius Magistri* (DIM, 1929, n. 36).

Os dois textos em questão são produzidos com numerosas notas, aquele de Suárez, na parte probativa-defensiva, tem como suporte um variado repertório de indicações bibliográficas, além da presença de numerosos textos oficiais dos últimos pontífices, em alguns casos, encontram-se textos de autores contemporâneos, isso devido a um certo estímulo do próprio Concílio. Contudo, a argumentação tecida demonstra um esforço na tentativa de encontrar argumentos que possam dar sustentação à doutrina oficial e gerar credibilidade para além da estreita cerca da hierarquia. Demonstra também certa disponibilidade na ampliação de horizontes verso à educação e disponibilidade a um possível diálogo. Certamente, não são somente notas bibliográficas que qualificam um texto, mas elas revelam traços do caminho percorrido, pode-se afirmar que essa primeira reflexão é bastante condicionada pelo texto de Pio XI. O T1 é acompanhado por 56 notas, contidas em dezesseis páginas, em que desaparecem quase todas as referências dos autores citados por Suárez e "aumentaram as referências em relação aos documentos pontifícios, embasando quase todas as argumentações contidas no texto" (CARRASCO, 1969, 57).

Os autores que permanecem selecionados são: Ottaviani, Du Clercq, Marrou, Lesne, Wernz-Vidal e Barbera, quase todos canonistas. Não se encontram J. Maritain, A. Willot, prefeito dos estudos modernos científicos no colégio San Michele di Bruxelles, ou V. Sinistrero, o mais citado por Suárez.

As notas do T1 incluem não só as referências contidas nas notas do texto de Suárez, mas também grande parte de suas explicações. Não obstante a esta abundante argumentação, o primeiro esquema foi aprovado definitivamente por unanimidade na Sessão Geral da CSS, realizada nos dias 1-10 de

---

12. No documento, quase em todos os números, o discurso vem atribuído a "*Sancta Oecumenica Synodus*" (dez vezes) e/ou aos "Padres" (três vezes). Revela-se um Concílio não pensado no estilo Joanino (João XXIII).

março de 1962, para ser examinado pela CC que indicou alguns aportes a serem acrescentados no texto.

2.1.4. As observações da Comissão Central dirigidas ao Texto 1

As observações proferidas pelos padres da CC, na reunião dos dias 12 e 13 de junho de 1962, foram as seguintes: dentre os pareceres favoráveis, destacam-se os dos cardeais Liénart e Léger[13]. Liénart convida a inverter a prospectiva do esquema: "antes de definir os respectivos direitos e deveres da família, da Igreja e do estado civil em matéria escolar, seria melhor recordar primeiramente os direitos das crianças e adolescentes de receber uma educação integral", portanto, tudo deve ser pensado a fim de ocasionar o desenvolvimento completo das competências/potencialidades que eles possuem. Após priorizar esse princípio, tornarão-se mais claros os direitos da ampla sociedade: família, Igreja, estado civil[14]. O cardeal Léger, por outro lado, julga o esquema evidenciando que existe uma visão muito limitada do texto, incapaz de olhar a realidade como um todo, preocupado demais com o cultivo e a defesa de seu pequeno mundo.

> De fato a Igreja católica é portadora do direito natural e a sua preocupação deve se estender a todos os homens. É verdade que as escolas católicas são de grande preocupação para a Igreja e por isso o texto deveria ter dado a essa questão maior importância. No entanto, acredito que os direitos das próprias escolas católicas seriam mais beneficiados se o esquema tivesse seguido outra perspectiva. O esquema parte dos direitos da pessoa humana à educação, dos problemas

---

13. O cardeal Liénart (1884-1973) foi bispo e cardeal na cidade natal de Lille (de 1928 a 1968). Durante o Concílio, desenvolve um papel importante e ativo, sobretudo na sua parte inicial. O cardeal Léger (1904-1991), à frente da diocese de Montreal de 1950 a 1968, até seu pedido de demissão para dedicar-se a iniciativas humanitárias na África, esteve comprometido com várias comissões durante o Concílio.

14. Concordaram com as suas observações muitos cardeais e bispos, entre eles: Tisserant, Léger, Montini, Dopfner, Alfrink, Suenens, Bea, Hurley e outros membros da comissão.

comuns a todos os homens; se destaca a relação da educação com o progresso social e se pede a intervenção de todos os homens de boa vontade; proclamar a preocupação da igreja por disparidades nessa questão, as dificuldades encontradas pelos povos mais pobres; [...] depois se afirma o direito da pessoa a uma educação segundo as próprias convicções religiosas; de modo particular afirma as razões que atribuem aos pais este direito. Acredito, porém, que se encontram no esquema todos esses elementos, mas que são tratados de maneira desordenada. Em particular, o esquema parte da defesa dos direitos da Igreja, enquanto gostaria que iniciasse pelo direito de todas as pessoas humanas, de modo específico no que se refere à educação moral e religiosa, sobretudo católica (AD II, 2, 4, 1968, 137-141)[15].

Conclui-se, portanto, que a Igreja não pode se aparentar como um poder alienado das preocupações do mundo, mas dentro da própria Igreja é necessário ter visões mais ecumênicas, pois os problemas das escolas católicas que surgem no texto não são os da Igreja universal, mas aqueles de uma parte da Europa. Aqui, há certa crítica da prevalência do pensamento europeu, se não romano, sobre o pensamento universal. O cardeal Bea convida o Concílio a não entrar em detalhes das particularidades de cada realidade, mas deixá-lo às conferências episcopais nacionais.

Outro elemento que podemos colher das intervenções é o fato de que o texto aborda discretamente uma abertura ao fermento pedagógico que perpassava o universo educacional em nível mundial. O prelado argumenta que se fala pouco de arte pedagógica e, acima de tudo, reclama que o fim temporal é colocado apenas de maneira negativa ou tratado apenas de passagem, os outros fins, que na opinião dos especialistas pedagógicos dizem respeito à formação da personalidade, ao despertar do sentido social, ao papel correto da comunidade segundo a própria vocação da pessoa, tais clarificações estão ausentes no texto (AD II, 2,4, 1968, 143). Essa interpretação se

---

15. Esta é a intervenção mais longa e articulada sobre o T1. A estas páginas se referem as sucessivas citações reportadas no texto. Também o discurso de Léger recolhe muitos consensos, entre os quais estão: Tisserant, Coppello, McGuigan, Richaud, Dopfner, Alfrink, Bea, Hurley, Janssens e outros membros da comissão.

conecta àquela de Stefanini, um pedagogo católico que argumenta sobre a urgência de confrontar-se de modo crítico com as novidades pedagógica do início do século.

> A questão que nos propomos diz respeito à possibilidade de obter alguma luz de inspiração cristã em relação à nova metodologia: se essa deve ser aceita ou rejeitada ou se o seu significado e aplicação devem ser profundamente alterados para torná-la contemporânea com a alma cristã. A questão é legitimamente colocada porque o cristianismo não está alheio em relação à educação (STEFANINI, 1954, 34).

Outra observação que exprime uma acurada interpretação do texto é a de monsenhor Hurley[16] que, com lucidez, destaca algumas contradições não só no texto, mas também no contexto mais amplo das temáticas submetidas à elaboração das demais comissões, confirmando ainda mais a tese que sustenta uma clara impermeabilidade nos trabalhos das comissões individuais. No seu intervento, colhe-se não só a preocupação teológica, mas também a experiência como Igreja.

> Este ensinamento sobre a liberdade, sustentado pela Igreja, não tem nada em comum com aquela danosa afirmação acerca da liberdade que defende os mesmos direitos atribuídos à verdade e ao erro, a virtude e ao vício, dando a entender que cada um tem a possibilidade de ensinar e fazer o que mais lhe agrada. Acaso não terá passado o tempo de falar dos direitos da verdade e do erro, da virtude e do vício? De fato, nem à verdade, nem o erro, nem a virtude nem o vício, mas convém falar de pessoa e associações de pessoas. As palavras citadas anteriormente negam implicitamente aos não católicos o direito de fundar escolas religiosas porque elas não possuem a verdade

---

16. O bispo monsenhor Denis Eugene Hurley (1915-2004) é o mais jovem dos bispos da Igreja Católica, nomeado com 31 anos como auxiliar de Durban, no sul da África, permaneceu como pastor da diocese até 1991, após assumir a função de simples pároco. Foi definido pelos bispos africanos como "guardião da luz, símbolo de coragem e força, ativo por uma economia de justiça e potente testemunho do evangelho de Jesus, esteve sempre empenhado na luta do *apartheid* e convicto apoiador da luta pacífica na defesa dos direitos".

da fé. Gostaria de recomendar que se considere no esquema sobre a liberdade religiosa, o tema da consciência e do dever e, consequentemente, do direito dos homens de seguir individual ou coletivamente a sua consciência, seja essa reta ou invencivelmente errônea. Recordemo-nos de que queremos estabelecer no Concílio Ecumênico um ensinamento válido não apenas para aqueles que pertencem à Igreja, mas também (talvez ainda mais) para aqueles que ainda estão fora dela. Para aqueles que não são católicos, pode parecer incongruente condenar o monopólio da educação em outros e, ao mesmo tempo, antepor os direitos da igreja diante das considerações dos outros [...] se queremos proclamar a liberdade de educação, não vamos falar sobre os direitos da igreja de modo ofensivo em relação aos outros. Tenhamos sempre presente, que o que é aceitável à luz da fé, na sua ausência, pode parecer desagradável (AD II, 2, 4, 1968, 146-147)[17].

Entre outros acréscimos ou críticas ao T1, o cardeal Léger convida a comissão a abandonar o termo *societas perfecta atque completa* por suscitar muitas ambiguidades entre Igreja e Estado, visto que nenhum desses, sendo instituições humanas, é capaz de sustentar, em sua práxis, o conceito de sociedade perfeita e completa em relação à educação.

Ruffini e Ottaviani (1962) reconhecem que se deve inserir no texto um aberto reconhecimento quanto ao direito reservado ao estado de supervisão daquilo que é de sua competência, de modo a tornar o Estado mais disponível ao reconhecimento dos direitos da Igreja. "Quando se diz que compete somente à Igreja a vigilância no que diz respeito à fé e à moral", entretanto, parece que, "em matéria de moral, pertença também ao estado o direito de vigiar" (AD II, 2, 4, 1968, 144). Com relação ao monopólio estatal, não se pode simplesmente negar sua veracidade, é necessário reconhecer a necessidade da autoridade civil de intervir nas escolas para que as "leis sanitárias sejam observadas, os professores sejam bem preparados, e os planos de estudo realizados. Creio que é útil dizer algo sobre a autoridade do estado no ambiente escolar" (AD II, 2, 4, 1968, 137). Ruffini (1962), autor dessa última

---

17. Alguns bispos sustentaram abertamente estas observações, entre eles Léger, Dopfner, Suenens, McKeefry, Perrin, Seper, Bazin, Bernard e Suhr.

citação, devido à preparação jurídica que está na base das suas inúmeras intervenções, faz uma crítica à expressão *schola perfecte catlolica*, pelo motivo que diante deste conceito não se pode haver gradação, ou a escola é católica ou não o é.

O n. 18 desse mesmo esquema, ao contrário, não foi apreciado por diversos membros da comissão por duas hipóteses: a primeira é que vem relatado que já existe uma organização central para a coordenação das escolas católicas, liderada pelo Ofício Internacional de Ensino Católico (*Office International de l'Énsegnement Catholique* — OIEC, nda). Essa organização não está presente somente na Europa, mas também na África e na América se colhem resultados positivos[18]. A segunda se dá porque a maioria das intervenções teme que mais uma vez se queira haver tudo sob controle da Cúria Romana.

Nesse sentido, uma afirmação relevante é a do sacerdote Saigh. O n. 18 prevê que "a autoridade apostólica institua um organismo central, ou uma verdadeira hierarquia de todas as escolas católicas a nível internacional, nacional e regional diocesano". Sobre essa afirmação, Saigh profere as seguintes observações, contida em ata (AD II, 2, 4, 1968, 147-148):

1. A intervenção da Santa Sé Romana (Apostólica *Actoritas*) não deverá ser necessária se não para a criação de um organismo central internacional das escolas católicas. Não se releva necessária a sua presença para a criação daquelas nacionais e regionais. A autoridade ordinária do lugar ou a conferência nacional do episcopado já é suficiente. Mais uma vez, sublinha-se a necessidade de descentralizar a Igreja e de não continuar carregando a Santa Sé das tarefas que as autoridades locais podem assumir;
2. Se a criação dos organismos nacionais e diocesanos é, não somente útil, mas necessária, aquela de um organismo internacional, dotado de poderes razoavelmente extensos, pode provocar a suscetibilidade de vários países modernos, para os quais o nacionalismo nascente tem medo de qualquer interferência estrangeira

---

18. Recordam Alfrink e Bernard, AD II, 2,4, 1968, 142, 155.

na educação dos jovens. Nós preferimos que em Roma exista um organismo que ofereça os princípios gerais de ordem religiosa e moral, e que todo o resto seja emanado por um organismo nacional. Ao contrário, a Igreja, em certos países, poderá haver muito problemas (Ibidem, 1968, 147-148).

Substancialmente, o novo texto recebido incorporou as indicações relativas ao tema da educação, mas praticamente não resolveu as relativas à escola, relativas ao n. 8 e, acima de tudo, ao n. 18, sobre a organização centralizada de todas as escolas.

2.1.5. O Texto 2, proposto ao Concílio, *De scholis catholicis et de studiis academicis*

A subcomissão das *Emendas*, que definia as modificações dos esquemas apresentados à Comissão Central, nos meses de junho e julho de 1962, finalizou nas sessões dos dias entre 19 de junho e 20 de julho a revisão definitiva do T1 com as emendas da CSS, levando em conta as observações feitas pela CC na sessão plenária de 12 e 13 de junho. Nela surgiu um segundo esquema, que, por conta das alterações, passou a se chamar *Texto* 2 (de agora em diante, T2), um único documento que recolhia três dos seis esquemas preparados da CSS, devidamente corrigidos e refeitos sob as indicações da CC e da subcomissão. O texto, dividido em três partes, foi apresentado ao Concílio:

1. *De scholis catholicis*;
2. *De studiis academicis*;
3. *De obsequio erga Ecclesia*.

Em respeito ao T1, não houve grandes mudanças, mas em algumas partes foram implementadas as sugestões da CC. O texto apresentado ao CSS, ao ser avaliado pela Comissão das Emendas, sofreu apenas duas variantes, pequenas, mas não insignificantes. A primeira se refere ao n. 2: não mais *subiectum passivum educationis*, mas simplesmente *subiectum educationis*. A segunda no n. 3 não se encontra mais a sentença *subiectum activum educationis*, mas simplesmente *educatores*. Mesmo que o conteúdo sobre a educação permaneça inalterado, passa-se a pensar a educação como uma realidade mais colaborativa, eliminando o papel ativo e passivo dos sujeitos.

No segundo parágrafo, que discorre sobre o sujeito da educação, percebe-se um certo enriquecimento do conceito de educação fundado sobre a dignidade do homem, que leva em conta também o seu fim pessoal, o qual transcende o intuito de qualquer sociedade humana respondendo somente a Deus. Portanto, na atual ordem da salvação, é chamada, por infinita bondade divina, a um fim sobrenatural, pessoal e eterno. Começa-se a delinear uma prospectiva que reconhece o homem enquanto sujeito de direitos e deveres, como primeiro responsável por seu futuro. Também se denota a postura de uma educação mais aberta às contribuições das Ciências Humanas.

Interessante é o terceiro parágrafo, que fala sobre os educadores. Não aparecem grandes novidades, porém é relevante a sucessão contida no parágrafo. Se no T1 se falava de *munus educandi*, reservado, em primeiro lugar, aos pais, à Igreja e, sucessivamente, ao Estado e outras associações, aqui, os agentes são os mesmos, mas a sucessão assume outra ordem. Primeiro vem os pais, que possuem o direito natural quanto à tarefa de educar, depois as outras associações humanas, dentre elas, a primeira é o Estado, e, ao final, por uma razão particular, está o direito da Igreja. Essa inversão ocorre também devido a um novo olhar da Igreja em direção a si mesma *(ad intra)* e sobre o mundo *(ad extra)*. É o reconhecimento do papel positivo da sociedade por parte do Estado na medida em que se garante os direitos de todos, no respeito à liberdade em vista do bem comum. Portanto, se lê no parágrafo 17: "o santo Sínodo reconhece uma apreciação merecida pelas autoridades que, lembrando-se da justiça distributiva, versam equitativamente os recursos a todas as escolas".

No restante, todo o texto permanece igual, exceto uma menção sobre a atenção voltada às novas tecnologias, de modo particular que a instrução se utilize de meios radiofônicos e televisivos, também como forma de abertura às novidades que acampam naquela sociedade. Por último, não são tomadas em consideração as numerosas críticas do parágrafo 18, nem mesmo numa tentativa de tranquilizar as preocupações legítimas centralistas dos prelados que vivem nas periferias, nem se dá crédito à possibilidade de citar, ao menos uma nota, um referimento à organização católica chamada OIEC, mencionada por Alfrink e Bernard.

Após essas articulações, o texto foi entregue à comissão que foi formada na primeira sessão do capítulo do Concílio Vaticano II. Aqui termina o trabalho da CSS, compreendendo o tempo de 12 de novembro de 1960 a 16 de fevereiro de 1962, atravessando uma quarentena de reuniões plenárias às quais correspondem a muitas subcomissões (SINISTRERO, 1970, 36).

Concluímos até então que, em quase dois anos de trabalho, as dez comissões preparatórias e CC trabalharam de modo profícuo na produção de dezenas de esquemas, reordenando o acúmulo de sugestões provenientes dos votos dos bispos, que foram recolhidos de modo desordenado e, sem dúvida, marcados por uma visão um tanto conservadora e defensiva. Pedrazzi (2011) revela que muitos esquemas eram de punho mais doutrinal que pastoral e que, refletindo sobre as impostações e as abordagens predominantes nos laboriosos organismos curiais encarregados da preparação conciliar, o Concílio se mostra mais preocupante que entusiasmante. O autor sublinha que os membros das comissões preparatórias quiseram expor a doutrina e a disciplina da Igreja Católica tal e qual como sempre foi ao longo do processo histórico, durante o qual a Igreja se sentiu mais ameaçada do que seguida. Nas comissões, havia o debate que defendia a necessidade de renovar a condenação dos erros que circulavam no mundo, enquanto a originalidade de João XXIII e sua grande fé lhe fazia preferir uma exposição positiva da verdade e da beleza do cristianismo.

Segundo Congar (2005), nos documentos se encontram seguramente a influência determinante da CT, em âmbito teológico e dogmático[19], que diverge bastante do pensamento original e esclarecido do papa Roncalli cujo objetivo é propor um magistério de caráter prevalentemente pastoral, capaz de atender às necessidades de hoje, mostrando a validade da doutrina da Igreja, em vez de renovar as condenações.

Nas CSS, as tendências doutrinais prevalentes sobre aquelas pastorais são encontradas de várias maneiras, não apenas no documento sobre educação e escola. Por exemplo, a escolha de produzir um documento com o uso do latim, como uma iniciativa própria concedida pela liberdade de ampliar os tópicos sugeridos pelo *Quaestione*, certamente vai nessa direção.

---

19. Congar fala de "uma escassa autonomia das comissões, vigiada nas questões teológicas da CT, tanto que se subentende uma liberdade hipotecada, também para o futuro Concílio" (CONGAR, 2005, 72).

Então, novamente, essas tendências podem ser vistas em outro documento que saiu da mesma comissão, *Schema decreti De obsequio erga Ecclesia Magisterium in tradendis disciplinis sacris*. Já no título, clarifica-se um certo rigor no ensino, no qual o principal objetivo se dá muito mais na via da observância do que na apaixonada pesquisa[20]. No documento da educação, esses traços mais jurídicos do que pastorais se revestem da terminologia (*Ecclesia societas perfecta*), que não se difere dos outros documentos e não leva em consideração as observações feitas por alguns membros do CC[21].

As tendências doutrinárias que ainda notamos a partir da prevalência jurídica na definição de *schola perfecte catholica*, com as inúmeras especificações e variáveis contidas na nota 22 do decreto, pretendem destacar uma realidade sujeita à lei e não orientada à educação. Tal orientação é percebida quando o relacionamento com o Estado parece estar limitado à esfera econômica, certamente necessária e devida, recebida de maneira muito redutora e, sobretudo, prejudicial em comparação à colaboração que poderia ser mais enriquecedora e propositiva.

Na questão educacional no campo pedagógico, destaca-se a escassa atenção dada às novas ciências e ao florescimento de um movimento pedagógico que estava se consolidando, especialmente fora da Itália, e que lutava por encontrar um lugar e um sentido dentro da reflexão cristã. Porém, essa questão pairou mais sob a esteira da suspeita do que do confronto

---

20. A ideia concorda com a concessão maximalista do dogma da infalibilidade papal, segundo o qual "o pontífice é a fonte da infalibilidade da Igreja: o pontífice é o mestre, enquanto o restante da Igreja, incluindo os bispos são escutadores e executores obedientes" (Mazzolini, S. [a cura], *Vaticano II in rete. Una lunga preparazione andata in fumo?* Bologna, Claudiana, 2012, 63).

21. As diferentes opiniões existentes no episcopado não foram muito intensas nas comissões, formadas sobre uma base central bastante homogênea: o pluralismo cultural se tornou notavelmente vigoroso na CC, por sua representatividade geográfica e de tendências teológicas e espirituais distintas, cada uma com a sua história. Mas será na sala de São Pedro onde os membros, na sua maioria "Cúria Romana", se darão conta da tendência periférica (europeia e mundial) somar, sob posições mais inovadoras, dando lugar a uma maioria inesperada, constitutiva do evento conciliar. In: Pedrazzi, *Vaticano II in rete*, 2012, 266.

aberto²². Essa observação apresenta também outro limite, ao menos neste documento, isto é, a restrição da contextualização do problema a um âmbito local, como foi abordado em muitas intervenções na CC.

Outro fato relevante nas comissões é a ausência da figura feminina, que não foi contemplada e envolvida, nem mesmo convidada a presenciar as reuniões conciliares. Falta essa que tem suas raízes precisamente nos métodos de coleta de dados mediante consulta, como reconhece o cardeal Alfrink.

> É difícil dizer que a Cúria Romana, que ordenou a preparação deste concílio, não procurou todos os caminhos para que a voz de toda a Igreja pudesse ser ouvida mesmo antes da reunião do Concílio. Obviamente: não se pensava que permitisse aos leigos serem ouvidos diretamente, assumindo que sua voz, como a do clero, seria suficientemente perceptível através da dos Padres do Conselho, dos bispos. Dada a natureza essencialmente hierárquica da Igreja, isso não deveria ser uma surpresa, mesmo que uma maneira diferente de agir pudesse ser concebível (ALFRINK, 1962, 540)²³.

---

22. Na primeira conferência de Sholé, o tema da pedagogia cristã foi estabelecido assim: a linha que proponho é a que resulta da resposta à seguinte pergunta: de que maneira a experiência e a doutrina cristã reagem ao problema educacional de hoje? Não preciso lembrar aos colegas que estamos em uma época de renovação pedagógica e didática e que esta renovação quer ser radical. Todos estão cientes de que os novos métodos têm o nome de ativismo e que o ativismo, em toda a sua variedade de aspectos, sustenta uma escola focada no aluno e não no professor, no respeito pelo direito de iniciativa do aluno, funcionalidade do conhecimento em relação aos objetivos concretos da existência e aos interesses da criança, a concentração dos mesmos interesses contra o nocionismo dispersivo e assim por diante. A questão que estamos propondo diz respeito à possibilidade de obter alguma luz da inspiração cristã em relação à nova metodologia: se ela deve ser aceita ou rejeitada, ou se é necessário variar profundamente seu significado e aplicação para torná-la permissível com a alma cristã. A questão é legitimamente colocada porque o cristianismo não está desconectado em relação à educação. O cristianismo é um grande evento educacional cuja iniciativa é devida ao próprio Deus: uma *stitutio divina dell'umanità*. STEFANINI, *La pedagogia Cristiana*, 33-34.

23. Palavras do cardeal Alfrink em uma reunião de padres holandeses, publicado na revista *Informations Catholique Internationale*, em julho de 1962, reportado em italiano in: CAPRILE, *Cronaca*, I, 2, 540.

Contudo, o cardeal ainda discorre dizendo que todos os esquemas passavam pela CC e eram discutidos com toda lealdade e liberdade, numa junção de toda a Igreja, para ouvir as opiniões e verificar até que ponto, nas várias realidades, a visão se difere, apesar da unidade fundamental e universalmente reconhecida da fé, dando a entender a impossibilidade de impor a toda a Igreja uma única e idêntica percepção. Em última análise, é necessário fazer referência ao velho ditado *salus animarum suprema lex*. É o fato de que, sob a aparente rigidez, há, potencialmente, uma grande flexibilidade, levando em conta as dinâmicas do tempo que suscitaram os efeitos do Concílio, sobretudo um Concílio como o Vaticano II, que não visou tantas realizações concretas e imediatas, como uma mudança de mentalidade e uma renovação dos costumes cristãos.

Nessa tessitura, os aportes suscitados nas discussões que antecedem o concílio dando avio a um texto pré-conciliar será de grande ajuda na feitura do seu texto final, visto que das discussões remanescentes se chegará à aprovação final da Declaração, um documento pertencente ao corpo do Concílio, resultado de elaborações, transformações e compromissos como todos os outros documentos conciliares.

2.2. O percurso do documento durante o Concílio: elementos de continuidade e descontinuidade

O caminho de conclusão do documento reconhece sua força nas etapas de sua feitura em que o argumento da educação foi o mais empenhativo na complexidade dos debates entre os conciliares.

Outrossim, o empenho laborioso das comissões trouxe o porvir de um documento final em que as passagens dos textos, até chegarmos ao Texto 7, demonstram os elementos significativos que revelam continuidade e descontinuidade, chegando ao seu resultado final, como veremos nos andares dos textos.

Em 25 de janeiro de 1963, na primeira sessão da Comissão e coordenação, ocorrida de 21 a 27 de janeiro, o cardeal Confalonieri, responsável por seguir os esquemas da Comissão, agora chamada "dos Estudos e dos Seminários", apresentou uma relação na qual tecia elogios quanto ao rico e

apreciado material, que esteve sob os cuidados da CC, depois revisto pela comissão das emendas durante o período pré-conciliar. Um texto constituído por três partes[24] e impresso em seis fascículos. Ao todo, o conteúdo indicava aproximadamente 31 páginas de texto (sem contar o número abundante de notas), totalizando, aproximadamente, 7500 palavras[25]. A Comissão de Coordenação proferiu indicações precisas sobre como deveria ser elaborado o novo esquema:
1. Um esquema breve, mas de ampla visão, seguindo as declarações do Código de Direito Canônico, a fim de afirmar os princípios doutrinários fundamentais e as diretrizes pastorais;
2. O que no primeiro esquema se refere à execução prática e a normas particulares, seja remetido para as instruções correspondentes para serem emanadas com a autoridade do Concílio;
3. Selecionar as normas que pertencem à matéria do Código de Direito Canônico para que sirvam de atualização para o próprio código;
4. Não dizer nada no Concílio sobre o que aparece nos fascículos sobre *De obsequio erga magisterium Ecclesiae*: sobre tais princípios se falará no esquema *De Ecclesia* (AS I/1, 1970, 97).

A Comissão de Estudos, Seminários, Educação Católica (CSSE), na sessão realizada entre 21 de fevereiro e 2 de março de 1963, reelaborou a parte I e II do T2, apresentado pela Comissão Preparatória, e compilou o Texto 3 (T3), *Schema Constitutionis De Scholis Catholicis*, fruto de múltiplas redações redigidas por alguns espertos pertencentes à comissão que no dia 9 de março foi enviada ao cardeal Felici (AS V/1, 1989, 229).

---

24. As partes que foram entregues aos padres foram invertidas a respeito do modo como normalmente são apresentadas: a primeira parte foi constituída pelos estudos acadêmicos a serem transmitidos à universidade católica e eclesial, deixando a parte a escola católica. AS/V, 1, 1989, 122.

25. Em 30 de janeiro, o secretário do Estado Felici informou o cardeal Pizzardo de ter recebido na data de 24 janeiro "os seis fascículos da Constituição *De scholis catholicis et de studiis academicis* e se responsabiliza de informar o quanto antes sobre as decisões tomadas na Comissão de Coordenação" (AS/VI, 2, 1997, 21).

Na sessão II da Comissão de Coordenação do Concílio (CCC), de 25-30 de março de 1963, o Texto 3 foi exposto pelo cardeal Confalonieri, estando presentes o cardeal Pizzardo e o padre Mayer.

Reportamos, a seguir, a subdivisão do esquema em questão (T3), junto àquele precedente (T2), para compreendermos visualmente a diferente distribuição e sucessão dos argumentos.

QUADRO 5
Elementos comparativos entre o Texto 2
e o Texto 3 da *Gravissimum Educationis*

ESQUEMA TEXTO 2	ESQUEMA TEXTO 3
ESQUEMA *Constitutionis De scholis catholicis et de studiis academicis*	ESQUEMA *Constitutionis De scholis catholicis*
PROÊMIO (1)	PROÊMIO (1)
I. PONTOS FUNDAMENTAIS DA EDUCAÇÃO (2-4)	I. PONTOS FUNDAMENTAIS DA EDUCAÇÃO (2-3)
— Sujeito da educação – 2 — Os educadores – 3 — Falsas opiniões – 4	— Fundamentos e sujeitos da educação – 2 — Os educadores – 3
II. IMPORTÂNCIA E QUALIDADE DA ESCOLA CATÓLICA — Condições exigidas para que uma escola seja católica – 6 — O dever de lutar pela perfeição das escolas católicas – 7	II. A ESCOLA CATÓLICA EM GERAL (4-17) A) OS PRINCÍPIOS FUNDAMENTAIS DA ESCOLA (4-7) — Finalidade da escola – 4 — A liberdade da escola – 5 — O direito de fundar escolas – 7 B) OS PRINCÍPIOS PARTICULARES DA ESCOLA CATÓLICA (8-17) — Qualidade da escola católica – 9 — A perfeição pedida à escola católica – 10 — O apoio à escola católica – 11 — A formação dos professores – 12 — Direitos e deveres dos professores – 13 — Deveres dos pais – 14 — Formar a consciência dos fiéis e da opinião pública – 15 — A organização central – 16 — A cooperação universal – 17

III. OS DIREITOS DA FAMÍLIA E DA IGREJA EM RELAÇÃO À ESCOLA (8-12) — A liberdade da escola – 8 — O direito de fundar escolas – 9 — Os alunos que não frequentam as escolas católicas – 11 — A coeducação – 12	III. AS UNIVERSIDADES CATÓLICAS (18-26) — A importância dos estudos na Igreja – 18 — A fundação de universidade e de faculdade de estudos eclesiais – 19-20 — Universidade e faculdade católica de estudos seculares – 24 — Suprir a falta de universidade – 25 — A pesquisa fora da universidade católica – 26
IV. FORMAÇÃO, DIREITOS E DEVERES DOS PROFESSORES (13-14) — A formação dos professores – 13 — Direitos e deveres dos professores – 14	
V. O APOIO ÀS ESCOLAS CATÓLICAS (15) – O apoio às escolas católicas — 15 – A formação da consciência dos fiéis e da opinião pública — 16	
VI. OS SUBSÍDIOS ÀS ESCOLAS CATÓLICAS (17)	
VII. ORGANIZAÇÃO CENTRAL E COOPERAÇÃO (18-19) – Organização central — 18 – A cooperação universal — 19	

Fonte: traduzido e organizado pela pesquisadora mediante Fusi (2018).

A primeira parte reassume os direitos fundamentais da pessoa humana, da família e do Estado. A segunda parte é subdividida em duas sessões: a) princípios fundamentais da escola em geral e b) princípios peculiares a respeito da escola católica. A terceira parte se refere às universidades católicas, as quais a Igreja tributa muito cuidado (AS/V, 1, 1989, 244).

As novidades inseridas no T3 tratam de considerações positivas em relação à escola em geral, como mostra o n. 4, em que vem atribuída à escola a característica de instrumento eficaz na busca da verdade e na oferta de educação, reconhece-se a natural tendência à busca da verdade e ao empenho em promover incansavelmente o progresso humano, formando homens e cidadãos conscientes dos próprios deveres.

De modo complexo, porém, é um texto que não sai do binômio escola-educação. Cresce o horizonte de reflexão sobre a escola, em que ela vem reconhecida como meio indispensável para que a Igreja e a sociedade colaborem na educação dos jovens. Denotando um processo de abertura: o início de uma mudança que levará a versão final, a dar espaço ao fato educacional, distinto do escolar. Referimo-nos aqui aos dois anexos que são reportados no final do esquema[26].

O intenso trabalho da CSSE tem como fruto a redação do esquema *Costituizione De scholis catholicis* (T4) que, após ter passado pela avaliação de João XXIII, em 22 de abril de 1963, foi transmitido aos padres do Concílio no mês de maio junto a outros textos. Após o título do esquema, são reportadas os seguintes dizeres:

> O nosso santo padre João XXIII, na audiência concedida em 22 de abril, deliberou que este esquema a ser discutido no Concílio

---

26. O primeiro anexo é uma *Adumbratio instructionis de scholis catholicis*, em que se evidencia "um breve relato histórico do qual aparece uma preocupação constante da Igreja pela educação cristã, sobretudo dos jovens, e para instituições de escolas de todos os tipos e graus. O ensinamento dos últimos pontífices, sobretudo de Pio XI, com a carta encíclica *Divini Illius Magistri*, confirmada continuamente por Pio XII. O texto se encontra em AS/V, 1, 1989, 236-243. Os anexos tratam primeiramente a hipótese de uma reflexão sobre a escola e sobre a educação. O segundo seleciona as normas contidas nos textos anteriores, que podem ser usadas para atualizar o Código de Direito Canônico na matéria de educação, a escola em geral, e os Estudos Universitários (Idem, 246). Interessante de retratar é o n. 3, em que são apontados os meios mais importantes para a renovação da escola: acordos e convenções; imprensa, rádio, televisão e qualquer outro meio de comunicação social; conferências regionais, nacionais e internacionais de educadores, pais e alunos do Ensino Médio; associações de pais e dos alunos católicos; associações nacionais e internacionais dos colégios católicos, associações dos professores católicos; associações dos alunos e ex-alunos; ação católica; associações católicas internacionais; colaboração com outras associações internacionais, que apoiam de modo adequado a educação e os seus direitos; a ação dos deputados católicos; também associações civis, no caso dos direitos civis a serem exercidos em reuniões administrativas e políticas" (Idem, 237).

Vaticano II fosse transmitido aos padres conciliares. Da sede vaticana, 22 de abril de 1963, cardeal Cicognani Amleto Giovanni, designado para função pública da Igreja (AS/III, 8, 1973, 953).

O volume de 31 páginas percorre a estrutura do texto precedente (T3), exceto na proposição dos anexos e apêndices. Numa observação dos esquemas propostos até então, a crítica geral atribuída ao texto persegue a afirmação de que seja coisa desejável por todos, mas pouco realizável[27] ou de ser muito amplo e vago, sendo necessárias modificações a fim de tornar o texto mais coeso e aplicável[28]. Essa imputação de vago e genérico vem confirmada com o pedido de um esquema que tenha uma redação clara, mas, sobretudo, que evidencie o problema da educação católica[29].

Substancialmente, em nível geral, são três as contradições relevantes: de uma parte, a excessiva impostação genérica e a amplitude do esquema que despertou um apelo de maior concretude, por outro lado, a advertência em deixar para as conferências episcopais as intervenções no campo da educação, de acordo com a realidade de cada nação e, por último, as tantas sugestões sobre as questões educacionais e, especialmente, escolares que foram descartadas. O T4, como os precedentes, focaliza a sua atenção sobre a escola, compreendida como um meio educativo que não se pode renunciar, sobrepondo-o até mesmo sobre a própria educação. Aqui, de fato, foram sedimentadas as perplexidades e hostilidades na construção de um texto educacional. Educação e escola não são a mesma coisa, e pretender falar da educação cristã vinculando-a estreitamente à escola significa empobrecer a missão evangelizadora da Igreja e relegar todos os outros meios de anúncio a uma função complementar e secundária.

No texto precedente e no T4, foi refeito e encorpado o *Esquema decreti studiis academicis ab universitabus tum catholicis tum ecclesiasticis provebendis* (AD II, 2,2, 1968, 800-862). Os últimos nove parágrafos do T4 (18-26)

---

27. Cardeal Micara, Bispo de Velletri (AS/III, 8, 1976, 974). Observações feitas por escrito em relação ao T4 durante a intervenção de 1963-1964.
28. Alguns padres da África Oriental (Idem, 1042).
29. C. E. Messicana (Idem, 1036).

concentraram-se sobre a universidade, enquanto no documento final foram dedicados somente os n. 10 e 11. Também o apêndice II, anexado ao texto, esboça as primeiras linhas para um efetivo caminho das universidades católicas. O fato de ter introduzido a universidade neste documento confirma mais uma vez como a educação e a escola não podem ser consideradas em sua autonomia substancial, antes está evidenciado o peso desigual atribuído a ambas instâncias (FUSI, 2018, 85).

Sobre o Texto 4, é importante destacar a figura proeminente do bispo auxiliar do Rio de Janeiro, Dom Helder Câmara, que enviou uma detalhada relação do texto, escrita em coautoria com o bispo Candido Padin, também auxiliar da mesma diocese. Ambos os bispos assinavam em nome da Conferência Episcopal do Brasil. As anotações se dirigem ao tema da educação, colocando em destaque a impostação pastoral do documento e o equilíbrio entre a ideia da justa missão educacional da Igreja e a tradução prática desta missão. Reportamos, nas linhas a seguir, a tradução das anotações[30] feitas por Dom Helder e Dom Cândido Padin sobre o texto:

> A estas anotações, acrescentamos alguns esclarecimentos:
> Tendo presente as indicações do Papa que no fechamento da segunda sessão solicitava esquemas mais breves e mais pastorais, a nós parece importante sublinhar dois pontos dentro do esquema: estabelecer a justa ideia da missão educativa da Igreja e consolidar as normas pastorais, para que esta missão seja traduzida na prática.
> Pois a Igreja vive em um mundo que não é mais cristão, não somente em nações sujeitas a paganismo, mas também naquelas que se gabavam por serem cristãs, não podemos pensar que o Concílio ofereça aos homens uma constituição que, se não exclusivamente ao menos principalmente, defenda a reivindicação da promoção de uma escola católica mais eficaz.
> Ao contrário, certamente, a nós parece mais oportuno e desejamos que se faça referimento ao agir pastoral, relatando o que a Igreja até então realizou pela educação humana e cristã, examinando cuidadosamente e sem temor, para tornar este agir mais adequado [...].

---

30. AS III/8, 1976, 1041-1042.

Além disso, acreditamos que seja oportuno que estejam presentes os seguintes pontos:
1) Que a ação educativa da Igreja tenha presente as condições reais deste mundo multiforme (pluralista), no qual vivemos: resultará inócua e também nociva se a finalidade do documento for a conservação do tradicional modo de fazer, já que as condições sociais e familiares de hoje, mesmo onde o nome cristão é respeitado, as famílias não são verdadeiramente cristãs.
2) Como é necessário estabelecer princípios incontestáveis em relação aos direitos e deveres da família, da Igreja e do Estado em relação à educação, é oportuno reconhecer ao estado, precisamente para o bem comum, o direito de administrar a distribuição de recursos públicos, para que sejam respeitados os direitos de outras Instituições e a necessidade de progresso da mesma nação.
3) Dentre as finalidades da educação humana e cristã, requer aquele de uma formação personalizada que torne os jovens em adultos capazes de absorver a sua própria missão na sociedade, conforme as exigências socioeconômicas de qualquer nação.
4) Venham estabelecidas as normas para a renovação das escolas católicas, com o objetivo de responder adequadamente, nas presentes realidades, a missão da Igreja.
5) Um vez mais recomendamos com insistência a presença operante de leigos e religiosos para desenvolver a missão de educadores nas escolas estatais, para que por meio da sua reconhecida competência eles possam testemunhar e anunciar o evangelho.
6) A Igreja, na sua missão de instituir escolas não pode esquecer-se daqueles que são deixados as margens da sociedade, mas deve torná-los partícipes dos benefícios da cultura e da promoção humana.
7) É importante prever uma ordenada ação pastoral diocesana e paroquial, que seja especificamente pensada para aqueles do ensino básico até a universidade, que fazem parte da realidade da escola. (AS III/8, 1976, 1041-1042).

Tais considerações tornam evidente a relevância da presença dos bispos do Brasil que propunham conteúdos e intuições substanciais para uma mudança ao interno do documento.

2.2.1. O Texto 5, "Textus Shematis iuxta Patrum animadversiones recognit"

No período de interseção dos textos, em que vários pontos de convergência estavam em ato, o Concílio foi surpreendido com a morte do papa João XXIII, sendo sucessivamente eleito o cardeal Montini, chamado Paulo VI. O objetivo do novo papa era de prosseguir com o Concílio, buscando acelerar e otimizar os trabalhos das assembleias gerais, para tanto a estrutura do regulamento foi alterada: um Concílio de presidência com mais membros, mas com poderes reduzidos e quatro moderadores cardeais nomeados pelo papa, responsáveis por conduzir as discussões em assembleia[31].

Na alocução inaugural pronunciada por Paulo VI, a Igreja é chamada a ter nova consciência de si mesma. O papa elencou quatro objetivos do Concílio: que a Igreja adquira uma nova consciência de sua natureza específica; que se produza um verdadeiro renovamento; que seja promovida a unidade de todos os cristãos; e que se comprometa a um verdadeiro diálogo com o homem moderno: é notável que seu discurso manifesta continuidade àquele de seu predecessor. Ao término da sessão, houve a aprovação de dois esquemas[32] e muito trabalho a ser revisado.

Em relação ao Texto 5, esse não fora discutido na Comissão de Coordenação, nem mesmo exibido aos padres, o pouco que podemos saber sobre o texto se dá por meio da relação apresentada na 124ª Assembleia Geral, em 17 de novembro de 1964[33], pelo bispo de Anversa, monsenhor Daem.

A reconstrução do trabalho feito pela CSSE, para a redação do texto alterado, apresentada pelo monsenhor Daem, contida na Ata (AS/III, 8, 1976, 195-196), discorre na seguinte sequência: na segunda sessão do Concílio, ocorrida nos meses de outubro e novembro de 1963, a Comissão Conciliar examinou novamente o esquema, levando em conta as observações que os padres conciliares e as conferências episcopais haviam enviado

---

31. Os quatro cardeais são: Dopfner, Suenens, Lercaro e Agagianian.
32. A Constituição *Sacrosantum Concilium*, sobre a sagrada liturgia, e o decreto *Inter Mirifica*, sobre os meios de comunicação de massa, ambos promulgados por Paulo VI na sessão plenária de 4 de dezembro de 1963.
33. AS/III, 8, 1976, 190-196.

à secretaria. Os numerosos pedidos e perguntas dos padres repetidamente remetiam às questões que, nos esquemas precedentes, sobretudo no esquema aprovado pela Comissão Preparatória, eram tidas em consideração e sucessivamente foram deixadas de fora, na justificativa de formular um esquema mais sintético.

As observações dos padres podem ser reassumidas deste modo:

a) Observações sobre o título, a estrutura e o estilo:

1. O título: muitos padres não gostaram do título e propuseram modificações, por exemplo: "a educação católica" ou "a educação católica a ser confiada à escola" e outros semelhantes que, na realidade, não consistiam em um simples jogo de palavras. A Comissão competente considerou cuidadosamente a proposta e chegou à conclusão que "desde o início o argumento confiado a este esquema refletia o ensinamento e os problemas ligados à escola católica, sobretudo em nossos dias, entretanto na revisão do novo esquema foi reservada uma maior atenção à educação";
2. A estrutura: sobre a estrutura não houve considerações ou propostas de grande relevância;
3. O estilo e a índole: em sintonia com o propósito de muitos padres, a Comissão considerou que o estilo do esquema fosse revisado para dar vida a um estilo que fosse mais pastoral do que jurídico;
4. Referências: muitas observações concordavam com a falta de referências. A comissão concordou que o esquema fosse enriquecido pelas notas/citações. A falta de citações comportou um empobrecimento do esquema;

b) As observações mais importantes:

1. A observação principal verbalizada por poucos padres e de teor que modifica propriamente todo o esquema é esta: "o esquema não agrada, porque não contém nada de novo; é de pouca relevância, não constitui a elaboração de uma nova doutrina católica adequada aos problemas e as novidades do tempo atual". Esse juízo negativo não era expressão de um juízo compartilhado pelos padres, pois alguns padres declararam um juízo positivo quanto ao esquema;

2. Muitos padres pediram que o esquema contemplasse um tratado mais amplo sobre a educação, de modo geral, sobre a educação cristã e católica, dos seus princípios e métodos e também de uma filosofia da educação.

c) Objeções particulares:
1. Proêmio muito extenso e redundante, de caráter triunfalista;
2. O n. 6, que trata da definição de educação, é carente de clareza e distinção;
3. O n. 10, que afronta o problema do financiamento da escola propondo o princípio da justiça distributiva, não é visto por todos com bons olhos;
4. O n. 11, mais que uma definição ideal ou idealista sobre a escola católica, seria melhor uma definição ampla, que levasse em conta todas as escolas que se dedicam à educação dos católicos ou à causa da Igreja.

Todas essas observações contidas na ata supracitada foram objeto de particular indagação da Comissão competente. Para além disso, em dezembro de 1963, houve solicitação insistente sobre o posicionamento das Conferências Episcopais, que ainda não haviam expressado suas ideias.

2.2.2. O Texto 6, *Shemata Propositionum De Scholis Catholicis*

Enquanto o T5 estava para ser finalizado no dia 23 de janeiro de 1964, a Comissão de Coordenação, diante de um vasto material a ser levado em consideração, convidou as comissões a redimensionar os esquemas dos argumentos que ainda estavam em discussão. Assim, a CCC ordenou que o esquema *De scholis catholicis* fosse reduzido a uma só votação.

> O esquema "De scholis catholicis" seja reduzido a uma só votação, a qual leve em conta a importância da educação católica e da escola, e indique os princípios fundamentais aos quais a educação e o ensino devam inspirar-se e, então, auspique uma adequada legislação na próxima revisão. Esta Comissão se responsabilize de redigir uma relação abrangente, a ser impressa como um apêndice dos novos textos

do trabalho realizado e sobre a análise das propostas dos Padres do Conciliares (AS/III, 8, 1976, 190)[34].

Na sessão XII, ocorrida em 15 de janeiro de 1964, a Comissão, acolhendo as sugestões contidas no plano de Dopfner (AS/V,2, 1964, 87), indicou "que na votação assim elaborada, não deveria haver discussão na sala conciliar, mas apenas uma votação dos vários pontos, após ilustração adequada de um relator, escolhida dentre os membros da Comissão" (AS/V, 2, 1989, 121)[35]. Esse posicionamento ocasionou um forte debate ao interno da CSSE cuja solução não foi facilmente encontrada. Assim recorda monsenhor Daem na sua relação:

> Portanto a Comissão de Seminários, de Estudos de Educação Católica na reunião plenária ocorrida dos dias 3 a 10 de março de 1964, elaborou um documento. A dificuldade em questão foram as opiniões divergentes acerca da consistência *[naturam]* da votação proposta pela Comissão. Alguns acreditavam que a natureza do voto fosse suficiente como dito na carta anterior; na votação, nos limitamos a afirmar os princípios, sobretudo a importância da educação e da escola, aos quais devemos nos adaptar, e que era necessário exigir uma legislação precisa sobre educação nas escolas na reformulação da CJC. Outros, pelo contrário, acreditavam que a votação deveria conter uma certa mensagem sobre educação e escola, por assim dizer (AS/III, 8, 1976, 205).

A CSSE trabalhou alternando reuniões plenárias pela manhã e trabalhos nas comissões à tarde. As dificuldades encontradas na redação de uma votação que satisfizesse as várias correntes provocou a elaboração de vários esquemas, como nos recorda o monsenhor Baldanza no seu artigo[36]. "Depois

---

34. Muito provavelmente, o uso do termo "voto" indicava o pedido de um documento não do tipo argumentativo, mas, sim, propositivo.

35. Trata-se do texto sugerido pelo esquema *De Matrimoni Sacramento*, transcrito tal e qual no *De scholis catholicis*. Para a Comissão sobre educação, "mediante a eleição da parte da Comissão. A Em.mo Presidente designou os relatores para a sessão Conciliar [...] S. E. Mons. Daem per la scuola Cattolica" (AS/V, 2, 172).

36. A comissão conciliar *De Seminariis, de Studiis et de Educatione Catholica* se colocou rapidamente a trabalhar. Elaborou um esquema de votação em fevereiro

de ter examinado uma redação de empostação bastante jurídica, a Comissão se orientou a construir uma formulação mais pastoral, conforme a finalidade do Concílio" (AS/V, 2, 1989, 172). Contudo, após muitas tentativas e diferentes propostas, a Comissão Conciliar decretou que fosse preparada uma votação que servisse como referência e deixasse a responsabilidade do Pós-Concílio a incumbência de aprofundar os temas sobre a escola e a educação, já que foram tomados em consideração nos textos precedentes.

O Texto redatado em forma propositiva foi apresentado à Comissão de coordenação contendo o texto do esquema (ou seja, o T5, a relação do trabalho finalizado e a votação)[37]. Sobre as conclusões gerais sobre os textos, foram emitidos alguns pareceres.

O caminho que conduziu a um texto bastante articulado, como aparece nos primeiros esquemas, foi se tornando um texto reduzido por conta da exigência de contenção dos conteúdos, em contradição com o que foi, quase que constantemente desenvolvido na introdução de todos os esquemas, isto é, a *Gravissimum Educationis Momentus* foi reduzida em seu texto a simples

---

de 1964, o qual foi submetido a uma análise mais profunda. Pode-se recordar que foram diversas as edições de esquemas de votações: a primeira, em 29 de fevereiro de 1964, intitulada *Votum De Scholis Catholicis;* a segunda, em 7 de março de 1964, com o título *Votum De Educatione et de Scholis Catholicis;* a terceira, em 10 de março de 1964, com o título *Votum De Scholis Catholicis*. A terceira edição foi discutida pela Comissão SSE, em 10 de março de 1964, que apontou algumas modificações. Depois das modificações, tornou-se a quarta edição de *Votum*. A *III editio recognita* está disponível em HOFFER, 1990/24.1, com data de 10 de março de 1964. Neste esquema, foi excluída a parte que se refere à universidade (n. 11-16), e tudo se resumia a muitas páginas datilografadas. BALDANZA, *Appunti sulla storia della dichiarazione*, 32-33. Monsenhor Baldanza fez parte das comissões desde a criação e continuou a fazer parte da comissão pós-conciliar como um minucioso observador.

37. Estas são palavras do cardeal Confalonieri na relação acerca da votação *De scholis catholicis*, AS/V, 2, 470. A relação inserida no texto enviado à comissão de coordenação, e sucessivamente aos padres, continha o percurso feito para se chegar à elaboração da votação: a origem do texto, a importância do argumento, o processo dos textos sobre a educação e a escola nas Comissões Preparatórias, Central e Conciliar (1962-1963), o Texto 5 completo, um comentário quanto às proposições e sobre cada um dos 17 números da votação, AS/V, 2, 449-469. A mesma relação seria apresentada pelo monsenhor Daem na 24ª Assembleia Geral, do dia 17 de novembro de 1964, quando foi chamado para relatar o novo esquema alterado, o Texto 7.

proposições, sem nem mesmo uma votação. Tal repercussão nos suscita questionamentos: a reflexão sobre a educação cristã foi importante ou não? A Igreja, na sua missão constitutiva de anunciar a boa nova a todas as gentes, "nunca poderá ser subestimada à extrema importância da educação através da qual todas as habilidades da pessoa humana são aperfeiçoadas e toda a sociedade cresce e conhece mais perfeitamente o desígnio do Criador de todo o Universo" (T6, n. 1).

Tillard, em uma conferência em Roma[38], nos dias 12 a 14 de abril de 1964, durante uma reunião de estudos organizada por bispos e padres, mostrou-se bastante crítico em suas colocações, afirmando o seguinte:

> Como impressão geral o esquema parece ser neutro, nem bom e nem mal, a questão é se de fato a sua composição será portadora de algo concreto, um sopro de novidade na vida da Igreja, um despertar da educação cristã, que é um ponto importante na missão da Igreja. O autor acrescenta dizendo que o texto é insatisfatório entre os elementos negativos presentes, ele assinala um "certo tom apologético e triunfalista presente no proêmio e também no restante do texto", relatando que a Igreja fundamenta-se também nas experiências do passado, porém "não pode reivindicar uma competência absoluta em matéria da educação". Outro elemento ambíguo à afirmação da necessidade da escola cristã sem levar em conta as diversas situações presentes nas diferentes realidades e sem alargar o olhar a outras formas de intervenções na educação cristã, como a catequese, a liturgia, o apostolado e a formação dos adultos. Porém, "o limite mais grave é aquele de confundir a educação cristã com a escola cristã, a não perceber que a segunda está a serviço da primeira" como forma de sua realização, na visão e que "a educação cristã pode desenvolver-se sem passar necessariamente pela escola cristã", visto que em algumas realidades "a escola cristã não é existente" (HOFFER, 1990/24.2).

---

38. Jean-Marie Roger Tillard, padre dominicano, fervoroso ecumênico (1927-2000). A conferência aconteceu em Roma durante uma reunião de estudo organizada por bispos e arcebispos nos dias 12, 13 e 14 de abril de 1964. O texto que utilizamos está conservado no arquivo HOFFER, 1990/24.2, é constado de um texto de 6 páginas datilografadas, as quais estas páginas estão citadas entre aspas no trecho reportado acima.

Entre os aspectos positivos, o autor cita a importância dada ao papel da família, do Estado e da Igreja na educação, enfocando que desse documento não se espera um tratado sobre educação, mas um documento a serviço da missão evangélica da Igreja no mundo. Continua dizendo que é plausível denunciar o monopólio do Estado, mas também é necessário reconhecer a sua autonomia, ao menos nas questões que tratam da formação humana que diz respeito ao bem comum.

Contudo, os questionamentos nos dirigem a uma pergunta: quais conclusões nos levam até a este documento? O autor supracitado discorre que o problema afrontado nesse esquema é um problema bastante grave, porque coloca em jogo muitas coisas, conduzindo-nos às seguintes conclusões:

1. Se o documento fala de educação cristã, portanto, que a temática seja afrontada em uma perspectiva evangélica, capaz de dar um sopro novo à vida da Igreja e se trate de individuar a especificidade da Igreja em relação a este ponto;
2. Que o documento não se restrinja a repetir o que os papas precedentes disseram, codificando a situação, essa não é tarefa do Concílio;
3. Portanto o esquema atual, também na sua forma redutiva, é gravemente insuficiente, arriscando de desiludir profundamente a Igreja e o mundo.

As ideias apresentadas pelo teólogo Tillard foram acolhidas quase que literalmente pela Conferência Episcopal Canadense e transformadas em voto, no qual sinteticamente se pede que no texto que será discutido posteriormente se distinga claramente a educação cristã e a escola cristã, dentro de outras formas cristãs de educação, definam-se claramente qual é o aspecto formal característico da escola cristã. De modo particular, resulta determinante que se afirme com clareza que a escola cristã pode variar nas suas formas concretas, segundo as circunstâncias de tempo e lugar, enfim, que seja reconhecido o papel específico do estado, sem apoiar o seu monopólio[39].

---

39. Esta síntese se encontra no texto datilografado no arquivo de Hoffer, 1990/24.1, in: Fusi, 2018, 111.

Reprova-se também o fato de que o esquema é muito semelhante ao conteúdo da DIM, documento fundamental, porém não atual para o momento histórico. Já havia se passado trinta anos da publicação de Pio XII, contudo, Sauvage[40], em um de seus artigos datado de 1966, discorre que todas essas críticas levaram a Comissão a elaborar o esquema de 1964 discutido na segunda seção. Houve um momento em que os membros da comissão foram tentados pelo silêncio a calar a discussão sobre as escolas. O Concílio teria evitado falar sobre escolas, deixando tudo para uma comissão pós-conciliar. Monsenhor Daem, bispo de Anversa, atual presidente da Organização Internacional de Ensino Católico (OIEC), e padre Hoffer, superior geral dos marianistas, conseguiram conscientizar seus colegas de comissão a não protelarem essa urgente consideração. O Concílio não podia realmente ignorar uma questão tão fundamental para o mundo contemporâneo (SAUVAGE, 1966, 15).

2.2.3. O Texto 7, a *Declaração de Educação Cristã*

De 14 de setembro a 21 de novembro de 1964, os padres conciliares se encontraram pela terceira vez, os moderadores, a partir de então, tinham um papel mais bem definido e experimentavam uma colaboração eficaz com o secretariado geral do Concílio.

Os padres enviaram algumas observações que trouxeram implicações por parte da Comissão de Seminários e estudos de educação católica, que conduziu a redação da Declaração de Educação Cristã contida em um fascículo distribuído aos padres em 19 de outubro de 1964, um mês antes de ser discutido, e intitulado *Relatio super Schema Declarationis De Educatione Chistiana; Textus Declarationis*[41].

---

40. O texto é tirado do artigo publicado por SAUVAGE, M., *La Scuola Cristiana e il concilio*, "orientations", n. 18, 1966, 15. Muitas das reflexões contidas nesta conclusão são inspiradas neste artigo, nas páginas 5-19.

41. O conteúdo se encontra na AS/III, 8, 1976, 209-222. Nestas páginas estão: a relação do esquema; o texto do esquema entregue com um mês de antecedência, e o comentário sobre o conteúdo da Declaração.

O esquema do texto era composto de 11 parágrafos precedidos do proêmio e finalizado com a conclusão.

- Proêmio: a importância crescente da educação e a sua influência na vida social;
- N. 1 — *De educatione christiane fine*: significa conduzir os homens à perfeição humana e cristã;
- N. 2 — *De Ecclesiae collaboratione in universo educationis campo*: recorda que a Igreja, no campo educativo, se preocupa com todos os homens pelo fato de que todos têm direito à educação;
- N. 3 — *De variis educationis mediis*: cada meio que possa servir para o crescimento integral do homem é bem aceito, o uso dos meios de comunicação social, as associações de jovens e as organizações que se ocupam do crescimento físico e espiritual;
- N. 4 — *De scholae momento et de parentum iuribus*: os pais possuem o direito de poder escolher a escola dos seus filhos e a sociedade deve apoiá-los no exercício da liberdade, a razão é que a escola possui uma importância particular no crescimento das crianças;
- N. 5 — *De cooperatione cum societate civili*: plena colaboração dos cristãos com a sociedade civil no campo educacional;
- N. 6 — *De educatione morale et religiosa*: trata-se de uma responsabilidade que a Igreja abraça de forma especial e convida os pais a colaborar responsavelmente com este dever;
- N. 7 — *De scholis catholicis*: afirma-se o direito de ter escolas próprias em que os professores exercitem um verdadeiro apostolado e o dever dos pais em enviar os próprios filhos segundo suas possibilidades;
- N. 8 — *De variis scholarum catholicarum speciebus*: empenho da Igreja diante dos vários tipos de escola;
- N. 9 — *De Facultatibus et Universitatibus catholicis*;
- N. 10 — *De scietiarum Facultatibus*: são dois artigos que dizem respeito às escolas superiores;
- N. 11 — *De coordinatione in re scholastica fovenda*: necessidade de colaboração entre as escolas, a Igreja e o mundo escolar;

- Conclusão: agradecimento a todos aqueles que trabalham para promover a atividade educativa escolar.

Esse é o primeiro texto colocado à discussão dos padres conciliares. Trata-se também do esquema mais breve que foi elaborado, com menos de três páginas, a respeito do texto precedente que foi reduzido a Declarações.

2.3. As intervenções dos padres: 17-19 de novembro e os textos entregues às comissões

O debate conciliar, que se desenvolveu nos dias 17 a 19 de novembro de 1964, contou com as intervenções de 21 padres que foram porta-vozes de muitos outros. Os que deixaram sua contribuição por escrito foram 35 padres, durante a sessão, outros textos chegaram à comissão e foram utilizados para a redação do último texto.

As observações dos padres durante as três sessões, dos dias 17, 18 e 19 de novembro de 1964, podem ser recolhidas com base em algumas temáticas. Um ponto que no esquema foi avaliado como positivo e convincente na sua aprovação é a constituição de uma comissão especial pós-conciliar para a aplicação dos princípios fundamentais sobre a educação, formada por pessoas provenientes de várias partes do mundo e atentas sobre o tema da educação, religiosos, sacerdotes, leigos[42], que examine mais difusamente e de maneira acurada todos os aspectos e problemas (CODY, 1964, 232), que, sugeridos pela Conferência Episcopal Nacional, poderão gozar de uma livre autonomia para afrontar o grave problema da educação, desde que esta solução não constitua uma renúncia em tornar "em linhas a serem seguidas o documento que se emanará neste Concílio" (DOZOLME, 1964, 509)[43].

---

42. SPELLMAN (223) assume a mesma posição de RITTER: "A formação de uma comissão pós-conciliar especial" (224).

43. Também sobre a comissão pós-conciliar existem os que não confiam "absolutamente nesta possibilidade, afirmando que são tantas as diferenças entre as nações em matéria de educação que não será possível dedicar mais de sete ou oito páginas que possam ser aplicadas a todos" (HOFFER, 515); "ou que indiquem o modo que a escola pode responder as necessidades atuais e qual atenção a Igreja deve ter

Apreciavam, então, a modéstia de um texto que pretendia somente o anúncio de alguns princípios gerais e enviava seu desenvolvimento e aplicações práticas a uma comissão pós-conciliar de técnicos, incluindo as conferências episcopais. Apreciaram a abertura de um documento que havia abandonado a problemática sobre a escola católica para ampliar as considerações, levando em conta toda a questão da educação cristã e da educação em geral (SAUVAGE, Orientações n. 20, 2).

A respeito da educação, muitos são os interventos que sublinham o distanciamento da reflexão educativa em relação à missão da Igreja, em especial quando se confunde com a escola, sendo alvo de várias críticas. No texto, emerge a tentativa de elaboração de um conceito de educação que fosse menos voltado à escola[44], muitas são as esfumaturas propostas a serem inseridas quando o discurso afirma que é melhor falar de educação cristã, e não católica[45].

Como parte da discussão, reportamos alguns comentários: quando se fala de educação, é necessário referir-se à educação da fé, que não consista em um mero conhecimento ou que seja simples pietismo, mas que saiba conjugar a responsabilidade pessoal com aquela comunitária. Trata-se de uma fé que os jovens são capazes de proclamar aos outros (ELCHINGER, 1964, 226); a educação não pode estar separada e nem considerada em contraste com a educação humana[46], pelo fato que diz respeito a toda a vida humana e se fun-

---

diante da escola", "sem esquecer que a missão da Igreja permanece aquela de pregar o evangelho a todas as gentes" (QUARRACINO, 1964, 531).

44. "Se deve falar de educação cristã e não somente de escolas católicas, também se estas são importantes, sobretudo em terra de missão" (CHUKWUKA NWAEZEAPU, 1964, 372).

45. "Não se pode falar somente de educação católica em um momento de busca ecumênica e de diálogo inter-religioso. O termo católico pode ser substituído pelo termo cristão, pois o termo cristão é mais antigo do que aquele católico" (PROBOZNY, 1964, 529).

46. "Pois a meu humilde juízo não se pode separar a educação humana daquela religiosa *(anima humana naturaliter christiana — Tertulliano)*: em efeito aparecem estas distinções: educativohumana et religiosa (n. 1, b), perfectio humana et christiana (n. 7), scientia profana at scientia sacra (n. 10)" (GROTTI, 1964, 513); também hoje esta unidade é alvo de problema, porque prevalece a tendência a separar a

da sobre o direito à educação integral, que pertence a todos os homens, a fim de alcançar o aperfeiçoamento da própria existência e é decisiva para o crescimento social e político do mundo (Carrasco, 1969, 387), "porque a fé não pode existir sem a escolha concreta de servir a Deus e ao próximo" (Carrasco, 1969, 231) e "da educação depende em grande parte a salvação da Igreja e do mundo" (Pohlschneider, 1969, 398). Contudo, o intuito da educação consiste em conduzir o homem, por sua própria iniciativa e com a ajuda de outros colaboradores, a ser/tornar aquilo que se é[47], "no uso habitual da sua liberdade, que o caracteriza como homem, enquanto age como tal" (Ziggiotti, 1964, 540). O acento se situa sobre a dignidade da pessoa humana e sobre o direito à formação integral e completa que supere os preconceitos de origem, de gênero e idade[48]. Torna-se, portanto, um processo progressivo, sobre o qual não é possível prever sua conclusão, então se o Concílio se limitasse à educação das crianças, permaneceria para trás a atenção pedagógica que, durante muitos anos, foi reservada para a teoria e a prática da educação de adultos. "De outra parte esta educação voltada para os adultos se tornaria uma excelente oportunidade para dialogar com o mundo moderno e com todos os homens de boa vontade" (Tenhumberg, 1964, 538).

Sobre a escola sobressai uma substancial convergência sobre a afirmação de que essa é, certamente, um meio para cumprir com a tarefa da missão da Igreja, mas sempre permanece no âmbito dos meios. Também é fundamental ter a clareza da distinção entre escola católica e educação cristã, porque a educação é o verdadeiro princípio pelo qual a Igreja subsiste, mas

---

religião da ciência e da cultura (Muñoz-Veja, 387). "Portanto, qualquer acréscimo sobrenatural que a igreja tenta inserir nada menos do que prejudica e restringe a expressão educacional natural e eficaz. E todas as teorias sobrenaturais se tornam obsoletas e se opõem à inclinação natural da educação" (Chiriboga, 1964, 500).

47. (Lopes de Moura, 1964, 520). "A educação cristã tem como objetivo conduzir pela mão (*iuventur et manu ducantur*) as crianças e os jovens para que usem da melhor forma possível a sua liberdade, uma vez adultos, prossigam na perfeição humana e religiosa, participando do mistério de Cristo redentor".

48. "A todos os homens de todas as raças, condições e idade e em razão da dignidade humana pertence o direito inalienável de uma educação", proposta de Dozolme, 1964, 511.

a escola é somente uma expressão relativa e sempre mutável, condicionada pelas mudanças históricas e sociais.

O papel dos pais no campo educativo assume um papel fundamental: certamente a responsabilidade primeira da educação dos filhos, da qual não pode ser obstaculizada por nenhuma autoridade humana, evidenciando que nem o Estado, nem a sociedade, nem a Igreja e nem mesmo os pais são proprietários desses sujeitos[49]. Todavia, pertence aos pais o exercício do direito — dever de instruir e educar os próprios filhos na religião desejada, também aqueles pais não católicos, pois, como afirmava João XXIII, na *Pacem in terris*, todos os pais possuem o direito, por justiça natural, de educar os próprios filhos na fé religiosa segundo a própria consciência, sem por isso reivindicar um monopólio ou um tratamento religioso privilegiado por parte do Estado[50], vem afirmada solenemente a liberdade dos pais na educação dos filhos, que está na base de cada liberdade. Sem essa liberdade, todas as outras decaem, como afirma a Declaração Internacional dos Direitos Humanos, que exprime a consciência da sociedade contemporânea (RUGAMBWA, 1964, 490).

2.3.1. A conclusão do relator Daem e as considerações finais sobre o texto

Ao final de todas as intervenções orais, intercaladas por numerosas comunicações sobre o êxito das várias votações de outros documentos, o relator Daem expôs uma conclusão com o intuito de orientar a votação sobre

---

49. (ELCHINGER, 1964, 227). "Por natureza o filho pertence à família, dos pais recebe o sustento e tudo mais necessário para o seu desenvolvimento psíquico, intelectual e moral. Pertence, por direito, primeiro a família do que a outra comunidade do qual será membro e cidadão", Bispo Mexicano, 545.

50. (BECK, 1965, 380). O n. 4 deveria remarcar este aspecto importante, como propõe Dozolme (1964, 511): "aos pais pertence o primeiro e inalienável dever de educar os filhos, do qual não devem cumprir sozinhos. É necessária ajuda especializada que pode ser encontrada em instituições públicas e privadas ou gerenciada pelo governo. Fique claro, entretanto, que o dever de educar permanece dos pais também quando são ajudados por espertos. Aos mesmos pais compete o direito de escolher e formar livremente escolas, sem prejuízo da exclusão do monopólio da escola, contrária aos direitos da pessoa humana, e de obter do Estado o sustento necessário".

o esquema que seria solicitado. Muitas indicações foram sugeridas durante o debate, dentre elas muitas ideias em contraposição[51], colocando em dificuldade o trabalho da Comissão. Assim, evidencia-se na relação conclusiva de Daem (424) e, portanto, esta é a nossa proposta:

1. Como evidenciado no proêmio da declaração, seja confiada a uma comissão pós-conciliar a preparação de um documento mais completo sobre a educação cristã, que responda às exigências dos nossos tempos e colabore para que as conferências episcopais possam afrontar os problemas da educação e da formação cristã nas singulares nações;
2. Que o presente esquema seja considerado como base para um trabalho ulterior e mais preciso da nossa comissão. De fato, se esse esquema fosse desprezado, a comissão se encontraria ao estágio inicial, como há dois anos, sem poder efetivamente saber como elaborar as numerosas observações dos padres muitas vezes opostas entre si.

Finalizado o debate com a resposta do relator, o moderador da congregação solicitou uma primeira votação, lembrando as modalidades a serem seguidas[52].

---

51. Alguns padres, por exemplo, sustentam que a escola tenha pouca relevância nesta Declaração, outros, em vez disso, acreditam que a importância da escola católica tenha sido ralentada e seja endereçada maior energia a escola estatal, que, entre outras, é frequentada pela maioria dos jovens católicos. Alguns padres pediram que a intervenção estatal no apoio às escolas fosse firmemente afirmada, enquanto outros solicitaram que houvesse alguma discrição na petição para não despertar oposição excessiva.

52. No que diz respeito à votação do texto de *educatione catholica,* após a definitiva conclusão da discussão, desenvolveu-se deste modo: uma primeira votação preliminar sobre o texto com *placet* e *não placet,* se o êxito for positivo se passa a votação das singulares partes sob a mesma fórmula: *placet, non placet, placet iuxta modum.* AS/III, 8, 390. Sob o texto global se alcançou 1457 placet, 419 non placet, 1 placet iuxta modum, e 2 votos nulos, num total de 1879 votantes (466); nos primeiros três números, 1592 placet, 157 non placet, 140 placet iuxta modum, 2 votos nulos, sobre 1891 votantes (485); nos números 4, 5, 6 o resultado foi de 1465 *placet,* 159 *non placet,* 280 *placet iuxta modum* e 2 votos nulos, para um total de 1906 votantes; nos

Como se pode verificar na nota de rodapé a seguir, o texto foi aprovado de forma geral, obstante a presença de numerosos *non placet*. A partir de então, iniciava-se o trabalho mais delicado pela comissão: aquele de alterar um texto que desagradou muitos e foi considerado, usando um eufemismo, pouco significativo[53].

É possível notar que o esquema era fruto de uma redução para responder as exigências da Comissão de Coordenação, que havia inserido alguma modificação, mas substancialmente permanecia o mesmo, tanto que desagradou aos padres, por não constatar no esquema o verdadeiro espírito do Vaticano II. A síntese reativa dos padres foi redigida em uma frase: o esquema não é apreciado porque não traz nada de novo, não tem importância e não constitui uma nova reflexão sobre a doutrina católica, que pode entender os problemas de nossos tempos e as circunstâncias atuais. Uma frase que era válida para todos os esquemas considerados até o momento. Nessa síntese, temos uma chave para ler a declaração conciliar, uma primeira ferramenta para entender as intenções dos padres na questão da educação cristã. Na consciência que a leitura do texto deve também ser feita com base nas ideias rejeitadas, que aparentemente não é uma leitura negativa (SAUVAGE, 1966, n. 12).

---

números 7 e 8 foram 1592 *placet*, 155 *non placet*, 141 *placet iuxta modum* e três votos nulos sob 1891 votantes; para os últimos três números resultaram 1588 *placet*, 173 *non placet*, 110 *placet iuxta modum* e 2 votos nulos, num total de 1873 votantes. Este texto foi aprovado pela congregação, 552-553, in: FUSI, 2018, 129-130.

53. O esquema preparado ativamente por um grupo de especialistas havia sido distribuído aos membros da assembleia pouco antes da discussão na sala de aula. Em sua leitura, nossa impressão era dupla: espanto ao ver um texto semelhante apresentado em uma sessão conciliar que nos parecia tão fraca; e a crença de que esse texto nunca passaria por uma aprovação. Para ir ao fundo da memória, acrescentaremos que o voto favorável do Concílio nos encheu de espanto e confusão antes: realmente não entendemos mais nada. Porém, em 19 de dezembro, ele foi votado e aprovado... Era visível ver no voto positivo da assembleia um desprezo que pode ser explicado por fadiga e distração? Por mais desrespeitoso que pareça ser, mas é a percepção que também sentimos no final de novembro de 1964 e, portanto, poderia ter tido uma certa base objetiva. Porém, uma atenção e um exame mais cuidadosos nos levaram a ser menos pessimistas e a interpretar o voto da assembleia de maneira positiva (SAUVAGE, *Orientations*, 1966, n. 18, 9-10).

Tendo como referência os dois textos que foram analisados pelos dois irmãos leigos religiosos, imersos e empenhados no âmbito educativo que colaboraram eficazmente para a espessura do documento, Suárez, autor do primeiro documento, que serviu de matriz para o T1 e os textos sucessivos, e M. Sauvage, promotor na fase final, que com um esforço impensável se debruçou em preencher os vazios e estranhamentos que estavam criando por causa das discussões em torno da educação. As duas elaborações, como vimos, possuem impostação e estilo diversos e com certeza são fruto também do clima que acompanhou os trabalhos, que nem sempre era sereno.

Recordamos que, na quarta sessão do Concílio, em 28 de novembro de 1965, o papa Paulo VI proclamou a Declaração *Gravissimum Educationis* (GE), mas o texto original se limitava à defesa da escola católica contra o monopólio do Estado e da escola pública, ou seja, numa repetição daquilo que já se fomentava no passado na Igreja. Devido à sua fragilidade, foi revisto pela Comissão *De Seminariis, De studiis et De Educatione Catholica.*

O novo texto, revisado e ampliado por padres conciliares, em outubro de 1965, tinha como finalidade principal oferecer uma base para os trabalhos de uma comissão especial pós-conciliar e das conferências episcopais, como está indicado no proêmio. Portanto, a redação que inicialmente estava restrita às escolas católicas foi ampliada para uma perspectiva capaz de englobar toda a educação cristã (KLOPPENBURG, 1965).

Embora tenhamos nos detido no binômio educação-escola, outros pesquisadores, como Kloppenburg (1964b), consideram que um dos temas mais discutidos foi o fato de o documento não assumir suficientemente a defesa da escola católica. Em alguns lugares, como a América Latina, questionou-se sobre a realidade de que somente o Estado teria condições de dar educação a todos. A visão do documento, portanto, não atenderia à perspectiva dos mais pobres. Outra crítica é que o documento restringia a concepção de educação à escolarização, uma vez que educar é para toda a vida. Também foi solicitada maior atenção aos problemas da juventude e insistiu-se que fosse afirmado o direito das famílias e dos estudantes na livre escolha da educação, e que este direito foi concebido como interesse e colaboração dos Estados, incluindo o direito dos pais de participarem da administração das instituições escolares. Foi proposto, nas discussões finais, que constasse no documento uma posição sobre a formação dos professores, com a inserção de religiosos não sacerdotes dedicados ao ensino, e ainda houve insistência na criação de um organismo pós-conciliar para os desafios da educação cristã, finalmente, uma temática que exigiu uma reflexão foi o Ensino Superior em seus diferentes aspectos (KLOPPENBURG, 1964b).

O documento não está dividido por capítulos, inicia-se (proêmio) descrevendo o bom momento vivido pela educação e a necessidade da presença da Igreja, por sua participação na educação pessoal, social e moral-religiosa (GE 01). Apresenta os responsáveis pela educação cristã (GE 02) como sendo os pais, a família, a sociedade, a Igreja (GE 03) e os meios que a Igreja utiliza para uma educação cristã (GE 04). Indica a importância da escola, o que nela se ensina (GE 05), o direito dos pais em escolher a escola excluindo o monopólio estatal neste campo (GE 06) e justificando a presença da Igreja também nas escolas não católicas (GE 07). Quanto à escola católica, apresenta a sua peculiaridade e de seus professores (GE 08), além dos diversos tipos de escolas católicas (GE 09), universidades católicas, faculdades e centros universitários (GE 10). Além das faculdades de ciências sagradas (GE 11), a coordenação entre as escolas católicas (GE 12), finalizando com a exortação aos educadores e aos estudantes (STEIN, 2001).

Podemos constatar, porém, que a maior influência presente na *Gravissimum Educationis* é aquela do próprio Concílio, de diálogo e abertura a mudanças, que podemos constatar na evolução da Igreja como um todo, em que a educação se desenvolve e cresce num movimento de evolução, continuidade e estímulo em vista do futuro.

CAPÍTULO 3

Um documento aberto ao mundo: a *Gravissimum Educationis*

Após analisarmos os documentos, no reconhecimento que emana do Concílio de não poder responder por meio de uma Declaração as profundas questões suscitadas, justifica-se indicar alguns princípios fundamentais em torno da educação cristã a uma posterior comissão especial pós-conciliar, detemo-nos, neste capítulo, a apresentar a força e a abertura da GE ao mundo após o Concílio.

Antes de discorrermos sobre a influência da GE em relação ao futuro, é importante termos como companhia a visão de uma Igreja em mudança e crescimento, que conduz à evolução de todas as dimensões que a constituem, como a educação.

Podemos exemplificar a evolução do conceito de educação com o paralelo do consolidar-se da consciência da Igreja povo de Deus, comunidade em caminho, sendo assim sistematizada, conforme se observa no *Quadro 6*.

QUADRO 6
Elementos provocados pelo Concílio Vaticano II que apresentam o processo de evolução da Igreja em relação à educação

ANTES DO CONCÍLIO		DEPOIS DO CONCÍLIO	
A IGREJA	A EDUCAÇÃO	A IGREJA	A EDUCAÇÃO
Entendida como realidade	Entendida como uma intervenção	Interpretada como	É o resultado de um ato
VERTICAL	UNIDIRECIONAL	COMUNHÃO	COMUNITÁRIO

QUADRO 6
Elementos provocados pelo Concílio Vaticano II que apresentam o processo de evolução da Igreja em relação à educação

ANTES DO CONCÍLIO		DEPOIS DO CONCÍLIO	
IGREJA DOCENTE A Igreja de Roma	EDUCADOR DOCENTE Parte ativa	TODOS DOCENTES E DISCENTES Protagonistas parte ativa	TODOS São sujeitos ativos, protagonistas
IGREJA DISCENTE Feita de executores	EDUCANDO DISCENTE Parte passiva	CADA UM Possui uma função DIFERENTE	CADA UM Possui uma função DIFERENTE
IGREJA AC- CENTRADA		IGREJA DES-CENTRADA E CON-CENTRADA	

Fonte: traduzido e elaborado pela pesquisadora com base em Fusi (2018).

O *Quadro 6* demonstra o processo de evolução da Igreja em relação à educação, de uma Igreja centrada a uma Igreja descentrada e, ao mesmo tempo, concentrada, que incide e determina também todas as realidades que dentro dela convivem.

Certamente, o esquema anterior, com todos os seus limites, ao fazer uma síntese objetiva entre um "antes" e um "depois", não tem o intuito de pintar como negativo o passado ou como perfeito o presente, por ser impensável uma ruptura entre ambos, pois o passado representa uma plataforma de suma vitalidade e apoio para o sucessivo desenvolvimento. Assim sendo, o esquema deseja indicar a direção e o processo que levou a esta evolução.

O esquema demonstra aquilo que afirma Stein (2001), que o Concílio Vaticano II compreendeu que a educação na vida do ser humano assume grande influência no progresso pessoal e social contemporâneo, tomando caráter urgente numa sociedade em que os avanços das técnicas e pesquisas científicas interferem no cotidiano.

Outra ponderação: o Concílio Vaticano II reconhece o esforço mundial no campo da educação como elemento para o desenvolvimento, tornando-se gatilho para o desenvolvimento e a melhoria do sistema social, em que a pessoa é reconhecida como parte ativa deste processo.

O Concílio Vaticano II compreende a educação fundamentada na dignidade humana. Dessa forma, a educação torna-se resultado de um ato comunitário, formada por sujeitos ativos, em que o desenvolvimento integral é meta e meio de levar cada pessoa a entender e ser protagonista de sua história, de modo a vencer cada desafio de forma resiliente e generosa. Também indica que a educação é um forte tecido da convivência universal, já que é direito inalienável de toda pessoa, no respeito às condições pessoais de cada um.

Partindo desse estímulo é que podemos avistar mais uma parte do caminho em direção à universalidade, no âmbito católico, da Declaração *Gravissimum Educationis*.

É importante denotar que uma das preocupações na conclusão do documento em questão era de não tornar inútil todos os esforços que até então tinham sido dispensados a seu favor, pois a posição não é mais defensiva e suspeita, mas é configurada no estilo dialógico com o qual a Igreja oferece a mensagem cristã para o mundo contemporâneo, sua cultura e suas instituições.

No dia 8 de dezembro de 1965, solenidade da Imaculada Conceição, acontecia na Praça de São Pedro a última sessão pública. O Concílio deixava as repartições da Basílica e os padres conciliares dirigiam algumas mensagens de saudação à humanidade: aos governantes, aos homens de pensamento e de ciência, aos artistas, às mulheres, aos trabalhadores, aos pobres, aos enfermos e sofredores, aos jovens. A longa e fadigosa página conciliar estava se concluindo. O Concílio da crônica entrava para a história, os jornalistas cediam lugar aos historiadores, que tinham um longo caminho de estudo à frente, ainda inacabado, pois o porvir do Concílio ensejava uma análise de cada aspecto e a sua incidência na vida da Igreja.

No que se refere à última fase da redação e aprovação final da GE, temos a relação que foi apresentada pelo monsenhor Daem, no dia 13 de outubro, que traremos como parte da compreensão do documento.

A Declaração sobre a Educação Cristã, *Gravissimum Educationis*, representou um dos casos mais complicados entre os esquemas pastorais. O texto, elaborado pela comissão no início de maio, foi entregue para todos os padres sinodais no dia 6 de outubro de 1965[1], uma semana antes que fosse votado em aula capitular, segundo o calendário predisposto no início da sessão. O documento causou um pouco de preocupação, pois era muito parecido com o esquema anterior, dando a perceber que não foram contempladas muitas modificações. Até os relatores do documento perceberam isso e acompanharam a relação com algumas notas de esclarecimento[2].

Em 13 de outubro, na CXLVIII sessão, foi apresentado o novo esquema *Declarationis de Educatione Christiana*. O relator, bispo Daem, fez uma abundante apresentação recordando brevemente o trabalho realizado pelas comissões, colocou à prova os critérios adotados para o reconhecimento das alterações, buscando evidenciar os pontos de continuidade e descontinuidade entre o esquema em questão e aquele precedente.

> O texto pelos Senhores aprovado em novembro de 1964 permaneceu quase que intacto, pois segundo as vossas indicações o mesmo foi bastante aprofundado [...] não difere da declaração que aprovaram, antes a enriquece ainda mais: Leva em consideração as numerosas solicitações que proporcionaram "um maior aprofundamento", com um horizonte mais amplo em que o discurso educativo se colegou com outros documentos, sendo remandado a uma comissão post-conciliar e as singulares conferências episcopais nacionais (AS/IV,4, 1977, 280-287).

Entre as observações, ressaltamos a distinção feita entre escola e educação, que revelou um esforço da comissão em um equilíbrio entre as tendências opostas presentes entre os padres, sobretudo em relação ao papel da sociedade civil e da escola católica.

O texto revisto, segundo as intenções expressas dos padres, pretende restituir a verdade fundamental acerca da educação, considerada de suma

---

1. Assim está escrito na Ata AS/IV, 4, 1977, 231, ao lado do título: "este fascículo foi distribuído aos padres na congregação geral 143, no dia 6 de outubro de 1965".
2. HOFFER, 1990/24.1 e SAUVAGE, 3/7127, in: FUSI, 2018, 165.

importância para cada comunidade humana, na qual seu fim é aquele de conduzir as crianças, os adolescentes e os jovens a atingir a maturidade pessoal, que os torne capazes de responder suas obrigações perante a eles próprios, à sociedade e a Deus, princípio e fim da vida (Ibidem, 1977).

Diante da situação educativa que é bastante diversa em cada contexto, presente em várias partes do mundo, o documento buscou permanecer ancorado em alguns princípios fundamentais sobre a educação cristã, sobretudo em relação à escola, como já mencionado no proêmio.

> Notamos, veneráveis padres, que o argumento da educação, em particular aquela cristã, já foi afrontado em outros documentos. Além da Constituição da Igreja e da sagrada liturgia, o argumento também se encontra nos decretos "de instrumentis comunicationis socialis", "De Pecumenismo", "De Apostolatu laicorum", "De activitate missionali Ecclesiae", como também nas Declarações "De Libertate religiosa" e nella constituições pastorais "De Ecclesia in mondo huius temporis". A nossa Declaração não inclui o que está nos outros documentos, mas os menciona nas notas (Ibidem, 1977, 286).

O relator, enfim, recorda que, no fascículo distribuído, é possível contemplar os esforços das comissões ao considerar vários modelos e as motivações que os levaram à escolha de alguns números. "Contudo confio a vossa votação favorável o futuro das jovens gerações que dependem da tarefa educativa da Igreja, e a possibilidade de confiar as comissões pós-conciliares e as Conferências Episcopais as indicações para um ulterior trabalho" (Ibidem, 1977, 2860)[3].

---

3. Quando M. Sauvage recordava "a habilidade e a cordialidade" (SAUVAGE, *L'itinéraire du F. Michel Sauvage*, 2014, 322) de mons. Daem, pensamos que ele também se referia ao encerramento de sua relação: "Veneráveis Padres, por esses dias não passei pela rua do *Fori Romani*, mas optei pelo caminho *delle Quattro Fontane* e encontrei dois peregrinos unidos em matrimônio recentemente. Disseram-se estas palavras: 'o senhor nos parece um bispo, quer dizer-nos alguma palavra que possamos recordar por toda a vida'. Fiquei, de verdade, surpreso com a pergunta! Aos peregrinos dei esta resposta: 'Tenham sempre em mente estas três palavras: Amor, trabalho, fé'. Eles ficaram contentes com a resposta e disseram que não iriam esquecer.

Desse modo, na vertente nodal da aprovação do documento, evidenciaremos os momentos que consistiram na sua finalização, que representará, posteriormente, uma abertura para outras reflexões, que buscaram reassumir valores e princípios num diálogo aberto com a humanidade e as reais necessidades de cada tempo. Sobretudo, torna-se impelente a percepção de um processo educativo que possui a característica de um "construir-se", numa descoberta e mobilização de valores, que são as verdadeiras e próprias causas finais que guiam e orientam o "lançar-se para frente", com a consequente capacidade de assumir os riscos, numa postura de projetualidade.

3.1. Das votações: as críticas que levaram ao amadurecimento da Declaração *Gravissimum Educationis*

Terminando a relação, os padres iniciaram a votação dos singulares pontos distribuídos no dia precedente. No dia 13, votaram os primeiros nove pontos; nos dias sucessivos, foram votados os números remanescentes e a votação sobre o esquema global. Não obstante às numerosas alterações inseridas pelas comissões, o resultado evidenciou ainda uma certa hostilidade nos confrontos dos textos (Fusi, 167).

O esquema fora objeto, antes e depois da votação, de algumas críticas que circulavam em folhas soltas datilografadas. Diante das críticas suscitadas, M. Sauvage e monsenhor Daem[4] buscaram trazer os esclarecimentos necessários por meio de suas intervenções.

Estas palavras retornam a minha mente quando repenso o trabalho da nossa Comissão; a nossa Comissão com amor afrontou o trabalho e se empenhou com a força da fé. Portanto, se agora vocês honrarem nosso trabalho, também nos alegraremos".

4. O texto de M. Sauvage, pensado como resposta às críticas feitas ao documento, foi reelaborado na modalidade de anotações que "diz respeito unicamente aos oito números do esquema", que foi "reelaborado durante as sessões" e que "hoje está sendo distribuído", responde a uma sincera exigência: impulsionado enquanto membro de um instituto de ensino, optei por relevar neste texto os principais aspectos positivos, tentar sublinhar os elementos que demonstram sua abertura; apontar, ao mesmo tempo, os princípios de renovação da doutrina e da pastoral da Igreja em questões de educação que são encontradas expressas, sugeridas ou implícitas no texto. In: Sauvage, 3/7127, com o título *Notes sur le Schema Declarationis*

Por meio dessa disputa buscaremos construir um primeiro balanço do documento visto em assembleia a caminho da sua votação final. Deteremo-nos, sobretudo, em um percurso que valorize as críticas fundamentais destinadas ao texto e às respostas elaboradas, utilizando-nos do próprio texto, valemo-nos também das análises de Giuseppe Fusi (2018), para trazer a efusão da hermenêutica que fundamentou este momento final do documento.

A primeira objeção direcionada ao esquema poderia ser biblicamente sintetizada com o versículo "nada de novo debaixo do céu", e podemos dizer que o *layout* original do documento não mudou em nada. Hoffer (1990, n. 24.2) faz notar a ambiguidade do texto em relação ao percurso do esquema, elucidando que se apresenta como uma declaração universal, mas, em realidade, enquanto os outros documentos do Concílio se abrem a novas soluções, a GE permanece ancorada ao passado e às respostas às necessidades presentes. Porém, se a primeira leitura pode suscitar esta impressão, faz-se necessário levar em conta que o próprio Concílio nas votações limitou as categorias que queria promulgar e, após a passagem do documento de decreto à declaração, as indicações assumiram um perfil de orientação mais geral, ou seja, inserida na totalidade dos trabalhos conciliares[5].

Uma segunda crítica é posta sobre a incoerência e a desarmonia com os documentos do Concílio, sobretudo com a constituição *Gaudium et Spes*, sobre a Igreja no mundo atual (particularmente, no ponto sobre a Igreja e a cultura). Não se percebe sintonia com o espírito dos decretos sobre o ecumenismo e a liberdade religiosa, uma discrepância que resulta muito clara, por exemplo, no esquema XIII em que a Igreja oferece uma orientação, sem a

---

De Educationie Christiana. Encontramos a resposta de M. Daem em: Sauvage, 1966, 3/7127, tendo como título *Note sur les Réflexions de Mr. L'Abbé Duclercq* (sic!), e tem por objetivo o não fazer uma apologia da Declaração, mas declara que se trata de colocar a atenção nas críticas que circularam e circulam, colocando em risco, por falta de conhecimento das intenções e dos próprios termos do texto, de distorcer o sentido, e, sobretudo, diz que não colheram o sentido geral também da sua relação. In: Fusi, 2018, 169.

5. Sauvage, 1966, 3/7, Daem, 1. "Tendo, pois limitado a extensão do texto, o concílio deseja debruçar-se sobre um tema específico, sem afrontar em sua totalidade o tema da educação nas suas particularidades".

pretensão de dominar ou controlar um particular setor da humanidade, ou seja, a escola, como parece pretender no texto quando exige o direito de "fundar e dirigir livremente escolas de todas as ordens e graus" (n. 7), afirmação que manifesta uma certa confusão e sobreposição com "o dever e portanto o direito de dar uma educação cristã" (Hoffer, 1990, 24.1).

Pode-se entender que talvez os autores destas afirmações não havia presente as notas em anexo reportadas de alguns documentos que estavam para ser finalizados, ou, talvez, ao contrário, os autores não quiseram reconhecer a vontade explícita de considerar a declaração juntamente à luz e esclarecimento de todos os outros trabalhos conciliares? Na introdução, evidenciamos explicitamente a compreensão da declaração em unidade com os demais documentos. No proêmio, afirma-se: "*Gravissimum educationis momentum in vita hominis eiusque influxum semper maiorem in socialem huius aetatis progressum Sancta Oecumenica Synodus attente perpendit*". O dizer remete a vários documentos eclesiais.

O terceiro elemento, visto como crítico, é o tom jurídico que apresenta a Igreja como hierarquia e poder organizador. Mais do que uma comunidade de fiéis ativamente inseridos e operantes na vida e nas instituições comuns a todos os homens, questiona se a Igreja deve ser reconhecida como sociedade humana e competente para oferecer educação e se essa finalidade temporal é verdadeiramente de competência da Igreja[6]. A pergunta se mostra pertinente porque essa oferta educativa arrisca novamente de fundir-se ou confundir-se às instituições escolares, como pareceria sustentar GE quando confia a toda a sociedade a tarefa de desenvolver a obra educativa, em base ao princípio da subsidiariedade e de fundar escolas e instituições educativas próprias.

Na resposta a essa objeção, M. Sauvage admite que, seguramente, não faltam expressões jurídicas e que não foi possível evitar totalmente a referência da Igreja como sociedade visível, mas essas expressões não estão situadas

---

6. O texto entre aspas se refere ao n. 3 da GE. O mesmo conceito está contido no segundo texto, no qual sustenta que é conferido à Igreja "o dever de anunciar a todos os homens a estrada da salvação" (n. 3). Disto se conclui que a Igreja tem o direito de educar... por isso ela é reconhecidamente capaz de transmitir educação como sociedade humana (Hoffer, 1990/24.1, *Observaciones*, 3).

em primeiro plano. O que vem considerado por primeiro é a realidade vivente na qual a existência e o desenvolvimento (da pessoa) fazem apelo a defesa dos seus direitos.

O acento é colocado sob a missão da Igreja, que é aquela de anunciar a todos os homens o caminho da salvação, ajudar todos os cristãos a crescer na vida de Cristo. O esforço em superar uma visão meramente jurídica do agir da Igreja, segundo o autor, está evidente no número 7 do esquema. A esse propósito, trazemos à luz uma parcela do seu pensamento.

Essa superação jurídica é particularmente sensível no n. 7, basta confrontar a apresentação da doutrina em matéria de escola cristã no texto de 1964 e no texto atual (7,12-13). O texto de 1964 iniciava com um gancho jurídico: *conscia quoque proprii iuris scholas cuiusvis ordinis et gradus libere condendi atque regendi, ecclesia chatolica.* O texto atual se situa sobre o terreno da realidade vivente, apresenta a escola cristã primeiramente como uma expressão da Igreja em diálogo com o mundo e isso implica no reconhecimento da consistência própria deste mundo (daí o apelo à finalidade temporal da escola cristã). A escola cristã é então apresentada como a serviço dos homens e da sociedade humana, a serviço dos cristãos e do crescimento da sua fé. O enunciado sobre o direito da Igreja aparece ao final de um discurso bastante longo e se justifica a partir da prospectiva: é para que a escola conserve a sua importância em um momento no qual a Igreja deseja dialogar com o mundo, e é para permitir esta realidade vivente que o direito existe e que o texto conciliar o cita novamente. Além disso, é necessário que a Igreja se esforce para expressar verdadeiramente no seu ser/existir o que era desde o princípio, *schola catholica sua proposita et incoepta ad rem deducere valeat.* Tal realidade não pode ser alcançada por nenhuma legislação e nenhuma proclamação de direitos, é tarefa, sobretudo, dos maestros e professores cristãos. É nas suas mãos de homens e cristãos que se encontra a realidade vivente da escola cristã: o concílio dá mais importância a isso do que às afirmações dos princípios para a defesa e ilustração da escola cristã.

É possível perceber na discussão que persistem, no texto atual, elementos jurídicos que orientam o olhar do leitor, mas, em realidade, esses ficam em segundo plano a respeito do verdadeiro objetivo do esquema que, alinhado aos demais documentos, está situado na esteira do diálogo e do confronto com o mundo, reconhecido como um documento que pode ser crível e que, acima de tudo, mesmo nos seus limites, abre-se para o mundo.

Essa limitação se torna compreensível na dinâmica sinodal, que, tratando especificamente da educação, compreende os graus de complexidade que perpassam essa realidade, na ciência de que os padres sinodais não representavam somente uma assembleia de homens conhecedores, mas a lente do próprio conhecimento. Assim, justificam-se os vários filtros pelos quais a declaração chegara à maturidade, em que sua essência é também um dos seus limites, como denota o limite do discurso educativo.

3.2. Os limites do discurso educativo

O conteúdo essencial do documento é o discurso sobre educação, em que as intervenções críticas e a defesa delas são pouco articuladas e aprofundadas nas discussões. Uma primeira consideração se refere ao risco efetivo de considerar dois tipos de educação, de maneira separada: a educação humana e aquela cristã. No n. 2 do documento, no lugar de afirmar que "todos os cristãos têm direito a que sua educação humana se refira e se integre à fé cristã" (HOFFER, 1990/24.2). Tal colocação permitiria a Igreja incluir em sua missão educativa "todos os jovens e não somente [...] aqueles pertencentes à Igreja" (Ibidem, 1990). No entanto, ao falar da educação dos jovens, fere a intuição inicial da declaração versada a uma educação integral, visto que essa última perpassa não somente uma fase da vida, mas toda a existência. Como justificar essa ausência? Podemos compreender a partir de dois fatores: o primeiro diz sempre respeito à confusão entre escola e educação. A ambiguidade (educação-escola) do texto levou a esquecer quase que completamente a educação dos adultos, na evidência de que a escola seja um potencial para a juventude. O segundo é sobre "a educação de adultos em que o texto faz referência no proêmio (extensão da educação para adultos), como se não fosse propriamente educação" (FUSI, 2018, 172). Sobretudo para os países menos desenvolvidos, em que uma grande parcela de adultos possui somente nesta fase a possibilidade de adquirir uma instrução escolar, isso constitui uma grande falta no texto.

A resposta a essa objeção faz alusão à contínua insistência do esquema em afirmar o valor da realidade humana como ponto de referência para todo homem, inclusive o cristão: texto recorda o direito universal dos homens à educação e à cultura de base, a nível humano (N. 1). A família é definida como a célula da sociedade humana, antes mesmo da família cristã como célula da Igreja (N. 3). Um número é dedicado à escola em geral, à missão temporal e à grandeza da sua missão (Sauvage, 1966, 3/7127).

Além disso, deve-se ressaltar que a formação cristã não se apresenta como superposta à educação humana, a ponto de se poder dizer que o sobrenatural é um estado superior à natureza, mas sim o reconhecimento de que a realidade humana é imprescindível para o amadurecimento do homem novo. Se levamos em consideração a fórmula usada, damo-nos conta do esforço sinodal em caminhar verso a essa direção.

> *Educatio christiana eo principaliter spectat ut baptizati dum in cognitionem nysterii salutis gradatim introducuntur...* (se trata ainda da dimensão do conhecimento da fé vivente em que o conhecimento não é aquele das noções, mas aquele de uma realidade vivente (experiência), um mistério. Conhecer aqui não é somente saber por meio do espírito, mas entrar com todos o ser (em totalidade) dentro desta realidade viva. Por isso o verbo *introducuntur* faz notar o caminho progressivo do conhecimento.
> *...ad propriam vitam secundum novum hominem in iustitia et sanctitate veritatis gerendam conformetur* (a moral vem apresentada sob um aspecto dinâmico e positivo de vida segundo o homem novo; e a vida cristã não constitui, portanto, uma dimensão a parte da existência humana, mas uma maneira nova de viver total a existência) (Sauvage, 1966, 3/7127).

Nesse sentido, também o monsenhor Daem, no documento anexado à sua relação, recordava que a educação não comporta somente a formação das crianças a nível pessoal, social e cívico, segundo as exigências da nossa época que se mostra tão sensível ao progresso da ciência, da técnica e das questões sociais, mas requer também "a formação e o crescimento contínuo dos filhos de Deus, assim como sua preparação para testemunhar sua fé ao mundo e dialogar com os outros homens" (Sauvage 3/7127; Daem 1).

Outra atestação que caminha nesta direção se evidencia no texto da GE quando convida os professores a dedicar energia para estimular a atividade pessoal de seus alunos e a continuar a segui-los, depois de absolvido o currículo, por conselhos, amizades, como também pela fundação de associações dotadas de verdadeiro espírito eclesial. Tais colocações transparecem que o foco do documento está orientado para a formação da juventude.

3.3. Os responsáveis pela educação

Sobre os responsáveis pela educação, existe uma objeção de fundo fundamental que intercepta o binômio educação-escola. Nela podemos observar que há pouca clareza no descrever a responsabilidade das famílias e da sociedade, contudo, precisaria distinguir as responsabilidades educativas e gerais da família e da função propriamente escolar, que não se enquadra diretamente nas possibilidades nem nas tarefas da família, especialmente hoje. Também se o texto discorra diretamente — como se o argumento fosse natural e não suscitasse problemas — do direito primário dos pais em educar os próprios filhos na liberdade de escolha da escola.

Uma resposta indireta a tais objeções se encontra no terceiro ponto do anexo de monsenhor Daem:

> A educação é uma obra de colaboração [...]. Somente uma colaboração eficaz poderá favorecer uma educação válida e alegre [...]. Uma harmoniosa colaboração entre família, Igreja e estado permitirá aos filhos e filhas uma sana preparação, seja no plano pessoal, como naquele das relações sociais [...]. Uma colaboração que pode realizar-se somente mediante o diálogo e o esforço de compreensão recíproca (SAUVAGE, 1966, 3/7126).

A partir dessa colaboração, priorizando o direito da família, a declaração aponta os meios adequados para uma completa educação cristã. "Para alcançar tal fim, pode-se utilizar dos seguintes meios: educação à oração pessoal, o desejo comum de sincera e fraterna caridade; a centralidade da pessoa no processo educativo; a iniciação ao apostolado e um adequado ensinamento catequético bíblico" (AS/IV, 4, 1977, 254).

As críticas em torno desses meios foram destinadas ao fato da lacuna em relação à escassa atenção a uma educação assistemática, ou seja, uma educação que se dá para além da escola, como meio de participação à cultura. Essa educação, segundo as discussões, não pode ser anulada ou abreviada na Declaração por conta dos meios citados anteriormente, num direcionamento centrado somente na educação cristã.

Essa enorme lacuna em um texto que trata da educação foi evidenciada durante o debate conciliar, a qual dentro das possibilidades de tempo buscou-se averiguar outros meios, nos quais a escola começa a ser vista como um meio.

3.4. A escola

Sobre a escola, concentraram-se numerosas críticas. Segundo Fusi (2018), as interrogações pairavam sobre o motivo, na reflexão da Igreja, de ser necessário reservar um tratamento diferente para a escola católica e a escola pública, sobretudo porque a maioria dos pais frequenta a escola pública. Não se consegue justificar a presença das escolas católicas no contexto atual. Sauvage (1966) questiona se a missão da Igreja se realiza igualmente bem tanto nas escolas públicas quanto nas escolas católicas.

Na relação de Hoffer (1990), encontramos: "se a escola pública não é concebível como uma forma possível de escola cristã onde se ministra uma educação cristã, já que no texto não há menção a essa possibilidade, então é lógico que o Concílio recomende aos pais que confiem os seus filhos às escolas católicas, quando e se eles puderem" (n. 7,10)[7].

A resposta à observação elucida que a Igreja não deve fazer distinção no seguimento educativo dos seus filhos com base ao ambiente que frequentam, porém suscita outra pergunta: em que consiste a característica específica da escola cristã e qual é a sua relevância?

---

7. Hoffer, 1990/24.1, *Observaciones*, 5. "A exortação do Concílio aos fiéis a não poupar nenhum sacrifício para ajudar as escolas católicas" (n. 8) exprime uma pequena parte do que diz no esquema 13: "a importância do dever que compete aos fiéis de trabalhar com todos os homens para a construção de um mundo mais humano" (n. 69). Os fiéis são chamados a dedicar suas forças na construção da educação.

Precisamente, "*proprium autem ellius est communitatis scholaris ambitum, spiritu evangelico libertatis et caritatis animatum creare* (n. 7)", ou seja, o ambiente escolar cristão não é definido pelas práticas religiosas que são adicionadas à vida escolar dos estudantes, mas por um modo evangélico de viver toda a experiência escolar[8]. Portanto a escola cristã não se constitui das catequeses e não se reduz a um simples meio de comunicação intelectual da verdade, mas se torna uma comunidade de fé, uma expressão (um sinal) vivente (concreta e visível) da mensagem evangélica. A cifra plausível que dá razão à existência da escola cristã é ser sinal concreto e visível da mensagem evangélica.

Adiciona-se a esse modo de pensar a escola católica o que se argumenta no n. 3. Se estabelece uma distinção explícita entre os meios de educação que são próprios da igreja (*quae sunt propria*) e os outros meios (*cetera*) que a Igreja utiliza, mas *quae ad commune hominum patrimonium pertinent*, que pertence ao patrimônio comum. Se a catequese pertence ao primeiro grupo, a escola se destina a fazer parte dos *cetera subsidia*. O Concílio convida a reconhecer uma certa hierarquia entre os meios da educação cristã, para assim poder situá-los em dimensões diversas. Além disso, se ele vem considerado de forma privilegiada *peculiari ratione*, ou seja, título especial, de modo particular, ou é na medida que se torna sinal, pois as diferentes formas da presença da Igreja não são mais comparadas entre si no mundo escolar, porém são reconhecidas diferentes modalidades desta presença (Fusi, 2018, 178).

---

8. Sauvage, 3/7127. [...] acrescenta ainda: "se poderia comentar: a acolhida dos alunos, a atenção aos pobres, o sistema disciplinar, a atenção as pessoas mediante o acompanhamento, a preocupação de educar a liberdade etc.). A mesma ideia é retomada quando se fala dos professores que são chamados a testemunhar com a própria vida a fé me Cristo e a pertença à Igreja".

3.5. As universidades

Por fim, fazemos um breve aceno sobre as críticas dedicadas à questão das universidades. Esse se faz breve porque não constam verdadeiras e próprias respostas às objeções.

Por exemplo, a referência supérflua quanto à presença ao interno das universidades e faculdades católicas e "institutos que se dedicam principalmente à pesquisa científica" (n. 9/10). De fato, uma faculdade sem investigação não é faculdade; se reduziria a uma simples instrução intelectual e não à formação científica do homem. Essa afirmação fundamenta no catolicismo de uma universidade em dependência da Igreja, por meio da qual assim se realiza sua presença oficial, para que os alunos sejam homens de grande saber, preparados para assumir cargos importantes. Se esse é o objetivo "se entende que o santo Concílio recomenda fortemente a criação de universidades e faculdades católicas. São afirmações que se contrastam com o conteúdo do esquema XIII nos n. 69 e 73" (Hoffer, 1990/24.1, 6-7).

Monsenhor Daem, nos seus anexos, recorda que a constituição *De Ecclesia in mondo* atesta que a Igreja reconhece o valor das faculdades e universidades católicas, garantindo-lhes a liberdade científica, elucidando que não existe procura da verdade se não na liberdade, pelo fato de que "a razão não precisa temer a fé e vice-versa, também porque ambos provêm de Deus e refletem sua verdade e a sua luz" (Sauvage 3/7126, Adnexum, 4).

As conclusões dos textos críticos parecem percorrer duas direções. A primeira, contida no *Modus* 1, parágrafo 1, com mais força se sublinha a conexão com a doutrina que está presente na constituição *De Ecclesia* e no decreto *De apostolatu laicorum*. Dessa forma, a Declaração não aparecerá como um documento isolado, mas completamente incorporado ao contexto de todo o Concílio. A outra direção, considerada mais drástica, acreditamos que se não fosse possível uma mudança substancial no texto atual, seria preferível eliminar a Declaração e possivelmente adicionar alguns elementos ao capítulo sobre a cultura do esquema 13[9].

---

9. Hoffer, 1990/24.1, *Observaciones*, 8. Transcrevemos a observação: "Assim como por outro lado estes problemas estão atualmente em plena evolução, é

3.6. A votação final: um documento aberto ao mundo

Após 14 de outubro de 1965, o texto não sofreu nenhuma variação substancial e as críticas retornaram aos seus remetentes. As objeções que foram datilografadas e distribuídas durante os encontros do desenvolvimento do Concílio havia colegado o grupo dos descontentes, tanto que, nas votações de 14 de outubro, o texto havia alcançado complexamente 1500 (não), tendo por motivação o fato de que o esquema havia sido amplamente expandido, mais de quanto fosse permitido no regulamento, levando um grupo de padres a recorrer ao Tribunal administrativo do Concílio para pedir o adiamento da votação. Mas o pedido foi negado, seguramente por conta da falta de tempo para rever os documentos e levá-los a modificações posteriores, visto que estava ao final do Concílio (Fusi, 2018, 180).

Provavelmente, em uma situação diferente, o recurso teria sido aceito[10]. No caso, não havia alternativas, pois se desejava deixar um sinal positivo a todos aqueles que cotidianamente testemunhavam com o próprio trabalho o ímpeto educativo. Tanto que o documento não terminou com a palavra "fim", mas deixou espaço aberto a um contínuo caminho de atualização e adaptação às realidades locais e às mutáveis exigências dos tempos. Essas considerações e outras explicam a notável redução dos "não", constatada em 28 de outubro de 1965, quando na votação conclusiva foram alcançados 2290 sim, contra 35 não[11]. Com a aprovação, fechou-se um longo caminho

---

verdadeiramente urgente e necessário construir uma Declaração específica sobre tal questão? Não seria melhor referir-se a Declarações gerais sobre a Igreja e o mundo, e de maneira específica sobre a Igreja e a cultura?", Hoffer, 1990/24.2, *Réflexions*, 5.

10. Como aconteceu, por exemplo, no recurso análogo contra o documento sobre a liberdade religiosa, avançado para o dia 8 de novembro de 1964, decisão acolhida pelo tribunal administrativo do Concílio (Sinistrero, 1970, 80).

11. (Ibidem, 1990, 81). O autor, nestas duas páginas, reagrupou diversos motivos que poderiam ter levado os padres sinodais a uma mudança de ideia. Mas são, portanto, opiniões, e não observações documentadas. O olhar posterior de um dos protagonistas da mudança imposta ao esquema pode ajudar a compreender melhor: "Durante o debate da 4ª sessão, alguns padres se renderam conta da importância das mudanças introduzidas. Mas foi principalmente para apreciar as melhorias em um texto um pouco mais reformulado. A solidez do relator, mons. Daem, a sua

de trabalho fadigoso sem proporção, para um documento com dimensões tão reduzidas, a respeito dos outros documentos emanados no Vaticano II, mas não insignificante no seu denso conteúdo.

Em síntese, o texto aprovado da *Gravissimum Educationis* se insere em um contexto globalizado, em que o homem se encontra na encruzilhada de relações complexas, mas também no sentido de que a atenção ao fenômeno educacional é agora global, seja pela ampla difusão da consciência dos homens de gozar do direito da educação, seja pela consciência amadurecida em relação aos seus direitos na sociedade civil. A Igreja, portanto, inserida nesta realidade que vai se redesenhando a nível mundial, não pode desertar o campo da educação, ao menos por quatro motivos, como nos aponta Giuseppi Fusi em sua análise sobre a Declaração *Gravissimum Educationis*, realizada em 2018. O primeiro diz respeito à inata e constitutiva dimensão apostólica ou missionária: somente por meio da educação é possível ajudar o homem a alcançar a medida da plenitude de Cristo. A segunda razão está atrelada à prospectiva humana e social, dimensões essenciais do homem que somente por meio da educação poderão desenvolvê-las plenamente. Nesse sentido, acentua-se que a vértice da Igreja é o homem e não os meios e as estruturas. Um terceiro motivo se funda nos direitos inalienáveis que pertencem ao homem, entre eles, o direito à instrução e à educação, aos quais se pode adicionar, reflexivamente, o direito dos pais a escolher a escola mais adequada para a formação dos próprios filhos. Portanto o direito deveria garantir a possibilidade de uma educação adequada em qualquer estrutura educativa, seja ela pública ou privada. O último motivo se apoia no primeiro: a tensão

---

habilidade e a sua bonomia tiveram muito peso na aceitação do texto da GE. Apesar de não se tratar de um grande texto conciliar: o trabalho que mencionei só poderia ter sido apressado e permanecer insatisfatório. Assim, durante o seu voto definitivo, em 28 de outubro de 1965, foram recolhidos ainda um bom número de Non Placet. Sobretudo da parte de numerosos comentadores e de alguns padres foi objeto de críticas desdenhosas. Alguns, evidentemente, não haviam acolhido a 'novidade', talvez muito radical de numerosas tomadas de posição da Declaração; precisa-se também dizer que o gênero literário obrigava a uma concisão que não permitia a um não iniciado de medir a distância percorrida em relação ao texto de 1964" (SAUVAGE-CAMPOS, *L'itinéraire du F. Michel Sauvage*, 322).

missionária da Igreja que tem por finalidade santificar o mundo implicando numa visão cristocêntrica do mundo, que não provê uma distinção entre valores humanos e divinos, mas uma síntese única que constitui o verdadeiro homem na medida de Cristo. Tudo quanto não pode prescindir de uma ação educativa que torne esta síntese sempre mais consciente e desenvolvida. O verdadeiro problema de ontem e de hoje não é aquele de inserir ou encontrar cristão nas estruturas da sociedade civil, sejam elas políticas, culturais ou produtivas. Os cristãos de *per si*, também hoje, estão em todas as dobras da sociedade, mesmo que nem sempre tenham atitudes de cristãos. É esta consciência prática e dinâmica que necessita ser formada e recordada.

A Declaração, então, limita-se, na sua totalidade, a propor linhas fundamentais sobre dois temas conexos, mas não necessariamente coexistentes, ou seja, a educação em geral e aquela cristã em particular, a escola e a escola católica.

Faz-se necessário, para uma melhor precisão, destacar que a Declaração GE é lida dentro de um contexto conciliar em relação com os outros documentos que ali se emanavam e, levando em conta as notas/citações que a acompanham, revela-se o referimento magisterial no campo da educação cristã o qual constitui parte integrante do texto, como aconteceu no documento base da comissão antepreparatória. Além disso, não se encontra na Declaração linhas de teologia da educação, se não alguns referimentos bíblicos que certamente não substituem a reflexão teológica.

Dos comentários impressos no período sucessivo, entre eles o do monsenhor Veuillot (Fusɪ, 2018), ele elucidava o fato que o texto da GE permitiu elaborar certa ordem de importância, afrontando, em primeiro lugar, o tema educativo, sucessivamente aquele escolástico. Denota-se um discurso clarividente e aberto que exprime um olhar de unidade da Igreja Católica em relação ao mundo. Não se trata de recordar qualquer princípio ou a importância de certas instituições, trata-se de servir ao homem[12].

---

12. Acrescenta Mons. Daem: "Vivemos em um mundo onde cristãos e não cristãos vivem lado a lado todos os dias, onde se dobram sobre os mesmos problemas sociais, econômicos e culturais. O ensinamento cristão falharia em sua vocação se não tivesse os olhos abertos para esta realidade. Abertura significa, então:

Um mérito que vem reconhecido por M. R. Tillard na GE se dá na introdução: "a introdução — excelente e apreciada pela profundidade de sua visão".

Também Vandermeersch (1965) discorre sobre a introdução e que, nelas, encontramos, sobretudo, o sopro pastoral que anima o esquema XIII e os discursos de Paulo VI realizados à ONU, após a encíclica de João XXIII, sobre a sociedade moderna. Admira-se o desenvolvimento atual da pesquisa científica e tecnológica, bem como os imensos esforços de aculturação que empregam a humanidade contemporânea. Isso também é encontrado ao final, quando a solidariedade da Igreja é expressa para com os especialistas em tarefas educacionais e, através deles, a Igreja quer estar presente no mundo da cultura, da ciência e da pedagogia. Essas certamente são novidades, basta confrontar as duas introduções, aquela de 1964 (20 linhas) e a atual (49 linhas) (VANDERMEERSCH, 1965).

A esse ponto é considerável retornar à ideia de educação que transparece do Concílio e da Declaração sobre a educação cristã que vai se consolidando na medida em que a imagem da Igreja não é mais triunfalista e autorreferencial, mas comunidade presente na mais ampla comunidade humana e em diálogo com o mundo. Uma Igreja que possui uma palavra e uma experiência educacional, que seguramente traz luminosidade para uma renovada reflexão. Essa percepção de uma Igreja que se coloca em diálogo e escuta como mundo dá origem a algumas indicações peculiares para a reflexão sobre a educação.

Antes de tudo, o conceito de educação apresentado não estabelece contornos definidos e definitivos, tanto que se faz apelo à comissão pós-conciliar e às singulares conferências episcopais para *agiornare* e adequar à realidade, às situações, aos tempos e aos diferentes lugares. O centro de gravidade permanente é o homem na sua dignidade integral, dotado de corpo e alma, portador do direito à educação adequada e contínua, que necessita de todas as faculdades humanas, como afirma Paulo VI:

---

acolhida e colaboração, primeiro entre os cristãos, mas também entre todos os homens" (DAEM, J. V., *Education, enseignement école*, 401.).

[...] como, se é verdade que o problema da educação deu origem a uma breve, mesmo se basilar Declaração, todavia a formação integral e total do homem foi o pensamento constante dos padres, a sua ânsia pastoral, o seu programa, a sua esperança. Nós mesmos quisemos sintetizar este esforço no discurso da Sessão Conciliar conclusiva: "A Igreja do Concílio se preocupou, para além de si mesma e da relação que a une a Deus, preocupou-se também do homem, do homem que se apresenta hoje... E que coisa considerou este Senado na humanidade, que à luz da divindade, se colocou a estudar? Considerou ainda o seu eterno rosto de duas faces: a miséria e a grandeza do homem, o seu mal profundo e inegável, por si mesmo incurável, e o seu bemmarcado sempre da arcana beleza que convida a soberania. O Concílio versou uma corrente de afeto e de admiração sobre o mundo humano moderno. Os erros foram reprovados, sim, porque isso requer caridade, não menos que a verdade; mas pelas pessoas apenas dispensamos, respeito e amor. Em vez de diagnósticos deprimentes, incentiva remédios; em vez de presságios fatais, mensagens de confiança foram emanadas pelo concílio e enviadas ao mundo contemporâneo: os seus valores não foram apenas respeitados, mas honrados, seus esforços sustentados, suas aspirações purificadas e abençoadas" (PAOLO VI, 7 DICEMBRE 1965)[13].

Outro ponto impelente do fato educativo corresponde ao dever são os pais, de maneira subsidiária, o Estado e a Igreja os responsáveis pela educação. A consolidação do primado da família, apoiada por outros educadores, torna-se a cifra interpretativa da urgência educativa, pelo fato de que as dificuldades nascem no tecido familiar, que por múltiplas razões se encontra sempre mais defasado e relativizado. Portanto a Declaração aponta para um retorno à família, que, dificilmente, pode ser substituída, por ser a "primeira escola de virtudes sociais e a primeira experiência de uma sana sociedade humana e Igreja doméstica" (GE 3).

---

13. Discurso de Paulo VI, no 50º aniversário de fundação dos escoteiros na Itália, 5 de novembro de 1966, in: PAOLO VI, *insegamenti di Paolo VI*, vol. IV, 1966, 537-541. Transparece a ideia de homem que polariza cada intervenção educativa.

Reporta também que a educação exige colaboração e envolvimento de todos os componentes da sociedade e se desenvolve de maneira adequada quando encontra um ambiente familiar também fora da família natural. Por isso, a escola, que é um dos meios educativos, de importância particular, almeja que seu elemento característico seja aquele de dar vida a um ambiente escolar caracterizado enquanto comunidade, permeado do espírito evangélico de liberdade e caridade. A primeira preocupação não é aquela de transmitir informações ou conhecimentos, mas de desenvolver "a capacidade de julgar retamente e promover o sentido dos valores" (GE 5) e então de orientar ao sentido da vida, esforçando em recuperar o significado mais profundo da existência, criando os pressupostos para o evento de uma nova humanidade.

A Declaração pensa a educação como uma oportunidade para a pessoa preparar-se para a vida social mediante o diálogo com os outros, em vista do bem comum. A educação não é portadora somente de vantagens pessoais, mas de crescimento global, comunitário que abarca toda a sociedade. Enfim, a Declaração, nas entrelinhas, suscita a profunda condição do desafio educativo, que não testemunha soluções prontas, pois educar é um caminho com o homem e a humanidade que caminha.

3.7. A *Gravissimum Educationis*: da sua projetualidade e influência verso ao futuro

Educar, por consequência, significa projetar-se, abrir-se, colocar-se em relação, com um olhar para o futuro, que possui uma força dinâmica capaz de modificar o presente, levando em conta toda a existência. Nesse sentido, a intencionalidade educativa nunca é vista como uma cenografia ou representação, mas é concebida na sua verdade. A verdadeira educação, porém, pretende a formação da pessoa humana em ordem ao seu fim último e, ao mesmo tempo, ao bem das sociedades de que o homem é membro e em cujas responsabilidades, uma vez adulto, tomará parte (GE 1).

Nesse sentido, a G dilata possíveis caminhos para o futuro, sendo geradora de continuidade e não ruptura, em que a projetualidade da educação se dará num viés mais pleno de significado, na busca de ler e interpretar os sinais dos tempos. Assim, buscaremos fomentar um diálogo com a realidade pós-Concílio, trazendo as características que acompanham esse processo por meio do magistério da Igreja.

Na GE, fomenta-se o valor da transcendência, que atualmente o papa Francisco coloca ao centro da paixão educativa a necessidade de um percurso integral que leve em conta a transcendência, também por meio de modelos não convencionais.

> A maior crise da educação, na perspectiva cristã, é este fechamento à transcendência. Somos fechados à transcendência. É preciso preparar os corações para que o Senhor se manifeste, mas na totalidade; ou seja, na totalidade da humanidade que tem também esta dimensão de transcendência. Educar humanamente, mas com horizontes abertos. Nenhum tipo de fechamento beneficia a educação (PAPA FRANCISCO, 2015)[14].

Esse aspecto foi colocado em evidência pelo Concílio Vaticano II na *Gaudium et Spes*, em que afirma que "o homem [...] não se limita à ordem temporal somente; vivendo na história humana, conserva integralmente a sua vocação eterna" (GS 76). Contudo, educar, na perspectiva cristã, é estar dentro de uma realidade que compreende a dimensão da transcendência enquanto parte fundamental da formação do homem. No contexto pluralístico-cultural, religioso, socioeconômico — e na era da tecnologia mais avançada e evasiva, a dimensão transcendente é indispensável para orientar a pessoa nas escolhas fundamentais e na natural necessidade de dar sentido e significado à própria existência. Desse modo, sana-se a fratura vertical, da relação do homem com o absoluto. Nesse entendimento, é necessário educar tendo como referência uma antropologia integral e, ao mesmo tempo, concreta.

A *Gravissimum Educationis* proclama fortemente a urgência de uma educação integral, como se os princípios apresentados na Declaração se convergissem e encontrassem a efetivação na esteira da educação integral, ou

---

14. Discurso do papa Francisco aos participantes no congresso mundial promovido pela congregação para a educação católica com o tema: "Educar hoje e amanhã. Uma paixão que se renova", 21 de novembro de 2015.

seja, não se trata de educar para uma formação integral, mas sim pela formação integral, como se a mesma fosse o caminho.

> [...] Buscar-se-á, nesse, promover ao/a desenvolvimento harmônico das qualidades físicas, morais e intelectuais, e à aquisição gradual de um sentido mais perfeito da responsabilidade na própria vida, retamente cultivada com esforço contínuo e levada por diante na verdadeira liberdade, vencendo os obstáculos com magnanimidade e constância. Sejam formados numa educação sexual positiva e prudente, à medida que vão crescendo. Além disso, de tal modo se preparem para tomar parte na vida social, que, devidamente munidos dos instrumentos necessários e oportunos, sejam capazes de inserir-se ativamente nos vários agrupamentos da comunidade humana, se abram ao diálogo com os outros e se esforcem de boa vontade por cooperar no bem comum (GE 1).
> [...] promoção da perfeição integral da pessoa humana, no bem da sociedade terrestre e na edificação de um mundo configurado mais humanamente (GE 3).

Uma educação integral é por natureza flexível e dúctil, capaz de ultrapassar as barreiras do formalismo e tecnicismo, pois a pessoa educada segundo os princípios da antropologia revelada desperta em si o amor ao mundo, à história, à cultura e ao compromisso responsável com a vida pública social. A Declaração adverte o seguinte:

> Se preparem para tomar parte na vida social, que, devidamente munidos dos instrumentos necessários e oportunos, sejam capazes de inserir-se ativamente nos vários agrupamentos da comunidade humana, se abram ao diálogo com os outros e se esforcem de boa vontade por cooperar no bem comum (GE 1).

A GE, portanto, insere-se num processo de profunda evolução na concepção da escola em geral e da escola católica em particular. Essa evolução contida na história traz os traços de projetualidade fecundados nas linhas dessa Declaração. Em vista de trazer à luz a sua implicância após o Concílio, faremos um aceno identificando em linhas gerais a sua influência, que, como veremos no próximo capítulo, terá lugar de reflexão e questionamento também na Igreja da América Latina, sobretudo em Medellín e Puebla, em que a educação integral será sinônimo de educação libertadora.

Partindo do exercício de percepção da vitalidade da GE em relação ao futuro, propomo-nos a algumas análises que nos permitem constatar tal afirmação.

3.7.1. Relação de continuidade e comparação e evolução entre a GE e a DIM

Um aspecto relevante para a compreensão do percurso realizado pela educação católica é a percepção em modo comparativo dos elementos que distanciam e agacham a encíclica de Pio XI, *Divini Illius Magistri*, de 1929, considerada a *Magna Charta* da Igreja Católica sobre a educação antes do Concílio Vaticano II, e a *Gravissimum Educationis* emanada como Declaração no Concílio Vaticano II.

Os dois textos se encontram tendencialmente sobre duas questões fundamentais, aquela dos conteúdos da educação e aquela da competência da educação, ambos, porém, são afrontados de forma invertida, que já demonstra um indicativo de substancial mudança. Se para a encíclica DIM é prioritária a questão competência, literalmente a quem pertence a missão de educar, enquanto a questão dos conteúdos — literalmente fim e a forma da educação cristã — aparece somente ao final do documento. Na GE, a ordem se inverte, primeiro se descreve a educação cristã (n. 2) e sucessivamente é afrontada a questão dos responsáveis pela educação (n. 3). Na DIM, a ênfase é dada sobretudo à Igreja por seu direito sobrenatural, depois à família, pelo direito natural da procriação e a educação da prole e, por fim, ao estado, sobre a base do princípio de subsidiariedade.

A GE, estando na mesma prospectiva de direitos e deveres, estabelece outra ordem: primeiro vem a família, por conta do seu direito-dever natural, primário e inalienável da procriação, depois o texto sublinha o apoio que a família deve receber da sociedade civil, pois existem certos deveres e direitos que competem à sociedade civil, por fim, a declaração reserva um título da educação que compete à Igreja, seja como sociedade humana capaz de transmitir a educação, sobretudo porque ela tem a missão de anunciar a todos os homens o caminho da salvação (n. 3). Se na DIM a intenção fundamental e geral é aquela de se opor às prestezas do Estado em matéria de educação, na GE a prospectiva parece alargar a questão da educação, indo além da questão específica da educação cristã, como se a questão educativa e a questão da educação cristã se coincidissem. Compreende-se que, na GE, as condições históricas e sociais contemplam forte mudança, a visão não é mais de um confronto combativo entre o mundo e a Igreja, porém o esforço pela busca do diálogo entre as duas polaridades se abre a colaborações construtivas[15]. Contudo, passa-se de uma ótica de contraste, em que a escola cristã e a escola pública podiam parecer em luta, para uma visão de colaboração e acordo. O Concílio instaurou, na sua lógica de confronto e não de indiferença, um diálogo entre a Igreja e a escola não especificamente cristã, entre as escolas católicas e não católicas, entre católicas e não cristãs, entre Igreja e não crentes, entre Igreja Católica e não católica, entre Igreja e religiões não cristãs e entre Igreja e mundo (GARRONE, 2005).

Um segundo elemento inovador em relação à Encíclica de 1929, mesmo com algumas limitações, é a amplitude do discurso educativo, que não se direciona somente aos jovens da escola cristã ou à porção numerosa de batizados, mas ao complexo mundo juvenil.

> O que a Igreja é capaz de fazer pelos jovens, ela o faz além do círculo de suas responsabilidades diretas […] na presença do mundo inteiro e na exigência fundamental que todo homem tem de receber uma educação. Portanto, a Igreja se sente comprometida com a juventude do mundo, por fidelidade ao Senhor (Ibidem, 13)[16].

---

15. O Concílio exprimiu uma visão positiva em relação ao mundo. Ao invés de sugerir os perigos a serem evitados, recorda-nos o verdadeiro sentido da educação e indica os meios para alcançá-la. Muito se concentra sobre o humano (homem e mulher), e a pessoa é vista como sujeito de responsabilidades sociais concretas (THIVIERCE, 2005, 190).

16. A Declaração resulta em um gesto de evangelização endereçada também aos não cristãos: Todos os homens, de qualquer estirpe, condição e idade, visto gozarem da dignidade de pessoa, têm direito inalienável a uma educação (GE 1), sucessivamente: "Todos os cristãos que, uma vez feitos nova criatura mediante a

Nesse sentido, o documento se mostra inserido na trajetória que o associa às duas Constituições LG e GS, isto é, que nenhuma realidade é estranha à Igreja e todas merecem a atenção necessária de seu olhar materno, porque é o homem todo, imerso na realidade mundana, centro de atração. Portanto a amplitude do olhar não é apenas quantitativa, mas, sobretudo, qualitativa. Não somente todos os homens, mas a pessoa na sua totalidade, a inteira vida do homem[17].

Partindo dessa consideração, a amplitude do olhar também envolve uma abordagem diferente das Ciências Humanas. Se na DIM a atitude mais difusa poderia ser colocada no âmbito da suspeita ou mesmo da rejeição dela, no proêmio da GE fala-se sobre os admiráveis progressos da técnica e da pesquisa científica, que são definidos como maravilhosos e todos são chamados a tomar consciência que através destas novas experiências se aperfeiçoam os métodos educativos e didáticos, enquanto os educadores são encorajados a cultivar que cada disciplina seja de tal modo cultivada com princípios próprios, método próprio e liberdade própria da investigação científica, que se consiga uma inteligência cada vez mais profunda e, consideradas cuidadosamente as questões e as investigações atuais, veja-se mais profundamente como a fé e a razão conspiram para a verdade única (GE 10). Nesse percurso da GE vem expressa a confiança nas Ciências Humanas por conta da sua capacidade de proporcionar um crescimento moral e espiritual aos educandos.

Outro ponto de comparação é a questão da escola. Se na DIM o tema da educação cristã foi objeto de uma ampla especulação, que nutria a pretensão de absolutizar essa educação, o argumento da escola, por consequência, era visto a partir da mesma dinâmica, o texto o transformou em uma leitura destinada a detectar seus méritos, em oposição a uma escola não

---

regeneração pela água e pelo Espírito Santo (8), se chamam e são de facto filhos de Deus, têm direito à educação cristã" (GE 2).

17. GE, Proêmio; também no n. 1: "A verdadeira educação, porém, pretende a formação da pessoa humana" e "desenvolver harmonicamente" as suas "capacidades físicas, morais e intelectuais". No horizonte da GE está o desejo da Igreja de servir, por meio da sua experiência educativa, "colabora com todos os povos na promoção da perfeição integral da pessoa humana, no bem da sociedade terrestre e na edificação de um mundo configurado mais humanamente" (GE 3).

católica considerada, em gênero, menos preparada em termos de validade educacional. A GE considera substancialmente válidas as observações sobre a educação cristã contidas na Encíclica, porém reserva um espaço de atenção à importância da educação de forma geral, obstante a pressa e a brevidade do texto, tomaremos em relevo alguns pontos levantados na Declaração.

O ponto de maior distância entre os dois documentos está na reflexão sobre a escola. A GE supera decididamente o estilo defensivo próprio da DIM, a passagem que diferencia a impostação dos textos se dá a partir de um conceito de escola concebido quase como um valor absoluto de educação perfeita a uma visão de escola como meio, o documento da GE oferece uma reflexão sobre o objetivo o qual a escola é chamada a responder. A escola entra na categoria dos meios, um dos meios, também privilegiado, por ser ele o modo com o qual a Igreja intervém no campo educativo.

A escola se encontra entre "aqueles meios que pertencem à herança comum dos homens e são particularmente adequados ao aprimoramento moral e à formação humana" (GE 4). Contudo, deduz-se que a escola é uma instituição civil na qual a Igreja pode ter a sua participação. Essa é uma novidade absoluta, um reconhecimento que reflete não como uma renúncia de alguma coisa que lhe pertence, mas uma nova visão da escola enquanto um meio e não um patrimônio absoluto. A Igreja não é mais uma cidade fortificada, mas, como descreve a GE, a Igreja está no mundo e para o mundo.

Esta mudança de perspectiva em relação à escola pública não exime a Igreja de reivindicar o direito de promover escolas católicas, nas quais seja possível conjugar os fins culturais e a formação humana dos jovens, orientar toda a cultura humana para a mensagem da salvação, a ponto de iluminar-se pela fé o conhecimento que os alunos gradativamente adquirem do mundo, da vida e do homem (GE 8).

A partir desse perfil, a GE não teme em afirmar que a escola católica conserva a sua suma importância também nas circunstâncias presente e torna a inculcar aos pais católicos o dever de confiar os seus filhos as escolas católicas. Acrescentando, porém, uma circunstância relevante quando e onde puderem, extirpando, assim, o imperativo para conferir a liberdade dos pais (GE 8).

Na verdade, o DIM tem como perspectiva fundamental a educação cristã de jovens em um contexto histórico em que uma das grandes e tradicionais instituições encarregadas da educação, ou seja, o Estado havia assumido, em alguns países, incluindo a Itália, formas gravemente abusivas de uma forma autoritária, absolutista e antirreligiosa, contra o qual era preciso erguer a voz com coragem e força. Na Declaração conciliar, por outro lado, há um novo ar, porque o desenvolvimento do Concílio representa uma passagem importante também no campo da educação cristã. A posição não é mais defensiva e suspeita, mas é configurada no estilo dialógico com o qual a Igreja oferece a mensagem cristã para o mundo contemporâneo, sua cultura e sua instituição. A *Gravissimum Educationis* assume, portanto, os princípios fundamentais do DIM, porém aplicando-os ao novo contexto sociocultural que animou todo o Concílio e que encontrou a sua expressão mais eloquente e especialmente significativa na constituição pastoral *Gaudium et Spes*.

QUADRO 7
Síntese dos elementos comparativos entre a *Divini Illius Magistri* (1928) e a *Gravissimum Educationis* (1965)

CATEGORIAS	DIM (1929): a *Magna Charta*	GE (1965)
DIREITO DE EDUCAR	— Igreja, família e Estado. — A intenção fundamental e geral é aquela de se opor às prestezas do Estado em matéria de educação.	— Direito de educar: família, Estado (apoio) e Igreja (missão intrínseca). — Não se encontra um confronto combativo entre o mundo e a Igreja, mas existe o esforço pela busca do diálogo entre as duas polaridades se abre a colaborações construtivas.
AMPLITUDE DO DISCURSO EDUCATIVO	— Aos jovens católicos/cristãos.	— Universalidade da educação: PARA TODOS, a pessoa na sua totalidade.
CIÊNCIAS HUMANAS	— A atitude mais difusa poderia ser colocada no âmbito da suspeita ou mesmo da rejeição às Ciências Humanas.	— "Os admiráveis progressos da técnica e da pesquisa científica" são definidos como "maravilhosos" e todos são chamados a tomar consciência "que através destas novas experiências aperfeiçoam os métodos educativos e didático".

QUADRO 7
Síntese dos elementos comparativos entre a *Divini Illius Magistri* (1928) e a *Gravissimum Educationis* (1965)

CATEGORIAS	DIM (1929): a *Magna Charta*	GE (1965)
ESCOLA	— Na DIM, o tema da educação cristã foi objeto de uma ampla especulação, que nutria a pretensão de absolutizar essa educação. — O texto o transformou em uma leitura destinada a detectar seus méritos, em oposição a uma escola não católica considerada, em gênero, menos preparada em termos de validade educacional.	— A GE supera decididamente o estilo defensivo próprio da DIM, a passagem que diferencia a impostação dos textos se dá a partir de um conceito de escola concebida quase como um valor absoluto de "educação perfeita", a uma visão de escola como meio. — A partir da GE, considera-se a escola enquanto um meio e não patrimônio absoluto. A Igreja não é mais uma cidade fortificada, mas como descreve a GE, a Igreja está no mundo e para o mundo.

Fonte: elaborado pela pesquisadora.

3.7.2. Da escola enquanto comunidade

A Declaração marca um ponto de virada importante sobre a base da eclesiologia da *Lumem gentium* que concebe a escola não tanto como instituição, mas como comunidade. O elemento característico da escola católica é aquele de dar vida a "um ambiente de comunidade escolar animado pelo espírito evangélico de liberdade e de caridade" (GE 8). Ao evidenciar o termo caridade, o Concílio confirma a dimensão vertical das relações, em que a caridade ao próximo recebe luz, força e dignidade, sendo assim, a educação nas escolas católicas almeja preparar os alunos ao exercício responsável da liberdade, da abertura e da solidariedade. Como afirma o documento *A escola católica de 1977*.

> A dimensão comunitária da Escola Católica é, portanto, exigida não só pela natureza do homem e pela natureza do processo educativo, como em todas as outras escolas, mas pela própria natureza da fé (n. 54).

Ou, ainda, no documento *A escola católica no limiar do terceiro milênio*, em 1997.

> A escola católica caracteriza-se por ser uma escola para a pessoa e das pessoas. "A pessoa de cada um, com as suas necessidades materiais e espirituais, é central na mensagem de Jesus: por isso a promoção da pessoa humana é o fim da escola católica". (6) Esta afirmação, sublinhando a relação vital do homem com Cristo, recorda que na Sua pessoa se encontra a plenitude da verdade acerca do homem. Por isso a escola católica, obedecendo à solicitude da Igreja, empenha-se em promover o homem na sua integridade, consciente de que todos os valores humanos encontram a sua realização plena e, portanto, a sua unidade em Cristo (7). Esta consciência manifesta a centralidade da pessoa no projeto educacional da escola católica, reforça o seu empenhamento educativo e torna-a apta a educar personalidades forte (n. 9).

A escola católica, portanto, é, antes de tudo, uma expressão da comunidade eclesial e, diante disso, não pode deixar de reproduzir em si a dinâmica relacional de uma comunidade real. Esse é, provavelmente, um dos valores que os pais mais valorizam ao recorrer às escolas católicas: sentir-se parte de um projeto comum, que começa em casa e continua sem pausas ou variações nas salas de aula.

Na consciência eclesial, o ambiente educacional chamado a orientar a formação da pessoa, a colaborar na sua preparação para a vida social com respeito aos outros e às regras compartilhadas, a escola se dispõe a refletir sobre a real adesão de seus objetivos diante dos desafios que a sociedade lhe propõe. Esses desafios conduzem ao enfrentamento de problemas que estão muito além da alfabetização cultural dos alunos e dizem respeito também a outras áreas de afetividade, ética e valores também de ordem política, social e cultural.

> A escola é, sem dúvida, uma encruzilhada sensível da problemática que agita este inquieto final de fim de milênio. A escola católica confronta-se com jovens e adolescentes que vivem as dificuldades do tempo atual. [...] em muitos alunos e nas famílias, um sentido de profunda apatia pela formação ética e religiosa, de modo que no

fundo o que se pede à escola católica é só um diploma ou, quando muito, uma instrução qualificada e uma habilitação profissional. [...] Entre as dificuldades há também situações de ordem política, social e cultural que impedem ou tornam difícil a frequência da escola católica. O drama da miséria difundida e da fome no mundo, os conflitos e guerras civis, a degradação urbana, a difusão da criminalidade nas grandes áreas metropolitanas de tantas cidades, não consentem a plena realização de projetos formadores e educacionais (Ibidem, n. 6-7).

O novo regime cultural da sociedade pós-moderna, escreve Massimo Baldacci, requer um reposicionamento estratégico, em sentido democrático, dos objetivos da formação cultural escolar. Por um lado, precisamos estabelecer para nós mesmos a meta de possibilitar a todas as pessoas a capacidade de desfrutar de experiências culturais de alto nível. Por outro lado, é necessário conceber a cultura de uma forma mais ampla e pluralista, como um conjunto.

As urgências, os desafios, as contradições do mundo pós-moderno e globalizado exigem da educação escolar dotar o aluno de uma armadura cognitiva, cultural e valorial que o prepare para enfrentar as questões que, continuamente, abalam a própria existência.

Os efeitos da modernidade, desde a urbanização em massa até a evolução da estrutura familiar, privando o sujeito de fortes modelos e referências educacionais, empobreceram a gama de oportunidades e estímulos formativos tradicionais, delegando à escola, de forma cada vez mais massiva, o ônus da educação e da formação da pessoa.

> Encontramo-nos diante de alunos que ressentem a fadiga, são incapazes de sacrifício e de constância e não encontram modelos válidos de referência, a começar pelos familiares. Não só são cada vez mais indiferentes ou não praticantes, mas mostram-se mesmo sem qualquer formação religiosa ou moral. A isto se junta, em muitos alunos e nas famílias, um sentido de profunda apatia pela formação ética e religiosa. [...] O clima descrito produz um certo cansaço pedagógico, que, no contexto atual, se junta à dificuldade crescente em conjugar o ser professor com o ser educador (A Escola no Limiar do Terceiro Milênio, 1997, n. 6).

A família e a escola — escreve Luisa Santelli Beccegato (1998) —, apesar da riqueza e da variedade das solicitações atuais, continuam a constituir, por motivos de grande valor emocional, tanto pela capacidade afetiva quanto por intencionalidade e sistematização educativa, duas referências fundamentais do itinerário formativo que constroem a comunidade educativa. Em uma sociedade em que nem sempre a família consegue prosperar, a escola representa algo mais do que sala de estudo, dentro da dinâmica que a percorre — relacionamento com os professores, sucesso ou fracasso disciplinar, integração no grupo — inserem-se cada vez mais relacionamentos e ritos de passagem fundamentais para um desenvolvimento harmonioso da personalidade individual.

Em seu sentido mais autêntico, a diretriz que recomenda que a escola se torne comunidade lembra justamente à criação de uma mentalidade aberta e crítica, capaz de iluminar a práxis educativa, acordando a pessoa do torpor de uma existência inautêntica para ser protagonista de sua história e parte ativa do progresso social.

As palavras da nova escola, parafraseando Benedetto Vertecchi (1988), são: formação integral, pensamento crítico, pluralismo cultural e planejamento existencial. Quanto mais complexa se torna a sociedade, mais densa é a rede de problemas e das questões que regem a existência humana. Nesse cenário, o sujeito, chamado a viver nesse contexto, necessita de certos fundamentos metodológicos, não de certezas, mas de métodos que possibilitem a aquisição da autonomia de pensamento, da flexibilidade mental que lhe permita escapar da aniquilação e dispersão cultural e valorial.

> A fragmentação da educação, o caráter genérico dos valores, a que frequentemente se recorre para obter amplo e fácil consenso, a custo, porém, de um ofuscamento perigoso do conteúdo, tendem a adormecer a escola num presumível neutralismo, que enfraquece o potencial educativo e se reflete negativamente sobre a formação dos alunos. Pretende-se esquecer que a educação pressupõe e envolve sempre uma determinada concepção do homem e da vida. Na prática, a maior parte das vezes, à pretendida neutralidade escolar corresponde a remoção da referência religiosa no campo da cultura e da educação. Pelo contrário, um enquadramento pedagógico correto

deve considerar o âmbito mais decisivo dos fins e tratar não só do "como", mas também do "porque", superando o mal-entendido de uma educação neutral, dando de novo ao processo educativo aquele caráter de unidade que impede a dispersão nos riachos dos diversos conhecimentos e aquisições e mantendo como centro a pessoa na sua identidade global, transcendental e histórica (Ibidem, n. 10).

Torna-se impelente que a educação constitui, na verdade, um ponto de vista específico (teórico e prático, teológico/eclesial e civil/político) que ainda não foi totalmente assumido com plena consciência como uma força e recurso capaz de mobilizar energias para uma renovação eclesial e social. Percebe-se, porém, um caminho que aponta para a essencialidade da educação, que merece ser levada em consideração porque constitui um elo essencial, uma junção imprescindível para todos os outros subsistemas (econômicos, políticos, culturais, sociais, produtivos, jurídicos e até religiosos).

3.7.3. Os princípios da educação cristã aprofundados no tempo

As linhas produzidas até então nos autorizam a afirmar que a educação integral é o acesso do homem à sua plena humanidade; um caminho exigente, mas necessário.

> [...] a sua educação integral é uma necessidade primordial. De facto, não é suficiente uma formação técnica e científica para fazer deles homens e mulheres responsáveis na sua família e em todos os níveis da sociedade. Para esta finalidade, é preciso privilegiar uma educação nos valores humanos e morais, que permita que cada jovem tenha confiança em si próprio, confie no futuro, tenha a preocupação pelos seus irmãos e irmãs em humanidade e queira assumir o seu lugar no crescimento da nação, com um sentido cada vez mais profundo do próximo (Discurso do Papa Bento XVI Durante a Audiência a Sete Novos Embaixadores Junto da Santa Sé, 2007).

Na sua complexidade, a educação integral é compreendida como um canteiro aberto[18], difícil e necessário:
- Um canteiro aberto porque necessita ser um evento, uma abordagem sistemática que ajude a vivenciar a educação como um encontro dialógico com outras pessoas (do passado e do presente) e com outras culturas, e não apenas como educação e aprendizagem de noções fixas;
- Um canteiro difícil porque implica uma abordagem crítica quanto à seleção dos saberes ensinados e às relações com esses saberes. As diferentes disciplinas apresentam não só conhecimentos a adquirir, mas também valores a assimilar e verdades a descobrir;
- Uma abordagem crítica para a interpretação dos valores fundamentais das sociedades ocidentais secularizadas. Deve ser garantido o direito da pessoa a receber uma educação adequada de acordo com sua livre escolha;
- Por fim, uma abordagem crítica por conta da natureza social do espaço escolar. A comunidade educativa, como um todo, é chamada a contemplar, nos objetivos da escola, seu reconhecimento como espaço de formação integral, por meio do relacionamento interpessoal e da responsabilidade.

É também um canteiro necessário, pois a corrente de reflexão sobre a educação integral assume particular responsabilidade pelas contradições, patente na vida política, mas pouco pensada no campo educacional, entre, de um lado, tensões identitárias e discriminatórias e, de outro, os valores de comunhão dentro do corpo social e político. É, portanto, uma das correntes que podem alimentar a reflexão, hoje muito rica, sobre a educação para a cidadania.

---

18. Reflexão embasada no: *Discorso dell'Osservatore Permanente vaticano all'UNESCO pronunciato il 12 ottobre da monsignor Francesco Follo, Osservatore Permanente della Santa Sede presso l'Organizzazione delle Nazioni Unite per l'Educazione, la Scienza e la Cultura (UNESCO), alla Commissione per l'Educazione della 35ª sessione della Conferenza generale dell'organizzazione.*

Dentro da vasta categoria da educação integral, valendo-se de uma análise sintética de Dom Angelo Vicenzo Zani, secretário da congregação para a educação católica da Santa Sé, que sublinha que os princípios ilustrados na Declaração Conciliar foram objetos de constante aprofundamento nos documentos da congregação para a educação católica. Zani destaca cinco grandes temas gerais, que podem ser concebidos dentro da categoria maior da educação integral, neste elenco sintético, porém, importante, percebemos o elenco de documentos que foram tecidos com o intuito de atualizar as propostas contidas na *Gravissimum Educationis*.

A primeira área de estudo foi a identidade da escola católica e sua missão. Com o documento *A escola católica*, publicado em 1977, o Dicastério desejava oferecer os esclarecimentos apropriados sobre a natureza e a finalidade da escola católica nos serviços que ela presta e deve continuar a realizar na sociedade civil, nas circunstâncias históricas desse tempo, marcado por rápidas mudanças e pluralismo cultural e ideológico. É importante observar como o documento reafirma fortemente a legitimidade e a validade da escola católica, a qual "se enquadra na missão salvífica da Igreja" (n. 9) e "a escola deve, portanto, partir de um projeto educativo intencionalmente dirigido à promoção total da pessoa" (n. 29). Essas questões foram posteriormente abordadas no pequeno documento, publicado em 1998, *A escola católica no limiar do terceiro milênio*. O contexto do novo milênio levou o Dicastério a refletir sobre algumas questões que exigem uma escola católica a um corajoso renovamento. A centralidade da pessoa humana, a escola como uma comunidade e o serviço ao homem e à sociedade são os tópicos abordados no texto.

O segundo tema aprofundado é o dos educadores que trabalham na escola católica. Uma nota particular é a presença de professores leigos e as pessoas consagradas. Em 1982, a congregação publicou o documento *O testemunho católico leigo de fé na escola*. É um texto amplo que retoma e reelabora os grandes temas da Declaração Conciliar sobre a vocação a missão do professor leigo. Em 2002, o documento *As pessoas consagradas e sua missão na escola*. Reflexões e orientações refaz o convite presente na Exortação Apostólica Vita, consagra a religiosos e religiosas (n. 96) "as pessoas consagradas são capazes de desenvolver uma ação educativa particularmente eficaz, oferecendo uma contribuição específica para as iniciativas dos outros educadores e educadoras".

O terceiro campo de estudo é o da dimensão religiosa da escola católica e o papel do ensino da religião que está em conexão íntima com os outros tópicos mencionados: a identidade da escola católica, a preparação do corpo docente e as características da sociedade de hoje. O tópico foi abordado no documento *Dimensão religiosa da educação católica* (1988), entendida como elemento que caracteriza o ambiente escolar na sua totalidade. O texto indica como essencial a comunidade educacional da escola católica, que também é uma comunidade de fé, na qual professores, pais e alunos trabalham em comum acordo e para o mesmo fim. Apesar das reais dificuldades encontradas, a escola católica é chamada a transmitir não só determinados conhecimentos, mas também uma específica concepção de homem, do mundo e da história, enraizadas na mensagem do Evangelho. O documento menciona a liberdade religiosa, indica os princípios a serem seguidos na escola católica e afirma: "as escolas católicas são também frequentadas por alunos não católicos e não cristãos. Em certos países, eles constituem mesmo a maioria. O Concílio já tinha falado disso. Portanto, será respeitada a liberdade religiosa e de consciência dos alunos e das famílias" (n. 6).

Um quarto campo de estudo é o da educação sexual. O Vaticano II havia sinalizado a necessidade de oferecer aos jovens uma educação sexual positiva e prudente. Essa necessidade tornou-se sempre mais urgente diante de um clima de permissividade e desorientação moral. Com o documento *Diretrizes educacionais sobre o amor humano*, publicado em 1983, o Dicastério ofereceu sua contribuição para quanto já havia se pronunciado o Concílio acerca da educação sexual. À luz do magistério da Igreja e de uma antropologia saudável, o documento capta o significado da sexualidade no contexto mais amplo da realização do homem, de sua importância no campo da educação e dos princípios fundamentais que podem orientar os educadores nesta abordagem.

Um quinto campo de estudo visa apoiar a quantos operam em âmbito educativo diante dos desafios e das exigências de cada tempo. As instituições educacionais são chamadas a formar as jovens gerações em um mundo interconectado e interdependente, respondendo às crescentes necessidades de justiça e solidariedade entre homens e povos. A esse respeito, foram dadas algumas contribuições. O documento foi publicado em 28 de outubro de 2013, *Educar para o diálogo intercultural na escola católica. Viver juntos para uma civilização de amor*. Esse documento foi pensado como uma contribuição para estimular e orientar a educação intercultural nas escolas e instituições católicas. A educação é chamada a responder ao desafio de tornar possível a convivência entre as diversas expressões culturais e promover um diálogo que favoreça uma sociedade pacífica sem renunciar a sua identidade.

Em 2014, foi compilado o documento *Educar hoje e amanhã. Uma paixão que se renova*, sob a forma de *instrumentum laboris*, com um questionário, em vista do Congresso Mundial de 2015. O resultado das respostas recebidas foi utilizado como linha mestra para o Congresso em ocasião do aniversário da encíclica *Populorum progressio*, em que foi publicado o documento *Educar ao humanismo solidário. Para construir uma civilização do amor após 50 anos da Populorum progressio* (16 de abril de 2017). Retomando a mensagem da encíclica histórica de Paulo VI, o papa Francisco, na *Laudato Si*, sublinha a importância de viver os valores do humanismo solidário e a necessidade de viabilizar o processo de humanização, porque "a educação será ineficaz e os seus esforços estéreis, se não se preocupar também por difundir um novo modelo relativo ao ser humano, à vida, à sociedade e à relação com a natureza" (n. 215).

A partir desse aceno que intui fomentar uma visão da caminhada pós-Concílio, entrevê-se que chama a atenção dos envolvidos na formação das escolas às universidades e, para além das instituições formais, a necessidade urgente de humanizar a educação, de promover uma cultura de diálogo para apoiar o processo de inclusão e aumentar as redes de cooperação.

A concepção de educação integral apresentada pelo Vaticano II está situada numa perspectiva pedagógica contra-hegemônica, que "lutam para transformar a ordem vigente e instaurar nova forma de sociedade" (ROCHA; JUNQUEIRA, 2011, 94).

Na América Latina, esse princípio de educação apresentado pela *Gravissimum Educationis* será recepcionado eficazmente, tal como todo o Vaticano II, pela II Conferência de Medellín. Segundo Souza (2018, 34), quando D. Manuel Larraín, então presidente do CELAM, convoca essa conferência, sua intenção era "propiciar um *Aggiornamento* da Igreja latino-americana, mediante a aplicação do espírito e orientação do Vaticano II". Nesse processo de recepção, toma-se consciência de que se fazia necessário assumir um compromisso com "a consolidação da justiça, a promoção da paz, a educação libertadora e uma Igreja pobre em defesa dos pobres" (Souza, 2018, 38).

Medellín amplia a concepção de educação trazida pelo Concílio Vaticano II, passando a entendê-la como libertadora: educação latino-americana, em uma palavra, é chamada a dar uma resposta ao repto do presente e do futuro em nosso continente. Uma educação integral e libertadora, que considere os indivíduos em sua totalidade e múltiplas dimensões, assenta-se no diálogo e é capaz de promover o respeito à diferença, à solidariedade, à justiça e à paz.

Capítulo 4

Aggiornamento educacional do Concílio Vaticano II na Conferência de Medellín: a singularidade da educação libertadora e integral

O Concílio Vaticano II retrata uma experiência de *aggiornamento*[1], termo utilizado por João XXIII que implicou em um novo pensamento eclesial, incidindo sobretudo em uma nova postura da Igreja diante do mundo e da modernidade. Certamente, a convocação do Concílio abriu caminhos para que se desaguasse em seu desenvolvimento posterior todo um movimento de ideias e realidades que se otimizou lentamente na primeira metade do século XX e que sinalizava uma transição positiva para uma nova fase marcada pela criatividade e novas experiências.

Na realidade pós-Concílio, em meio aos esforços de acolhimento e resistências que marcaram sua recepção por parte da Igreja universal e pelas igrejas particulares, o Concílio revelou-se como um sulco na história da Igreja com transformações profundas, um ponto de chegada, sobretudo de partida, em um fluxo contínuo, longo e lento da história da Igreja (MELLONI, 2005). Os dezesseis documentos finais compilados pelo Concílio representam um *corpus* único e coerente, denotando a totalidade conciliar. Karl Rahner, em 1964, quando escreve para Herbert Vorgrimler, utiliza a metáfora do "gancho", dizendo: "voltei ontem de Roma, cansado. Mas lá sempre podemos nos esforçar para que o pior seja evitado e para que, aqui e ali, um pequeno gancho seja suspenso nos esquemas para uma teologia futura" (RAHNER,

---

1. *Aggiornamento* é um termo italiano que significa "atualização". Esta palavra foi a orientação chave dada como objetivo para o Concílio Vaticano II, convocado pelo papa João XXIII em 1962.

1966, 218). Esse "pequeno gancho", citado pelo filósofo, emite o potencial de futuro que desponta do Concílio, no qual seu horizonte é avistado também na América Latina, sendo acolhido em primeira instância na Conferência de Medellín.

Revisitamos, assim, um momento privilegiado da história da Igreja contemporânea na realidade latino-americana, que descortinou uma fase de reflexão que, amadurecida no tempo, deu vida à Segunda Conferência Geral do Episcopado Latino-Americano, realizada na cidade de Medellín (Colômbia), entre os dias 24 de agosto e 6 de setembro de 1968, conhecida como *Conclusões de Medellín*.

O objetivo do papa Paulo VI, ao convocar essa reunião, era favorecer uma leitura da realidade latino-americana à luz do Concílio Vaticano II, como diz o próprio título da proposta da Conferência, *A Igreja na atual transformação da América Latina à luz do Concílio*, porém acrescentado a esse objetivo os bispos ousaram ler o Concílio à luz da realidade latino-americana. Assim, se para o Concílio o *aggiornamento* aos tempos modernos refletia como um paradoxo de desafios e, ao mesmo tempo, um fio condutor das reflexões e das decisões, para a Conferência de Medellín a realidade latino-americana foi o chão concreto sobre o qual foram tecidas suas reflexões, pois nesse contexto a Igreja aparece como uma realidade situada em um tempo e em um espaço concretos com os quais deve se relacionar de modo consciente, crítico, sensível e comprometido (Passos; Sanches, 2015).

Sendo assim, torna-se possível realizar à luz da história um diagnóstico da realidade pós-conciliar a nível educacional na perspectiva da educação integral, que nesse capítulo se versa à realidade latino-americana na Conferência de Medellín, reafirmando esse conceito por meio da educação libertadora. Assim, mais do que um diagnóstico que reconhece os dramas e desafios presentes no panorama geral da educação, Medellín, no documento sobre a educação, apresenta caminhos, reconhece a educação libertadora como movimento fundamental de superação das estruturas de desumanização e ausência de compromisso solidário no contexto educacional.

Na introdução do capítulo 4 do documento, voltado à educação[2], "a educação é um fator básico e decisivo no desenvolvimento do continente" (MED 4, I, 47), problematiza "o panorama geral da educação apresenta-se a nós, ao mesmo tempo, com características de drama e repto" (MED 4, I, 47); evidencia "considerando a urgência do desenvolvimento integral do homem e de todos os homens na grande comunidade latino-americano, os esforços educativos padecem de sérias deficiência e inadequações" (Ibidem, 4, I, 47); reconhece "a tarefa da educação destes nossos irmãos não consiste propriamente em incorporá-los nas estruturas culturais que existem em torno deles, e que podem ser também opressoras, mas em algo muito mais profundo" (MED 4, I, 48); propõe "nossa reflexão sobre este panorama nos conduz a propor uma visão da educação mais conforme com o desenvolvimento integral que propugnamos para o nosso continente, chamá-la-íamos de educação libertadora"[3] (MED 4, II, 50).

Dessa forma, é bastante visível o protagonismo do conceito de libertação que perpassa todo o documento das conclusões de Medellín, dando força e voz à teologia da libertação[4]. Esse conceito vem empregado no documento numa perspectiva dialética, fortalecendo a fusão entre o horizonte

---

2. Devido as várias edições do documento de Medellín, esta tese faz uso da 5ª edição de 1984, portanto, as citações referentes ao documento demarcam o capítulo, número e página. Ex: MED 4, I, 43.

3. Lora apontou que a primeira vez que o termo "educação libertadora" apareceu (presumimos que no cânone eclesiástico oficial) foi no documento final do encontro "La presencia de la Iglesia en el mundo universitário de America Latina", realizado na cidade de Buga (Colômbia) entre 19 e 25 de fevereiro de 1967. LORA, C. S. M. Una triple reflexión acerca de la educación liberadora, in: CONSELHO EPISCOPAL LATINO-AMERICANO, *Medellin. Reflexiones en el CELAM*, Madrid, Biblioteca de Autores Cristianos, 1977, 311-312.

4. Medellín atinge a ressignificação do conceito de libertação, tema que permeia as conclusões emanadas da Conferência e que embasou muitas prerrogativas dos "teólogos da libertação". Dessa forma, nesse contexto podemos observar o protagonismo que o conceito de libertação adquiriu no pensamento teológico latino-americano, o que não caracteriza uma total ruptura com o debate que, desde a I Conferência em 1955, passou a pautar questões de cunho social e político e uma renovação da Igreja, tendo o Concílio Vaticano II como grande expressão (OLIVEIRA, 2016, 105).

educacional e a história, a produção teórica e a práxis, o referencial eclesiástico e as Ciências Humanas e Sociais, fomentando a renovação interna da Igreja à inserção social. A preocupação com o homem latino-americano, situado na sua cultura, história, realidade, gerou uma responsabilidade histórica, na qual a missão da Igreja não poderia subtrair-se destes sinais, que objetivamente clamavam por respostas (OLIVEIRA, 2016). Sendo assim, o esboço da libertação dialética também se manifesta na dicotomia entre o homem e todos os homens, entre o espiritual e o temporal. Essas composições dialéticas integram o conceito de libertação praticamente em todo o texto das Conclusões de Medellín[5].

A articulação que consideramos importante ser estabelecida nesta tese em relação ao conceito de libertação aplicada à educação reflete a leitura do tempo e da realidade latino-americana como universos nos quais a libertação não condiz somente com elementos de opressão, devido a um passado de injustiça, mas revela-se no itinerário do ser humano, espelhada pelo divino. Podendo, assim, ser perscrutada pela transcendência da educação, em um processo de conscientização que não se concentra somente na materialidade do plano físico, mas remete à pessoa a um encontro entre razão e fé. Essa conscientização gera o entendimento da realidade, que pode ser compreendida como uma prática para a libertação, como alude Paulo Freire.

---

5. Ao tratar de referências diretas, a Introdução menciona "libertação diante de qualquer servidão, de maturação pessoal e de integração coletiva." (Introdução às Conclusões — Presença da Igreja na atual transformação da América Latina, in: CONSELHO EPISCOPAL LATINO-AMERICANO, *Conclusões da Conferência de Medellín — 1968: trinta anos depois, Medellín é ainda atual?* São Paulo, Paulinas, 2010, 38); em Justiça "A originalidade da mensagem cristã não consiste tanto na afirmação da necessidade de uma mudança de estruturas, quanto na insistência que devemos pôr na conversão do homem." (Justiça, in: CONSELHO EPISCOPAL LATINO-AMERICANO, op. cit., 46-47); Juventude, "Que se apresente cada vez mais nítido na América Latina o rosto da Igreja autenticamente pobre, missionária e pascal, desligada de todo poder temporal e corajosamente comprometida com a libertação do homem todo e de todos os homens." (Juventude, in: CONSELHO EPISCOPAL LATINO-AMERICANO, op. cit., 104-105); Educação, "[...] a obra educadora da Igreja não deve ser obstaculizada por discriminações de qualquer espécie, esta é a visão alentadora que, sobre a educação na América Latina, apresenta hoje a Igreja."

A conscientização leva o homem a assumir a utopia, onde esta possibilita que se façam as denúncias de injustiças e que se proponha alternativas humanizantes à sociedade. Por isso, a utopia é também um compromisso histórico. Ela é um ato de conhecimento crítico. [...] A consciência está evidentemente ligada à utopia, implica em utopia. Quanto mais conscientizados nos tornamos, mais capacitados estamos para ser anunciadores e denunciadores, graças ao compromisso de transformação que assumimos (FREIRE, 1978, 28).

Tal pensamento não anula o princípio que envolve a criação de um espírito crítico, de democratização da educação, como uma antecipação do desenvolvimento pessoal e progresso social. Contudo, não se pode palmilhar esse projeto sem a influência da teoria pedagógica do brasileiro Paulo Freire e Cândido Padin[6], integrante da Comissão de Educação, que chegou a chefiar o Departamento de Educação do CELAM. Padin afirmou que Freire participou de um encontro no CELAM com os membros do Departamento de Educação um mês antes da Conferência (PADIN, 2010, 24).

Dada a emergência de um novo projeto educacional, o documento de Medellín reconhece na educação libertadora a concretização do projeto educacional advindo do Concílio, atualizando e problematizando as linhas da *Gravissimum Educationis* para a realidade latino-americana. Como já foi dito anteriormente, essa atualização não condiz mais como uma fotocópia de ideias a serem exercidas, mas como uma reflexão que se incorpora ao grande laboratório da história, lugar em que o caminho da obviedade é substituído pelos passos da dialética, caminhos entre as ideias, em que o diálogo convergirá para um projeto educacional significativo, que merece ser aprofundado.

Com essa intencionalidade, não podemos nos eximir do fato de que a construção da história indubitavelmente gira em torno da posse, do acúmulo e da preservação de certo capital social, cultural e simbólico (BOURDIEU,

---

6. Dom Cândido Padin, então bispo de Bauru, recorda o 1º Encontro sobre Pastoral de Conjunto, em 1966. Cita também o Seminário sobre Educação, um mês antes de Medellín, que contou com a participação de Paulo Freire, e assumiu o conceito de "educação libertadora" (PADIN, 2010, 228, 230).

2001), porém torna-se imprescindível crer que é contando histórias que os homens articulam sua experiência do tempo, orientando-se no caos das modalidades potenciais de desenvolvimento, marcando com enredos e desenlaces o curso muito complicado de suas ações (RICOEUR, 1978).

Dadas as mudanças provocadas pelo Concílio Vaticano II, que gestava os germes de renovação e suscitava uma nova reflexão educacional na América Latina, os bispos reunidos em Medellín assumem como Igreja do continente a consciência de que a injustiça é produzida por estruturas injustas, caracterizando uma realidade que clama por mudança. Como sumariza Crespo (1992), também a opção pelos pobres e o discurso em torno da Igreja com os oprimidos definem um novo projeto educacional, no qual uma escola voltada para a burguesia não teria mais sua função.

Ao adotar essa posição, a educação libertadora tende a conscientizar os povos latino-americanos de sua histórica situação de exploração, injustiça e opressão e, a partir dela, trilhar caminhos de libertação, nos quais os indivíduos sejam sujeitos de sua história. O discurso da educação libertadora convoca a realidade latino-americana a cidadania de uma nova mentalidade, que contribui decisivamente para a consolidação de uma educação compreendida na ótica do serviço, que não pode se esquivar de contribuir na promoção cultural humana da sociedade e repudiar qualquer tipo de discriminação.

Contudo, reler as preposições educacionais do Concílio Vaticano II na Conferência de Medellín, na ótica do acolhimento e capacidade transformadora, implica reconhecer o processo de continuidade e mudança, sabendo que as conclusões de Medellín, no seu título sobre a educação, trazem um novo prelúdio para a educação católica na América Latina, que não pode se esquivar da missão libertadora da educação frente à sua realidade.

Não obstante, os elementos constitutivos da concepção de educação na II Conferência de Medellín são reportados nesta análise em relação ao Vaticano II, tendo como chave hermenêutica a educação libertadora e assistemática que se convergem como elementos substanciais para uma educação integral.

4.1. Medellín: seu contexto, identidade e projetualidade na América Latina

As conferências episcopais[7], compreendidas como eventos eclesiais, expressam de forma profunda e gradual a realidade histórica e, por vezes, controversa da Igreja na América Latina. Desde o Rio de Janeiro (1955) até Aparecida (2007), perpassando por Medellín (1968), Puebla (1979) e Santo Domingo (1992), as contribuições desses eventos atingem realidades extraeclesiais, suscitando uma leitura atenta e preocupante da realidade, como um perscrutar dos sinais dos tempos em busca de respostas às diversas situações que se apresentam na caminhada histórica da América Latina e o Caribe.

A origem das conferências episcopais remonta ao século XVI. Dentre as motivações que originaram essas conferências está a dificuldade encontrada para a celebração dos concílios, forma tradicional de reunião dos bispos para discutir questões que envolvem a vida da Igreja. Nos séculos XIX e XX, cresceu o número de conferências, tendo como forte característica a identidade de constituições territoriais nacionais.

Fazem parte das discussões a reflexão pastoral que tem sua origem na análise profunda das realidades social, política, econômica, cultural, religiosa

---

7. A par e em consonância com a tradição dos concílios particulares, nasceram, em diversos países, a partir do século passado, por razões históricas, culturais, sociológicas, e por objetivos pastorais específicos, as Conferências dos Bispos, tendo como finalidade enfrentar as várias questões eclesiais de interesse comum e encontrar as soluções mais oportunas para as mesmas. Ao contrário dos concílios, essas conferências tiveram um caráter estável e permanente. A instrução da Sagrada Congregação dos Bispos e Regulares, de 24 de agosto de 1889, faz menção delas designando-as expressamente como conferências episcopais [...] A partir do Concílio Vaticano II, desenvolveram-se notavelmente as conferências episcopais, ocupando o lugar de órgão preferido dos bispos de uma nação ou de determinado território para o intercâmbio de opiniões, consulta recíproca e colaboração em favor do bem comum da Igreja: "Elas tornaram-se nestes anos uma realidade concreta, viva e eficaz em todas as partes do mundo". [34] A sua importância resulta do facto de contribuírem eficazmente para a unidade entre os bispos e, consequentemente, para a unidade da Igreja, sendo um instrumento muito válido para robustecer a comunhão eclesial. Disponível em: <http://www.vatican.va/content/john-paul-ii/pt/motu_proprio/documents/hf_jp-ii_motu-proprio_22071998_apostolos-suos.pdf>.

e eclesial. Em suas discussões não entram os assuntos dogmáticos ligados às verdades da fé. Há também a contribuição das outras ciências, na presença de assessores e peritos que colaboram com elementos para uma análise crítica precisa e atenta da realidade.

O Conselho Episcopal Latino-americano (CELAM[8]) foi criado em 1955, em conexão com a Primeira Conferência Geral do Episcopado Latino-Americano realizada no Rio de Janeiro em 1955. Anterior a esse organismo está a idealização da Conferência Nacional dos Bispos do Brasil (CNBB), órgão de grande relevância para a Igreja do Brasil e para as discussões que serão abordadas posteriormente. Sua fundação deu-se em 1952 e foi idealizada por Dom Helder Câmara[9].

Após a fundação da CNBB, Dom Hélder foi seu secretário por doze anos. Nesse período, buscou-se incorporar um estilo de Igreja moldado nos documentos do Concílio Vaticano II (1962-1965), colaborando para uma maior participação dos leigos nas ações da Igreja. Possibilitou-se reflexões sobre a liberdade religiosa, o reconhecimento pela Igreja de outras religiões não cristãs, o ecumenismo, a missão social da Igreja, a responsabilidade do clero diante dos problemas sociais que afligiam o Brasil e o Terceiro Mundo e a responsabilidade da Igreja na construção de uma educação libertadora (CONDINI, 2014).

Segundo Sandra Arenas, da Faculdade de Teologia da Pontifícia Universidade Católica do Chile, a criação do CELAM precede à existência da maioria das conferências episcopais das igrejas locais. Contudo, seu

---

8. Conselho Episcopal Latino-Americano (CELAM) é um organismo da Igreja Católica fundado em 1955 pelo papa Pio XII a pedido dos bispos da América Latina e do Caribe.

9. Em uma audiência com o subsecretário de Estado do papa Pio XII, monsenhor Giovanni Batista Montini, futuro papa Paulo VI (1963-1978), padre Hélder justificava a necessidade da fundação da CNBB: "Monsenhor Montini, nós temos, no Brasil, a possibilidade de criar um modelo quase ideal de relacionamento entre Igreja e Estado. O catolicismo entre nós não é o estatuto da religião oficial, mas há um grande respeito mútuo entre Igreja e governo, e trabalhamos em leal colaboração. Uma assembleia episcopal será um instrumento que facilitará enormemente essa colaboração" (PILETTI; PRAXEDES, 2008, 157).

surgimento ultrapassa uma recepção regional de uma experiência local, pois a consciência comum do episcopado latino-americano ainda não tinha surgido, uma vez que a Igreja, na América Latina, era a herdeira da cristandade rural, implantada em formas maciças e passivas de piedade popular no século XIX, rigorosos padrões sociais tradicionais de convivência, elites eclesiásticas de território etc. (HOUTARD, 1986).

Nesse sentido, Sandra Arenas considera que o CELAM não foi forjado em uma reflexão feita pelo corpo episcopal do continente, mas foi institucionalizado como um corpo eclesial-episcopal por iniciativa de alguns bispos e o impulso das instâncias romanas. Com a renovação do Concílio Vaticano II, essa instituição eclesial latino-americana adquiriu progressivamente mais autoconsciência do significado de sentimento colegial e suas repercussões pastorais positivas.

No encerramento do Concílio em dezembro de 1965, esse já havia provocado um movimento profundo na Igreja da América Latina, então foram realizadas várias assembleias anuais em Roma presididas por Mons. M. Larraín (presidente do CELAM de 1963 a 1966).

Com efeito, a ideia de uma segunda conferência já estava sendo gestada durante o desenvolvimento do próprio Concílio, com algumas reuniões do CELAM realizadas em Roma (PARADA, 1975). Em 1966, o presidente do CELAM fez a proposta a Paulo VI, que decide convocar a Conferência de Medellín. Entre 19 e 26 de janeiro de 1968, em Bogotá, foi elaborado o Documento Básico Preliminar[10]. Passaram-se alguns meses de intenso trabalho, com várias reuniões nas diversas conferências episcopais para estudar o texto e redigir observações. De 2 a 8 de junho do mesmo ano, sempre em Bogotá, nasce o documento de trabalho, fruto da síntese e contribuições de

---

10. Documento Básico Preliminar para a II Conferência do Episcopado Latino-Americano. A elaboração do texto de 28 páginas, participaram 43 bispos, teólogos e sociólogos. Relevamos a presença de R. Poblete e de G. Gutiérrez. Em geral pode-se afirmar que se trata de um documento que faz grande menção a *Gaudium et Spes* e a Paulo VI. Vem exposta a conjuntura econômica, social, cultural e religiosa da América Latina, a missão específica da Igreja no continente e traz a novidade da terminologia libertação. Do ponto de vista metodológico, denota-se a escolha por um percurso indutivo: análise da realidade, reflexão teológica e linhas pastorais.

todas as conferências episcopais nacionais e de outras realidades eclesiais (Parisi, 2018).

Alguns encontros também aconteceram na América Latina: o *Encontro Latino Episcopal Latino-Americano*, de Banõs (Equador), em julho de 1966, com os responsáveis pelas comissões de educação, apostolado secular, ação social e pastoral de conjunto. Após a X Assembleia do CELAM em Mar de Plata, sobre *O papel da Igreja no desenvolvimento e na integração da América Latina*, em outubro de 1966, nesta ocasião o governo ditatorial de Ongania impediu a presença de Dom Hélder Câmara, bispo brasileiro que assumiu papel relevante na educação libertadora no Brasil. O encontro de Pastoral Universitária em Buga (Colômbia), em 1967, propõe a reforma nas universidades católicas permitindo a reestruturação de importantes centros intelectuais. O Encontro Latino-Americano de Vocações em Lima, 1967, planejou a reforma dos seminários teológicos. O primeiro encontro pastoral de Missões Indígenas em Melgar (Colômbia, abril de 1968). Por último, o encontro da Pastoral Social, em Itapoã, no Brasil, em maio de 1968. Todos esses eventos prepararam o caminho para o acontecimento fundamental da Igreja latino-americana do século XX: a II *Conferência Latino-americana* em Medellín (Dussel, 1989, 41).

Paulo VI se fez presente para a abertura da conferência, sendo essa a primeira visita de um papa à América Latina.

Os trabalhos efetivos iniciaram-se dias depois em Medellín conduzidos por Dom Avelar Brandão Vilela, presidente do CELAM, cardeal Antônio Samoré, presidente da Pontifícia Comissão para América Latina e do cardeal Juan Landruzi Ricketts, arcebispo de Lima, Peru. Associavam-se a eles um imenso grupo de bispos e assessores, somando mais de 240 participantes, dos quais somente 130 tinham direito à voz e ao voto. Entre eles, 25 eram do Brasil (Kloppenburg, 1962).

Nas dizeres do Dom Pedro Casaldáliga, "Medellín foi, sem dúvida, o Vaticano II da América Latina. Mais avançado que o Vaticano II, porque neste a opção pelos pobres foi de uma minoria, quase clandestina. Em Medellín fez-se a opção pelos pobres, a opção pelas comunidades, pela militância, a partir da fé" (Godoy, 2017, 7).

O grupo de homens e mulheres que compuseram essa conferência tinham a missão de apresentar orientações válidas para todo o continente latino-americano e Caribe, tendo como inspiração o Concílio Vaticano II e como desafio trazer respostas adequadas e significativas à realidade latino-americana e caribenha, que se apresentava com uma forte dependência econômica, um lento desenvolvimento e pelo alvorecer de regimes políticos de exceção, contraposto por movimentos revolucionários (LIBANIO, 1988).

Dom Hélder, um dos 39 brasileiros que estavam presentes em Medellín, em um dos escritos, registra suas impressões e conclusões pessoais em relação à Conferência.

> Exagerei quando ponho (em destaque no texto), logo abaixo da graça de haver participado do Concílio Ecumênico Vaticano II, a graça de haver participado da Segunda Conferência do Episcopado Latino-Americano? Para a América Latina as conclusões desta Conferência, que aplicam ao nosso Continente as determinações do Concílio e, em nome do Concílio, nos levam a assumir, plenamente, nossa responsabilidade em face do momento histórico da América Latina, devem ter o mesmo sentido que, para o mundo inteiro, devem ter os documentos conciliares (CÂMARA, 1968, 223).

A responsabilidade histórica diante do evento de Medellín torna-se mais bem identificada quando nos damos conta do momento histórico incandescente que acompanha o devir dos documentos emanados em Medellín.

A realidade política e econômica da década de 1960 apresentava dois eixos básicos das duas potências da Guerra Fria: EUA e URSS, capitalismo e socialismo. Contudo, as duas guerras mundiais haviam repercutido uma dinâmica planetária com novos modos de imperialismo. Emergem os norte-americanos, que buscavam expansão desde fins do século XIX, por um lado, e o bloco soviético, por outro. O continente latino-americano se torna sujeito já maduro de sua emancipação. É ator que compreende que deve cumprir novo papel no teatro global, ao lado dos movimentos da descolonização afro-asiática (SIQUEIRA; BAPTISTA; SILVA, 2018).

O contexto político é marcado por um clima de tensão: a evolução da Revolução Cubana e um certo fascismo exercido em alguns círculos juvenis; o fracasso do projeto "Aliança pelo Progresso", programa lançado na administração de J. F. Kennedy; a crise de um modelo de desenvolvimento que havia encontrado sua correspondência política no estado liberal populista; a presença de regimes militares e oligarquias tradicionais; a ideologia da Segurança Nacional; a militarização do continente; o crescente controle de algumas organizações de países desenvolvidos e o nascimento de movimentos populares, universitários e revolucionários (Assmann, 1973).

O ambiente social estava caracterizado pelo aumento do número de pobres e da ascensão das grandes metrópoles, como consequência dos fluxos migratórios internos. No campo eclesial, percebe-se a chegada de um grande contingente de padres diocesanos posteriormente à dinâmica desencadeada pela encíclica *Fidei Donum* de 1957[11].

O contexto latino-americano é marcado, sobretudo, pela sucessão de governos autoritários que chegam ao poder a partir de golpes militares — Brasil e Bolívia, em 1964, Argentina, em 1966, Peru, em 1968 (Godoy, 2015). Essa realidade da América Latina dará o diagnóstico "que a maioria do povo latino-americano vive uma situação de marginalização, alienação e pobreza, situação reveladora de profundas desigualdades, injustiça e opressão" (Stein, 2001, 108).

Souza (2018) afirma que "o extremo empobrecimento da população, as injustas condições de vida e a violência institucionalizada que a grassam entre a população eram marca desse território" (Souza, 2018, 38). Tais constatações não passam desapercebidas na recepção do Concílio Vaticano II na América Latina, mas fundamentam sua reflexão ao elencar as três grandes contribuições de Medellín. Boff (2018) apresenta a opção pelos pobres, teologia da libertação e as comunidades eclesiais de base, já que

---

11. O santo padre Pio XII publicou a encíclica "*Fidei Donum*", com a qual chamava a atenção dos bispos e dos sacerdotes diocesanos às necessidades missionárias da África: a amplitude e a urgência dos problemas colocados à difusão e ao aprofundamento da fé naquela terra se confrontavam com uma forte carência de agentes pastorais e de meios. O papa, portanto, exortava as Igrejas mais antigas a irem ao encontro das jovens Igrejas africanas com a oração, o sustento econômico e o envio de sacerdotes e religiosos diocesanos às terras de missão, convidando também os leigos inseridos nos movimentos católicos a desempenhar um serviço missionário.

a primeira perpassa todo o documento de Medellín, inclusive o texto sobre a educação.

As discussões que dão avio à redação final dos documentos não anulam essas realidades, mas adentram o diagnóstico latino-americano a partir do método *ver, julgar, agir*[12], que instiga a reflexão dos bispos a rever o lugar e o papel correspondente à Igreja na ação evangelizadora a partir das estruturas da sociedade na América Latina. O diagnóstico feito pelos bispos é bastante negativo, pois relata que a América Latina é um continente marcado pela pobreza e pela violência institucionalizada. A pobreza é adicionada à desigualdade, entre as quais a educação se destaca como uma esfera de poucas oportunidades, especialmente para os mais pobres. Nesse mesmo aspecto, os bispos destacam três elementos urgentes a serem enfrentados: a ignorância, o analfabetismo e a falta de consciência política das massas (MED 4, I, 47).

As principais linhas dos documentos da II Conferência Geral do Episcopado Latino-Americano, de Medellín, representam para a Igreja Católica do continente um marco da interpretação sábia da realidade a partir de um olhar coletivo que germinou na elaboração de documentos e conclusões que representam quase que um testamento, espiritual e político, para a América Latina. A realidade latino-americana em transformação expressou um modo de compreender o processo histórico naquele momento, quando a pobreza visível no continente era, de fato, vista como fruto de exploração de um sistema econômico mundial, de um modelo de desenvolvimento e não como

---

12. O método Ver-Julgar-Agir, adotado por Medellín, não é uma grade que aprisiona, nem um canal estreito que reduziria a liberdade soberana da Palavra de Deus. E ele pode ser utilizado de forma equivocada, como qualquer outro dossiê: *Conferência de Medellín*: 50 anos — Artigo original: Medellín: história, símbolo e atualidade Horizonte, Belo Horizonte, v. 16, n. 50, 600-631, maio/ago. 2018. Esse método nos deixa uma lição para hoje: seu caráter libertador. Ou seja, ele auxilia os cristãos e a comunidade a se descativarem das más ideologias e das leituras simplistas sobre a realidade. Com este olhar crítico, volta-se à Palavra de Deus e à tradição eclesial, buscando luzes. Ambas as realidades se iluminam. Alarga-se a espiral hermenêutica da fé. O terceiro momento, o do Agir, visa transformar o sentimento e a percepção em gestos concretos de mudança. Com isso, supera-se o limite de um discurso eclesial eivado de boas intenções, mas sem operatividade pastoral. Vale a pena voltar a ler Medellín, com a perspectiva dos novos desafios.

atraso cultural, como antes se propunha pela teoria desenvolvimentista (Passos; Sanchez, 2015).

Medellín é também reconhecida por muitos autores como o maior evento eclesial do continente no século XX, é a primeira conferência ocorrida após o Concílio Vaticano II, sofrendo significativa influência das questões que foram propostas e desenvolvidas no Concílio. Acolhendo os princípios de renovação do Vaticano II, Medellín, de forma singular, lançou os alicerces para organizar uma Igreja-comunidade, avançar na pastoral, refletir sobre a fé e atuar na sociedade. A conferência colocou as bases seguras para a teologia da libertação e a Igreja dos pobres, abriu-se no horizonte do desenvolvimento integral (Paulo VI, *Populorum progressio*) e encerrou-se na perspectiva da libertação. Iniciou-se com bispos inquietos pela problemática social e saiu-se com a firme determinação de opção pela libertação dos pobres (Libanio, 1988, 22).

Os participantes da Conferência de Medellín foram organizados em 16 comissões para realizarem os trabalhos, cada comissão ficou responsável em discutir um tema, segundo Beozzo (2018), a falta de tempo e também a convicção de que a síntese faria perder muito da riqueza dos textos das comissões, levou à feliz decisão de transformar nas conclusões da II Conferência, a contribuição de cada uma das comissões, depois de submetidas a um voto do plenário (Beozzo, 2018).

Dessas dezesseis comissões organizadas, emanou-se um documento no texto das conclusões, de modo que "o fruto dos seus trabalhos se constituiu praticamente no documento final, pois decidiu-se por juntar os 16 relatórios e publicá-los como Conclusões de Medellín" (Godoy, 2015, 211).

Observa-se que, apesar dos documentos de Medellín terem um correspondente nos textos conciliares, eles representam uma recepção seletiva, conservando sua originalidade e avançando em algumas temáticas que não foram incorporadas pelo Concílio.

4.1.1. A Conferência de Medellín e o horizonte de suas teses

O tema central da Conferência de Medellín se intitula *A Igreja na atual transformação da América Latina à luz do Concílio Vaticano II*. Logo na introdução do documento de Medellín, afirma-se: "a América Latina está evidentemente sob o signo da transformação e do desenvolvimento. Transformação que, além de produzir-se com uma rapidez extraordinária, atinge e afeta a todos os níveis do homem, desde o econômico até o religioso" (MED, int. 6). O documento ainda afirma que estamos no limiar de uma nova época da história, "época cheia de anelo de emancipação total, de libertação diante de qualquer servidão, de maturação pessoal e de integração coletiva" (Ibidem, 6). É a partir desse momento que a Igreja toma a consciência de que se fazia necessário assumir um compromisso com "a consolidação da justiça, a promoção da paz, a educação libertadora e uma Igreja pobre em defesa dos pobres" (SOUZA, 2018, 38). O documento final marca lugares específicos com eixos de análise e ação. Eles são singulares tanto na história do catolicismo continental quanto no ambiente político do momento. O texto inicia-se com a seguinte asserção: "a Igreja latino-americana, reunida na Segunda Conferência Geral de seu Episcopado, situou no centro de sua atenção o homem deste Continente que vive um momento decisivo de seu processo histórico" (MED, int., 5).

A estrutura[13] do documento de Medellín é estilada por meio de uma organização tripartite, apresentando análises e orientações quanto aos três grandes setores estruturais no processo de transformação do continente:

I. Promoção Humana: (1) Justiça, (2) Paz, (3) Família e Demografia, (4) Educação, (5) Juventude;
II. Evangelização e crescimento na Fé: (6) Pastoral Popular, (7) Pastoral das Elites, (8) Catequese, (9) Liturgia;
III. Igreja visível e suas estruturas: (10) Movimento de leigos, (11) Sacerdotes, (12) Religiosos, (13) Formação do clero, (14) Pobreza da Igreja, (15) Pastoral de Conjunto, (16) Meios de Comunicação Social.

O documento avança em algumas temáticas em relação ao Concilio Vaticano II ao inserir temas como a questão da justiça, da paz e, especialmente, a pobreza, o tema eclesiológico por excelência de Medellín (BEOZZO, 2018).

---

13. Salientamos que, diante das várias edições do documento, esta tese segue a 5ª edição de 1984.

As conclusões de Medellín são divididas em dezesseis capítulos e pouco mais de 175 páginas, revelam claramente a realidade de um povo sofrido que busca à luz da fé e dos ensinamentos propostos pelo Concilio, responder ao processo de evangelização no continente. O texto segue, na maioria dos seus capítulos, a metodologia Ver, Julgar e Agir (GODOY, 2015, 212). Tal metodologia será repetida em Puebla, rejeitada em Santo Domingo, reassumida em Aparecida e apropriada pelo atual papa Francisco em seus diversos escritos.

A introdução do documento enuncia as problemáticas e atmosfera que envolvem a sua reflexão. Manifesta com anterioridade que a sua atenção está voltada ao homem do continente latino-americano, em um determinado processo histórico, à luz da Palavra de Cristo e sob a esteira do Concílio Vaticano II. Revela explicitamente a preocupação em transformar em ação, a reflexão efetuada.

Na primeira parte, o documento apresenta o desenvolvimento integral e a promoção humana. O primeiro tema sobre a justiça (9-21) inicia com uma descrição da realidade latino-americana marcada pela miséria, como fato coletivo, interpretada como "uma injustiça que clama ao céu" (MED 1, I, 9) e não como consequência de uma calamidade natural. Inserida nessa realidade, a Igreja proclama sua mensagem, recordando que o próprio Deus criador, que dispôs ao homem e a cada povo tudo quanto criou, enviou-nos seu filho para libertar-nos da escravidão. A história da salvação é interpretada em termos de libertação integral. Recorda-se, porém, de não confundir o progresso temporal com o Reino de Cristo, acena-se algumas orientações concretas que podem ajudar a transformar a realidade social contemporânea, inspiradas nos valores do bem comum, a serviço do homem e da justiça. O segundo tema aborda a temática da paz (23-35), denotando as várias tensões, fruto da injustiça, que, na América Latina, conspira contra a paz e que podem trazer consequências desastrosas. Diante da realidade percebida como negação da paz, vem apresentada a concepção cristã. O texto inspira-se na *Gaudium et Spes*[14] n. 78, concentra-se sobre os aspectos: a paz

---

14. *Gaudium et Spes* ("Alegria e Esperança" em latim) *sobre a Igreja no mundo contemporâneo* é a única constituição pastoral e a 4ª das constituições do Concílio

é obra da justiça, tarefa permanente e fruto do amor. São anunciadas algumas orientações pastorais: despertar uma "viva consciência de justiça" (MED 2, I, 28), defendendo os direitos dos pobres e oprimidos e garantindo uma justiça mais perfeita entre os homens. O terceiro ponto se refere à família e demografia (37-46), oferece um panorama global e latino-americano, dos principais fenômenos sociais que afetam a família, para depois adentrar na doutrina da Igreja. Nesse contexto, a família é descrita como formadora de pessoas, educadora na fé e promotora do desenvolvimento. Nesse ponto se insere uma reflexão sobre a complexa situação demográfica da América Latina e, buscando evitar soluções simplistas, retoma alguns traços do ensino da *Humanae Vitae*[15]. Entre as linhas de ação aparece a prioridade da pastoral familiar ser incluída nos planos pastorais gerais.

O quarto tema da primeira parte traz a questão da educação (47-58), tida "como fator básico e decisivo para o desenvolvimento do continente" (MED 4, I). O olhar está voltado, em primeiro lugar, à situação da educação latino-americana com suas conquistas e fragilidades, dramas e desafios, para depois refletir sobre o sentido humano e cristão da educação. A educação é apresentada com o adjetivo "libertador", chamada a ser criativa, personalizada, aberta ao diálogo, colocando-se em correlação com a missão da igreja. As linhas pastorais propostas tratam de questões gerais, assim como de questões específicas. Após a reflexão sobre a educação, apresenta o tema da Juventude (59-66) como título do quinto documento. Esse oferece uma visão panorâmica da juventude latino-americana, que assume uma parcela numerosa da população do continente, notando o seu dinamismo, perfil, valores, conquistas, carências e conflitos. A Igreja visualiza na juventude um sinal de possibilidade de renovação. As recomendações pastorais abrangem uma ampla

---

Vaticano II. Trata fundamentalmente das relações entre a Igreja Católica e o mundo onde ela está e atua.

15. *Humanae Vitae* (em português "Da vida humana") é uma encíclica no pontificado de papa Paulo VI. Foi publicada em 25 de julho de 1968. Inclui o subtítulo *Sobre a regulação da natalidade*, descreve a postura da Igreja Católica em relação ao aborto e outras medidas que se relacionam com a vida sexual humana. Segundo alguns geraria polêmica porque o papa nela definiu que a contracepção, exclusivamente por meios artificiais, é proibida pelo magistério da Igreja Católica.

gama de indicações. Observa-se, em particular, o convite para formar e desenvolver uma autentica pastoral juvenil.

Nesse ponto, inicia-se a segunda parte do documento intitulada a Evangelização e o crescimento da fé, orientados a serem conduzidos por uma espiritualidade encarnada, bíblica (MED, Pastoral Popular, n. 8b; catequese, n. 1-3), apta ao diálogo com todas as classes (MED, Pastoral das Elites, n. 3), fruto de uma liturgia adaptada ao gênio das culturas. A última parte, a Igreja visível e suas estruturas, acena para uma vida religiosa (MED, Religiosos, n. 18-23) e demais membros da Igreja (Pobreza da Igreja, n. 8-11) comprometidos com promoção humana e a defesa dos injustiçados. Atesta a necessidade de novos mecanismos eclesiais que expressem colegialidade (MED, Pastoral de Conjunto, n. 13-28). Por fim, acena que a Igreja deve se aproximar dos meios de comunicação, indispensável instrumental para levar o evangelho até os confins do mundo (MED, Meios de Comunicação Social, n. 7ss).

A hermenêutica de Medellín acolhe a história como parte integrante da sua reflexão, com significados que exigem uma perspectiva interdisciplinar que acolhe não somente os pressupostos e a transversalidade teológica que recortam suas orientações e decisões, mas também as abordagens feitas à realidade, sendo elas por meio de olhares que carregam inevitavelmente pressupostos teóricos e metodológicos, a partir disso nos deteremos nas dinâmicas educacionais que emergem dessa reflexão.

O tema da educação torna-se pauta de discussão nas conferências da América Latina somente a partir de Medellín, pois na primeira conferência ocorrida no Rio de Janeiro, de 25 de julho a 4 de agosto de 1955, os bispos da América Latina reunidos na Igreja da Candelária, no Rio de Janeiro, debruçaram-se sobre os problemas que desafiavam a Igreja na época, tendo como tema *Nova evangelização, promoção humana e cultura cristã*, as preocupações maiores se detiveram aos problemas internos da Igreja, à escassez de sacerdotes, à ignorância religiosa do povo e às missões entre os infiéis.

Ocorre que, na década de 1950, período pós-guerra, o contexto histórico mundial estava marcado por várias mudanças que influenciaram diretamente a vida da Igreja. De um lado, a Guerra Fria configurava a relação das grandes potências do mundo, enquanto na América Latina cresciam movimentos de esquerda, inclusive com a adesão de muitos cristãos. De outra parte, "[...] no campo religioso, se detectavam a expansão do protestantismo e o crescimento da modernidade secularizada e hostil à Igreja" (FONSECA, 2009, 6).

Em relação a educação, em 1955, já havia cinco universidades católicas no Brasil, três delas pontifícias[16]. No entanto, nos textos da primeira Conferência Geral do Episcopado da América Latina, a realidade educacional permanece despercebida.

Será em Medellín, a partir de uma nova visão eclesiológica, que a ação educativa começa a ser entendida na América Latina como caminho de humanização, em sentido lato, como lugar de transmissão de valores em vista da formação de sujeitos construtores de uma sociedade em que haja mais justiça, vida digna e solidariedade.

4.2. Da recepção da Declaração Conciliar *Gravissimum Educationis* à educação integral e libertadora como direito inalienável

Torna-se possível discorrer sobre a recepção da GE no documento da educação em Medellín a partir da clarividência dos diferentes contextos em que eles se inserem. Ainda assim, a realidade de acolhimento que se instaura entre esses dois documentos revela mais do que uma recepção, o que nos leva a argumentar que, no documento de Medellín, educação representa uma verdadeira ruptura e uma contribuição nova e criativa ao magistério da Igreja para analisar sua práxis educacional.

Ambos os documentos, como os demais do Concílio Vaticano II e da Conferência de Medellín, entendem a humanização da pessoa em todas as suas dimensões, em uma orientação fundamental que caracteriza o ser humano na sua dignidade sagrada e inviolável, pois a pessoa é a imagem divina na terra, segundo a tradição judaico-cristã. Deus é a magnitude fundante do ser pessoal, livre e social do ser humano. Todo ser humano, por desígnio

---

16. PUC-Rio (1941), PUC-SP (1946), PUC-RS (1950), Universidade Católica de Pernambuco (1952) e Universidade Católica de Campinas (1955).

divino, destina-se a atingir a maturidade humana que se nos revela plenificada no Cristo Pascal, "imagem do Deus invisível" (Cl 1,15).

A propósito, para melhor compreensão da antropologia que acompanha o conceito de ser humano na Igreja Católica, convictos de que com base na concepção antropológica é que se instaura um processo formativo integral, nos deteremos brevemente a revisitar a concepção de pessoa que embasa a proposta educativa cristã, sabendo que ela perpassa ambos os documentos *Gravissimum Educationis* e o documento da educação em Medellín.

Relevamos que a antropologia bíblica não conheceu propriamente o conceito de pessoa enquanto palavra e semântica, mas essa esteve presente no seu conteúdo relacional, tendo acesso àquilo que o conceito expressa. Na categoria bíblica, o ser humano, como *imago Dei* (imagem de Deus), é concebido por meio da sua relação com Deus (criatura e criador), com o mundo (superioridade) e com o outro (igualdade). A relação do ser humano com Deus (dimensão teologal) seria o fundamento da percepção de sua dimensão transcendente em relação ao mundo e de igualdade em relação ao outro, ao semelhante (RUIZ DE LA PEÑA, 1998; SIERRA, 2002).

O conceito de pessoa surgirá, então, em um contexto teológico-cristão. A tese de que o pensamento grego não conheceu o conceito de pessoa é compartilhada por filósofos como X. Zubiri (1984, 323), J. Marías (1971, 33-34), E. Mounier (1964, 23) e teólogos como O. Clément (1972, 32-35), J. L. Ruiz de la Peña (1988, 155) e outros (SCHÜTZ; SARACH, 1973, 74; RUBIO, 2001, 304; SAYÉS, 2002, 217; SCOLA; MARENGO; PRADES LÓPEZ, 2000, 185; PESSOA, 2001, 2262). A filosofia grega, sobretudo a platônica, não teria conhecido uma concepção pessoal do ser humano pelo fato que o concebia como um espírito, uma realidade pertencente ao mundo do eterno, do imutável e do universal (OLIVEIRA, 2016).

Entretanto, a ausência do conceito de pessoa conduziu a antropologia grega a outras categorias, como essência (*ousía*), substância (*hypóstasis*) e natureza (*phýsis*). O termo *prósopon* (o olhar dirigido a), em um primeiro momento, referia-se à máscara que cobria o rosto do ator que representava um papel no teatro clássico, principalmente na tragédia. A máscara caracterizava o personagem teatral, fazendo da pessoa o personagem. Assim, o termo *prósopon* se referia à face ou ao rosto, a parte exterior e visível. Os estoicos concebiam os seres humanos como pessoas ou personagens que atuavam no teatro do mundo. A pessoa significava o papel ou a função que o ser humano representava no teatro.

Do termo *prósopon* teria originado a palavra latina *persona*, que vem de *personare* (ressoar, soar através de), no sentido de uma amplificação da voz dos atores do teatro. Tratava-se de fazer ressoar a voz do ator mascarado através de um orifício ou cavidade. O vocábulo "pessoa" também era usado na Antiguidade pelos romanos, no sentido jurídico, como sujeito legal. O termo "pessoa" tinha um significado de pessoa jurídica ou de sujeito detentor de direitos e deveres. Um mesmo homem poderia ter diferentes *personae*, ou seja, diversos papéis sociais ou jurídicos (LORDA, 2009, 179; PESSOA, 2001, 2262).

Certamente as formulações em torno do conceito de pessoa abarcam muitas questões a nível antropológico, filosófico e teológico que perpassam a história, porém valemo-nos nesta tese da compreensão que emana da visão e conceito de pessoa presente no Concílio Vaticano II, que está presente tanto na Declaração GE quanto no documento da educação em Medellín. Ambos evocam o ser humano enquanto imagem de Deus e salvaguardam a sua dignidade. Na *Gaudium et Spes*, o Concílio afirma:

> [...] o Vaticano II afirma a dignidade do homem tal como esta é ensinada em Gn 1,26 e no Salmo 8,6 (GS 12). Segundo a visão conciliar, a imago Dei consiste na fundamental orientação do ser humano para Deus, fundamento da dignidade humana e dos direitos inalienáveis da pessoa humana. Dado que todo ser humano é imagem de Deus, ninguém pode ser obrigado a submeter-se a qualquer sistema ou finalidade deste mundo. O senhorio do ser humano no cosmos, a sua capacidade de existência social, e o conhecimento de Deus e o amor a Deus, todos estes são elementos que encontram suas raízes no fato de que o ser humano foi criado à imagem de Deus (COMISSÃO TEOLÓGICA INTERNACIONAL, 2004).

A Declaração GE acentua: "todos os homens, de qualquer estirpe, condição e idade, visto gozarem da dignidade de pessoa, têm direito inalienável a uma educação" (GE 1). O documento de Medellín acrescenta: "Cristo

Pascal imagem do Deus invisível é meta que o desígnio de Deus estabelece para o desenvolvimento do homem" (MED 1, II, 11).

Portanto a orientação que perpassa as linhas de Medellín encontra fundamento nessa mesma visão de pessoa que determina por consequência o conceito educacional da Igreja em uma linha evangelizadora que se enraíza e se renova como caminho de permanente compromisso com a humanização. Um dos fundamentos para se atualizar e prosseguir o itinerário eclesial que vem de Medellín é a ação educativa a partir do sinal dos tempos que requer uma educação libertadora, a qual se apresenta como desafio e oportunidade para que a Igreja siga contribuindo com a formação integral da pessoa.

A GE afirma que a educação é um direito universal ao qual todos os seres humanos têm direito (GE 1). Essa afirmação não faz uma diferenciação substancial entre uma educação cristã e uma educação que poderíamos chamar de secular. A educação a ser construída é aquela que leve em conta também o seu objetivo final, "a formação da pessoa humana em ordem ao seu fim último e, ao mesmo tempo, ao bem das sociedades de que o homem é membro e em cujas responsabilidades, uma vez adulto, tomará parte" (GE 1).

A educação em que acredita o Concílio Vaticano II é também integral, pois considera "desenvolvimento harmónico das qualidades físicas, morais e intelectuais, e à aquisição gradual de um sentido mais perfeito da responsabilidade na própria vida, retamente cultivada com esforço contínuo e levada por diante na verdadeira liberdade" (GE 1).

Nesse sentido, o documento de Medellín tratou o tema da educação partindo de uma análise crítica do sistema educacional vigente no continente há séculos e considerou a distância em relação à promoção integral do homem e de toda a comunidade latino-americana em relação à democratização da educação. Daí advém a proposta do documento de Medellín para que a educação se insira no processo de transformação dos povos latino-americanos numa perspectiva libertadora. "Nossa reflexão sobre este panorama conduz-nos a propor uma visão da educação mais conforme com o desenvolvimento integral [...] chamá-la-íamos de educação libertadora [...] que transforma o educando em sujeito de seu próprio desenvolvimento [...] a educação em todos os seus níveis deve chegar a ser criadora [...] aprofundando a consciência de sua dignidade humana [...] e favorecendo sua livre autodeterminação e promovendo seu sentido comunitário" (MED 4, I, 50). Daí advém o espírito inovador de Medellín em relação à GE, pois ao propor o resgate da educação integral a conferência o faz a partir da educação libertadora.

Se no proêmio da *Gravissimum Educationis* vem considerada "a gravíssima importância da educação na vida do homem e a sua influência cada vez maior no progresso social do nosso tempo" (GE, proêmio), na introdução das conclusões de Medellín vem reconhecida a importância da educação para a transformação e o desenvolvimento do continente.

> Esta Conferência do Episcopado Latino-americano, que teve o propósito de entrosar a Igreja no processo de transformação dos povos latino-americanos, fixa muito especialmente sua atenção na educação, como fator básico e decisivo no desenvolvimento do continente (MED 4, I, 49).

Entende-se que o Concílio, ao adentrar a ótica da subsidiariedade, deixou nas realidades locais a tarefa de atualizar as linhas que foram propostas pelo Vaticano II na declaração educacional conciliar. Lembrando que a GE foi reconhecida pelos próprios conciliares como um documento a ser articulado e desenvolvido pelas realidades locais, e os bispos reunidos na Conferência de Medellín entendem a missão de acolher e maturar as concepções emanadas na Declaração a partir da realidade latino-americana.

O título *Educação*, da II Conferência, começa com uma primeira seção intitulada Características da educação na América Latina. Nesse prelúdio, argumenta-se que "o panorama geral da educação é oferecido com características de drama e desafio. Ao dizer isso, não nos anima um espírito pessimista, mas um desejo de superação" (MED 4, I, 47). Nesse panorama desafiador, afirma-se que "considerando a urgência do desenvolvimento integral do homem e de todos os homens na grande comunidade latino-americana, os esforços educativos padecem de sérias deficiências e inadequações" (MED 4, I, 47). A urgência do desenvolvimento integral do homem e de todos os homens na grande comunidade latino-americana se apresenta como uma tônica transversal que perpassa todo o texto. Pelo fato de que esse tipo de educação está aliado a mecanismos de opressão, a uma economia de livre mercado, em um sistema baseado em ter mais e não no ser mais. Traz consigo uma realidade anterior que já vem tocada na declaração conciliar GE, quando "todos os homens, de qualquer estirpe, condição e idade, visto gozarem da dignidade de pessoa, têm direito inalienável a uma educação" (GE 1), opta-se, portanto, em passar de uma educação como privilégio de alguns para uma educação como direito de todos. Entende-se a superação da escola católica separada e das elites ricas dos países colonizados, em favor de uma política educacional que inclua a participação das instituições católicas, em clima de liberdade nos projetos cívicos de seus países, engajada agora em processos culturais diversos em Estados laicos (ALTEMEYER, 2017). Outrossim, o documento conciliar abriu horizontes, que são possíveis de serem avistados e até mesmo superados em Medellín, como a compreensão dos processos democráticos nos quais a Igreja Católica estava incerta, ainda cooptada pelas elites financeiras (Idem, 2017). Outro fator se dá na compreensão da educação para além dos bancos escolares que constitui uma nova mentalidade de diálogo com os outros atores e instâncias educativas da sociedade civil, como sinaliza Medellín. "Aflora também uma preocupação nova pela educação assistemática que numa linguagem mais próxima pode ser entendida como educação não formal, de crescente importância: meios de comunicação social, movimentos juvenis e tudo quanto contribui para a criação de uma certa cultura popular e para o aumento do desejo de mutação" (MED 4, I, 49).

Ambos os documentos também destacam a liberdade de ensino embasando-a em dois princípios: o primeiro consiste no dever e no direito dos pais de família em escolher a educação que melhor esteja em sintonia com os seus valores e crenças, o segundo advém como consequência da visão pós-conciliar da Igreja Católica, que concebe o mundo a partir do pluralismo de formas culturais e sociais. D. Cândido Padin (1992), membro da hierarquia católica, ao tratar do tema democratização do ensino e da sociedade, alerta para que o direito à educação não se imponha em primeira instância enquanto acesso de todos à escola ou que se vincule à sua propriedade. Segundo o eclesiástico, antes de se pensar em acesso à escola como promoção do direito à educação, deve-se considerar a exigência fundamental da dignidade integral da pessoa. É a pessoa humana, entendida na sua singularidade, que deve definir o caráter da educação, tornando-se possível, assim, aos particulares, a promoção do direito à educação. Esta tese justifica aquela anterior que apregoa o caráter público, não estatal, da escola católica não lucrativa, na medida em que ela se insere na promoção do bem comum, não necessariamente identificando o público como propriedade do Estado (LIMA, 1975).

Padre Castejón apud Góes (1986), personalidade do campo educativo católico, posiciona-se a favor da escola estatal. O autor argumenta que a liberdade de ensino proclamada pela Igreja não pode ser identificada com os interesses de grupos econômicos que, ao promoverem a educação, obtêm altos lucros, ou, ainda, que seja uma oposição ao papel do Estado entendido enquanto instância legítima de promoção do direito à educação pelas escolas estatais. Partindo destas orientações, o documento de Medellín detectou a situação de subdesenvolvimento dos povos latino-americanos, observando que a educação neste cenário era reprodutora, elitista e autoritária, inserida num sistema social cujas estruturas estavam assentadas sobre a lógica da economia capitalista, alienando o homem da sua dignidade (MED 4, I, 47-48).

Em relação ao embasamento do pensamento educacional que acompanha a declaração conciliar sobre a educação (GE), dados nos permitem constatar uma experiência marcada por correntes do existencialismo e do personalismo cristão e pelo estudo de algumas pedagogias modernas, tendo contato com as propostas de Jan Amos Komensky (Comenius), Johann Heinrich Pestalozzi, Jean Piaget, Simone Weil, John Dewey, em um pensamento mais europeu e ocidental. Já na América Latina, em Medellín, encontraremos alguns precursores da educação do continente, como: Olga Cossetini, Salomé Ureña, Félix Varela, Eugenio Maria de Hostos, Domingo Sarmiento, André Bello, Anísio Teixeira, Paulo Freire, educadores que serão pontos de inspiração para o projeto educacional que nasce a partir de Medellín, fortalecendo assim o conceito de educação libertadora, que *a priori* tenderia a ser o fundamento da prática educativa católica nos anos posteriores à Conferência de Medellín.

Podemos citar quatro personagens que surgem como luz da nova consciência educativa que emana de Medellín. São eles: Dom Manuel

Larraín Errázuriz, bispo de Talca, Chile, entre 1939 e 1966, fundador do CELAM e vice-presidente da Conferência Episcopal do Chile; Dom Cândido Padin, monge beneditino e bispo de Lorena e Bauru, membro e presidente do departamento de educação entre 1967-1972, consultor da Congregação para a Educação Católica do Vaticano, entre 1968 a 1973 e Dom Hélder Pessoa Câmara, bispo auxiliar de São Sebastião do Rio de Janeiro e arcebispo de Olinda e Recife, que se destacou pela sua grande capacidade de articulação nas conferências episcopais e no próprio Concílio; por fim, Paulo Reglus Neves Freire, educador brasileiro de grande envolvimento com a educação libertadora (ZACHARIADHES, 2018).

Horta (2005) se refere sobre a presença de Paulo Freire da seguinte forma:

> [...] a sua presença no Documento de Medellín é visível. Em julho de 1968, um mês antes do início da Conferência, o Departamento de Educação do CELAM havia promovido um encontro de educadores latino-americanos para estudar a problemática da alfabetização de adultos. Paulo Freire, na época no Chile, terminando de redigir o livro Pedagogia do Oprimido, foi um dos participantes. O Documento Final do Seminário, contendo uma síntese do conceito de educação libertadora na linha humanista, foi distribuído aos membros da Comissão de Educação, no início da Conferência de Medellín (PADIN, 2010, 231).

Esse grupo de pensadores articulou em suas linhas o documento sobre a educação em seu texto final de Medellín. Dom Cândido e Dom Hélder, como autores do documento, e Dom Manuel e Paulo Freire, como inspiradores. Paulo Freire descreve Dom Hélder com essas palavras:

> A dom Helder não lhe dói apenas o Brasil, mas o mundo. A ele lhe dói a dor não importa quem sofre. A dor dos que, chegando à vida, pouco ficam; dos que, ficando, em breve, são devolvidos. A dor dos maldormidos, dos traídos, dos assustados, dos ofendidos, dos violados, dos inseguros, dos torturados. A dor de quem se perde na desesperança. A dor daqueles e daquelas a quem a malvadez dos poderosos nega o direito de sonhar. O fundamento, porém, é que, assumindo

a dor de não importa quem, não o faz como se nada mais pudesse e devesse fazer. Ele tem na assunção do sofrimento do mundo o ponto de partida em tempos melhores (FREIRE, 1995, 7-8).

Entende-se que essa dor traz consigo os sinais de esperança em tempos melhores e nos interesses de tais educadores fazia morada o devir de projetos e utopias, e porque não estavam distantes da sensibilidade liberadora que emanava da proposta educacional de Medellín.

4.2.1. A educação libertadora no documento de Medellín

A partir dessas orientações, apresenta-se um caminho que intui dar um rosto, uma face para o projeto educacional latino-americano, que entre limites e contradições apresenta a proposta de uma educação libertadora para a América Latina e considera a missão da Igreja na construção dessa mesma educação. O entendimento de educação libertadora para o documento de Medellín reflete "a educação que transforma o educando em sujeito de seu próprio desenvolvimento, libertando o indivíduo de toda a servidão, fazendo-o ascender de condições de vida menos humanas para condições mais humanas" (MED 4, II-1).

Em sua origem, a educação libertadora foi vista como educação não formal com as classes populares, partia do pressuposto de que a conscientização era o primeiro passo para a conscientização da escravidão cultural, baseando-se, portanto, no pressuposto de que a educação pode ter um papel ativo na transformação da sociedade (GANDIN, 1995).

Nesse sentido, abre-se o panorama de uma educação que propõe a libertação de estruturas que repudiam a dignidade da pessoa, em um alvorecer irreversível de transformação da Igreja latino-americana. Essa Igreja começa a ganhar distância dos regimes e sistemas com os quais convivia. "Ganhando distância e altura sobre eles, ela começa a vê-los sob luz nova; começa a iluminá-los coma irradiação evangélica, percebe o que neles havia de injustiça e iniquidade" (ÁVILA, 1995, 288).

Esse modelo educacional social e cristão foi incardinado em um amplo contexto de renovação teológica, humanística, social e libertadora que nasceu após o Concílio Vaticano II. Essa renovação a nível educacional gestada nas discussões da II Conferência do CELAM representa já naquele momento e também posterior a ele uma nova interpretação, marcada por inovação e ruptura, tanto pelos conceitos com a qual expõe o tema da educação como a educação libertadora e seu contraste com a educação sistemática, que não estão presentes na Declaração *Gravissimum Educationis*, sendo, portanto, um patrimônio autenticamente latino-americano, uma verdadeira revolução na forma de entender a educação (ARCE, 2015).

No referencial de análise da Igreja Católica presente nesta tese, a educação libertadora vem concebida para além das tendências que perpassam a história, em uma educação autoritária, liberal e de outras mais, como a neoliberal que se configura no atual contexto. Na abordagem cristã, a educação libertadora baseia-se na possibilidade de abertura, de conscientização e de libertação, na qual a pessoa possa se humanizar, possa se assumir como ser de relação, como sujeito, cidadão ativo, partícipe e construtor da história.

Considera-se, portanto, o aspecto social justamente como condição de transcendência e expressão de liberdade. O processo de humanização se dá sobretudo pelo trabalho que é uma ação social. Assim, o pensamento liberal burguês, voltado para o individualismo, não colabora no haurir da proposta da libertação, pois ele parte do pressuposto do contrato social e legitima todo poder para garantir a propriedade e a segurança dos cidadãos. Para ele, o Estado não deve intervir, senão para garantir a liberdade individual. A liberdade individual surge como ponto de partida em que se alicerçam as relações possíveis entre as pessoas. A expressão clássica dessa concepção é "a liberdade de cada um é limitada unicamente pela liberdade dos outros" (NUNES, 1998).

Segundo Gandin, a educação libertadora proposta em Medellín está no limite entre uma teoria crítica do social e da educação e uma postura otimista da educação. Para o autor, quando o documento propõe a educação como meio-chave para o fim da situação de escravidão na América Latina, compartilha sua visão otimista e seu reconhecimento da necessidade de traçar um projeto mais global, incluindo a política, a economia, a cultura como um todo. Partindo dessa postura, a Igreja não pode mais se calar diante de estruturas injustas.

> A América Latina se acha, em muitas partes, em face de uma situação de injustiça que pode ser chamada de violência institucionalizada, porque as atuais estruturas violam os direitos fundamentais, situação que exige transformações globais, audaciosas, urgentes e profundamente renovadoras (MED 2, II, 31).

O patrimônio da educação libertadora constitui-se de vozes e práxis que já acreditavam em um novo projeto educacional, pois torna-se difícil a nível de data demarcar a inauguração da educação libertadora, mas indícios revelam que o educador Paulo Freire a utilizava na sua prática, na sua produção e no seu modo de entender a educação, pois seu livro *Educação como prática da liberdade*, escrito em 1968, bem como a pedagogia do oprimido, ambos contemporâneos à Conferência de Medellín, autorizam-nos a afirmar a influência de Freire nas perspectivas educacionais de Medellín.

Na sua obra *Educação como prática da liberdade*, Paulo Freire pronuncia palavras como liberdade, democracia e justiça, demonstrando sua crença em seus significados e sua importância para a libertação do indivíduo, pois quando ele conhece e aceita as consequências delas, deixam de ser meros veículos alienantes e se tornam palavras geradoras, sendo este o instrumento de transformação tanto para os indivíduos quanto para as sociedades. O autor analisa o movimento de superação da cultura colonial frente ao desenvolvimento econômico e considera a sociedade estando em trânsito e mostra o papel político que a educação pode desempenhar para construir uma nova sociedade, denominada "sociedade aberta". Para ele, como para os existencialistas, o ser humano é um ser que se constrói. Um ser transcendente, humanamente finito e inacabado, com ilimitadas possibilidades e potencialidades. Para o desenvolvimento pleno desse ser e o despertar de suas potencialidades, Paulo Freire apostou, com muita lucidez, no processo educativo, acreditou nele e lutou por ele, percebendo com muita lucidez o importante papel da educação e tendo como suas principais metas a libertação dos oprimidos e a construção de uma nova sociedade, que sempre acreditou poder ser livre, democrática e solidária.

Dussel, em sua obra *Ética da libertação*, ressalta a relevância do trabalho de Freire na produção de critérios que convalidam a incidência crítica da razão libertadora que a experiência latino-americana produz de modo original. Assim preconiza Dussel:

> Se Rousseau mostrou no Emilio o protótipo da educação burguesa revolucionária — solipsista, de um órfão sem família nem comunidade, metodicamente sem tradição cultural medieval ou da nobreza monárquica, dentro do paradigma da consciência e sob a orientação solipsista de um preceptor, um Paulo Freire, que alcança validade crítica anti-hegemônica, organizando a emergência de sujeitos históricos ("movimentos sociais" dos mais diversos tipos), que lutam pelo re-conhecimento de seus novos direitos e pela realização responsável de novas estruturas institucionais de tipo culturais, econômicas, políticas, pulsionais, etc. (DUSSEL, 2002, 411).

Paulo Freire pode ser mencionado pela sua paixão pela libertação. Como muitos de seus intérpretes afirmam, a tese central de sua obra e trabalho é a liberdade-libertação. A libertação é o ponto central de sua concepção educacional, desde suas primeiras atuações e obras. A libertação é o resultado da educação, sendo assim o objetivo da educação para Freire seria livrar-se de uma realidade injusta e opressora, sabendo que educação visa à libertação, à transformação radical da realidade, no esforço de melhorá-la, torná-la mais humana e garantir que homens e mulheres sejam reconhecidos como sujeitos de sua própria história, ao invés de objetos dela (GADOTTI, 1991).

Nesse sentido, a libertação como objetivo da educação situa-se no horizonte de uma visão utópica da sociedade. A educação ou formação da pessoa podem permitir uma leitura crítica do mundo, sendo esta uma realidade em formação, que, no entanto, requer a denúncia de realidades opressivas e injustas e como consequência um sentido crítico transformador no anúncio de outra realidade.

Como educação libertadora, o teólogo Matthias Preiswerk (1997, 91) a define como "a práxis das Igrejas e dos cristãos e nas distintas áreas da educação: Formal (escolar), não formal (educação de adultos e educação popular) e informal (familiar)". Para ele, a educação libertadora toma o valor prático como critério da verdade e tem o sujeito como centro. Recusando-se a "definir a Educação Libertadora unicamente pelos seus laços institucionais ou confessionais" (PREISWERK, 1995, 377).

Retornando ao documento de Medellín, ao interno das discussões sobre a educação, tornava-se indispensável naquele momento dar uma resposta, apontar caminhos de possível superação a realidade opressora, da qual a educação faz parte. A resposta é dada por Medellín quando afirma o seguinte:

> A educação latino-americana, numa palavra, é chamada a dar uma resposta ao repto do presente e do futuro em nosso continente. Somente assim será capaz de libertar nossos homens das servidões culturais, sociais, econômicos e políticas que se opõem ao nosso desenvolvimento (MED 4, I, 47).

Partindo dos pressupostos fundamentais do pensamento católico, evidencia-se como tarefa primordial da Igreja o trabalho de emancipação frente às estruturas promotoras de injustiça. A Conferência Episcopal Latino-Americana privilegiou um novo projeto de educação, promovendo a auto-organização política e a participação como formas de educação popular (MED 4).

Medellín faz uma análise crítica da situação educacional latino-americana, que mantém o domínio, a opressão e as injustiças que aflige esses povos e propõe uma educação contextualizada, problematizadora, que torne os indivíduos autores e atores de sua própria história e os leve ao desenvolvimento integral.

> Nossa reflexão sobre este panorama conduz-nos a propor uma visão da educação mais conforme com o desenvolvimento integral que propugnamos para o nosso continente; chamá-la-íamos "educação libertadora", isto é, que transforma o educando em sujeito de seu próprio desenvolvimento. A educação é efetivamente o meio-chave para libertar os povos de toda escravidão e fazê-los subir "de condições de vida menos humanas a condições mais humanas" (PP 20), levando em conta que o homem é o responsável e "o artífice principal de seu êxito ou de seu fracasso" (Medellín 4, II – 1, 50).

A educação libertadora proposta em Medellín torna-se um caminho de educação integral, entendida como educação permanente, que compromete a pessoa na sua totalidade exigindo, assim, uma antropologia que visualiza a indispensabilidade de uma presença inteligente e constante do filósofo e do teólogo. A educação libertadora suscita um forte clamor para expressar uma necessidade irreprimível: a necessidade de uma antropologia filosófica e teológica, uma antropologia cristã. Sem ela, na ótica cristã, a nova pedagogia não pode ser renovada e nem desenvolvida.

Segundo Arce Espinosa (2015), a educação libertadora assume em si a pedagogia humanista e cristã, como vem proposto em Medellín, permitindo que ela não seja somente uma herança do cristianismo, mas de todos os povos latino-americanos, pois é esse sujeito coletivo que deve ser libertado através de uma transformação integral.

Propondo a educação libertadora, os bispos denunciam a marginalização da cultura que privam as massas do direito ao saber, de modo que "sua ignorância é uma escravidão inumana" (MED 4, I). O documento reflete a pedagogia libertadora de Paulo Freire quando aponta os limites da educação tradicional, conteudista, abstrata e formalista.

> Sem esquecer as diferenças que existem relativamente aos sistemas educativos nos diversos países do continente, parece-nos que o seu conteúdo programático é em geral demasiado abstrato e formalista. Os métodos didáticos estão mais preocupados com a transmissão dos conhecimentos do que com a criação de um espírito crítico. Do ponto de vista social, os sistemas educativos estão orientados para a manutenção das estruturas sociais e econômicas imperantes, mais do que para sua transformação. É uma educação uniforme, em um momento em que a comunidade latino-americana despertou para a riqueza de seu pluralismo humano; é passiva, quando já soou a hora para nossos povos de descobrirem seu próprio ser, pleno de originalidade; está orientada no sentido de sustentar uma economia baseada na ânsia de "ter mais", quando a juventude latino-americana exige realização pelo serviço e no amor (MED 4, I, 48).

Os sistemas educativos ao mesmo tempo que excluem os filhos de camponeses e operários e, sobretudo os indígenas, "estão orientados para a manutenção das estruturas sociais e econômicas imperantes. [...] A educação tem de ajudar os homens a se libertarem dos preconceitos, das superstições, do fanatismo, do fatalismo, da passividade diante do mundo" (MED, 4, I, 48).

Medellín colocou em evidência os movimentos sociais e convocou a educação a criar uma consciência crítica da realidade, na qual está imersa e pela qual está condicionada (JUNQUEIRA; ROCHA, 2020). Desse modo, a força propulsora dessa conferência incita a uma transformação da sociedade, na medida em que essa esteja formando homens lúcidos e capazes de se comprometer com a tarefa de humanização da sociedade e do mundo. A declaração conciliar enfatizou o papel social da escola católica.

> Assim, a escola católica, enquanto se abre convenientemente às condições do progresso do nosso tempo, educa os alunos na promoção eficaz do bem da cidade terrestre, e prepara-os para o serviço da dilatação do reino de Deus, para que, pelo exercício de uma vida exemplar e apostólica, se tornem como que o fermento salutar da comunidade humana (GE, 8).

Enquanto a declaração assinalou um marco da passagem da escola-instituição à escola-comunidade, ressaltando a dimensão comunitária que certamente é fruto de uma amadurecida consciência de Igreja alcançada pelo Concílio. A dimensão comunitária, como tal, não é, no texto conciliar, uma simples categoria sociológica, mas é, sobretudo, um sentir teológico que opta pela comunhão. Nesse sentido, é plausível que as discussões de Medellín sobre a educação sejam pautadas nesta mesma dimensão, porém acrescidas em suas grandes linhas da educação libertadora, que nascida das experiências da educação popular desenvolvidas nas campanhas de educação de base, a partir dos métodos inovadores da pedagogia do oprimido do educador brasileiro Paulo Freire, ao mesmo tempo fundamenta teologicamente no mistério pascal de Cristo (BEOZZO, 1998, 837). A educação tem de ser libertadora, ou seja, transformar o educando em sujeito do próprio desenvolvimento, pois só ela é "o meio-chave para libertar os povos da toda servidão" (MED 4, II, 1).

> Para tanto, a educação em todos os seus níveis deve chegar a ser criadora, enquanto deve antecipar o novo tipo de sociedade que buscamos na América Latina; deve basear seus esforços na personalização

das novas gerações, aprofundando a consciência de sua dignidade humana, favorecendo sua livre autodeterminação e promovendo seu sentido comunitário (MED 4, II, 1).

Em relação ao aspecto pedagógico na concepção de educação libertadora, o eixo fundamental de sua proposta se constitui na proposição de valores cristãos, como princípio gerador e sustentador do processo libertador. De acordo com J. B. Libanio, há um valor pedagógico absoluto. "O seguimento de Jesus, eis o valor absoluto. Mas nem isso anula a historicidade dos valores, pois esse ponto absoluto, desde onde justifica teologicamente a reivindicação de validade de valores, é ele mesmo histórico. A vida de Jesus não fornece fórmulas que poupem o trabalho de justificar a validade dos valores a cada época" (LIBANIO, 1988, 131). O autor logo reconhece, no entanto, a dificuldade de operacionalização dessa proposta educativa, pois entende que a "educação para os valores necessita enfrentar o fator impactante da racionalidade científica e da tecnologia moderna sobre eles" (Ibidem, 136). O desafio que existe nessa tarefa não pode ser ignorado. Dessa maneira, torna-se imprescindível "articular as contribuições da racionalidade específica, tecnológica e a originalidade, ética marcada e orientada por valores, da decisão humana" (Ibidem, 137).

O documento alerta para que os processos educativos não sejam apenas reprodutores do sistema que mantém as estruturas de injustiça e desigualdade social e econômica e, com isso, anuncia a boa nova presente nos povos latino-americanos. "Já soou a hora para nossos povos de descobrirem seu próprio ser, pleno de originalidade" (MED 4, I, 48). Seu diagnóstico denuncia: "este tipo de educação é responsável pela colocação do homem a serviço da economia e não desta a serviço do homem" (MED 4, I, 49).

Essa realidade também é marcada pela produção escrita que denuncia o analfabetismo, a marginalização, em crítica contundente aos formalismos abstratos que colocam as escolas e a educação a serviço do mercado e não da pessoa humana. Dentre as produções também se encontram textos que clamam a superação da tendência fatalista, dos fanatismos e superstições que revelam traços do discurso ocidental e elitista, essa tensão real do pensamento colonial que por vezes obscurecia a interpretação da realidade atual não enfraqueceu a tarefa da Igreja na busca do protagonismo dos povos, por meio de um planejamento capaz de superar o modelo colonial construído pelo mercado e por uma cultura capitalista dominante (ALTEMEYER, 2017, 90).

Aos responsáveis pela educação, o documento de Medellín faz um apelo:

> [...] ofereçam oportunidade educativas a todos os homens, em vista da posse sempre maior de seu próprio talento e de sua própria personalidade, a fim de que, através dela, consigam alcançar, por si próprios, a sua integração na sociedade, com plenitude de participação social, econômica, cultural, política e religiosa (MED 4, III-1, 52).

Sendo assim, o entendimento da educação libertadora se dará de modo diverso para cada escola católica e mesmo apesar da educação libertadora ter se tornado uma diretriz da igreja latino-americana desde 1968, não será de todo compreendida e acolhida por parte das instituições educacionais católicas.

Nesse ideário, a educação libertadora, nas escolas católicas de elite, surge como um artifício de retotalização da experiência da Igreja, perpassando a questão das classes sociais. Nessa retotalização, o discurso da educação libertadora surge como cimento ideológico necessário à unidade de poderosas forças que, apesar das contradições criadas, contribuem decisivamente para a consolidação do projeto da Igreja progressista na Igreja do Brasil (CRESPO, 2013).

Nesse contexto, cujo impasse compromete a Igreja a dar uma resposta, a adesão à educação libertadora parece representar um eixo capaz de ressignificar e conciliar as divergências, numa tarefa criativa e original que realiza o parto de um homem novo como agente de mudança social consciente. Para esse projeto, o documento propõe critérios e orientações:
- A relevância da transcendência da educação sistemática que é artífice para o desenvolvimento das pessoas e do progresso social (MED 4, III, 52);
- Oferta de oportunidades educativas a todos os homens, em vista da posse sempre maior de seu próprio talento e de sua própria personalidade (MED 4, III, 52);

- O papel dos pais como os primeiros e principais educadores (MED 4, III, 53);
- Ouvir a juventude. A juventude pede para ser ouvida com relação à sua própria formação (MED 4, III, 53);
- Valorização da missão decisiva dos educadores na transformação da sociedade. Chegar a uma decisão consciente e corajosa na preparação, seleção e promoção do professorado (MED 4, III, 53);
- O cuidado com a formação de movimentos juvenis (MED 4, III, 53);
- Consciência da Igreja em relação da suma importância da educação de base, em vista de uma educação que não visa somente alfabetizar, mas também capacitar o homem para convertê-lo em agente consciente de seu desenvolvimento integral (MED 4, III, 54).

Nessa perspectiva, cabe dizer que neste momento da história a América Latina possui uma proposta educacional social e religioso, a afirmação desse novo projeto educacional, partindo de uma instituição como a Igreja, em que o processo de enraizamento de qualquer projeto perpassa uma rede de organismos nacionais e internacionais, a fim de dar conta das responsabilidades político-administrativas e político-ideológicas, no qual se dará o desdobramento de uma nova proposta educacional em detrimento aos ideais da Igreja em dado momento histórico.

Em síntese, a educação libertadora representou uma ruptura com a tradição educacional católica e trouxe à luz muitos elementos para que se pudesse compor uma clara proposta de transformação da realidade educacional, porém a sua problematização não encontrou correspondência em muito vetores da própria educação católica, pois a aceitação deste modelo trouxe implicações favoráveis e estímulos para a descoberta de novos caminhos, mas não galgou em um projeto permanente na escola católica, ao menos no Brasil, como veremos no próximo capítulo, essa resposta não foi encontrada.

Está evidente, porém, que o caminho aberto em Medellín por meio da educação libertadora percorrerá trilhas que nem sempre são visíveis e calculáveis quantitativamente, como uma práxis de estímulo e resposta. A experiência libertadora tem a ver com o novo homem que a educação é convocada a gestar, junto aos demais horizontes de humanização. Como afirma a *Evangelii Gaudium*, "torna-se necessária uma educação que ensine a pensar criticamente e ofereça um caminho de amadurecimento nos valores" (Francisco, 2013e, n. 64).

4.2.2. A educação como caminho de humanização e novos horizontes

Para os antigos gregos, a educação era concebida como arte. Tal concepção depois se estendeu ao mundo romano, sendo, então, tomada pelo cristianismo e chegando até o tempo moderno. Ocorreram, porém, transformações importantes, "principalmente no que diz respeito à concepção da criança e do ser humano em geral" (Tardif, 2002, 154). Nos séculos XIX e XX, essa ideia foi cedendo lugar à concepção da educação como ciência.

O documento de Medellín considera as diferentes formas de educação — a sistemática ou formal, a assistemática, a educação popular, enfatizando que a educação assistemática revela sua importância crescente.

> A educação formal ou sistemática se estende cada vez mais para as crianças e os jovens latino-americanos, embora grande número deles fique ainda fora dos sistemas escolares [...] Neste momento aflora também uma preocupação nova pela educação assistemática, de crescente importância: meios de comunicação social, movimentos juvenis e tudo quanto contribui para a criação de uma certa cultura popular e para o aumento do desejo de mutação (MED 4, I, 48).

No que se verifica a nível de orientações e recomendações, Medellín expressa sua preocupação para com a transformação de uma educação sistemática, para uma educação enxertada na promoção humana, garantindo o desenvolvimento pessoal, oportunizando o desenvolvimento de competências/talentos na propiciação da integração social.

Enquanto a GE expressa:

> A educaçao tende ao desenvolvimento harmônico das qualidades físicas, morais e intelectuais [...] além de se prepararem para tomar parte na vida social, que, devidamente munidos dos instrumentos necessários e oportunos, sejam capazes de inserir-se ativamente nos

vários agrupamentos da comunidade humana, abram-se ao diálogo com os outros e se prontifiquem a trabalhar pelo bem comum (GE, proêmio).

Nessa constatação, nota-se um novo fôlego educacional que desvincula o conceito de educação a uma noção somente formal de sua prática, dando ênfase à educação assistemática, tida também como educação informal, que reconstrói um pensamento que já os gregos presumiam ao seu tempo: segundo o entendimento grego antigo, "o objetivo da educação não é formar uma criança, mas um adulto, assim como o objetivo do jardineiro não é plantar uma semente, mas fazer desabrochar a rosa: é a rosa completa e acabada que constitui a verdade da semente e, portanto, o sentido final da arte do jardineiro" (TARDIF, 2002, 160). Ou seja, a educação revela-se tanto mais genuína quando é capaz de oferecer percursos de humanização, de integração, em que todas as instâncias são promissoras de desenvolvimento integral, sejam as instituições de caráter formal, como a realidade ampla de educação assistemática.

Se retomarmos o clássico romance do alemão Johann Wolfgang von Goethe, *Os anos de aprendizado de Wilhelm Meister* (2009 [1795]), "um romance de educação: seu conteúdo é a educação dos homens para a compreensão prática da realidade" (LUKÁCS, 2009 [1936], 592).

No romance, Goethe narra a trajetória de Wilhelm Meister, que, rebelando-se diante de sua tradição familiar e da própria classe social, enamora-se pelo teatro, impulsionado a lutar contra o preconceito Wilhelm envolve-se com o mundo das artes, crendo encontrar ali o seu pleno desenvolvimento. Goethe, ao colocar no centro do romance o ser humano, a sua atividade criadora e o seu desenvolvimento integral, faz uma crítica à sociedade capitalista, à especialização e ao aniquilamento do homem na divisão do trabalho, ao seu aprisionamento e à sua deformação. "Numa natureza vista não como inimiga e antagonista, mas como uma força a ser conhecida e dominada, com o abandono sem melancolia e desespero das fábulas antigas cujo perfume de poesia, que se conserva, torna-se ainda mais mortas como crença e fé" (GRAMSCI, 2007 [1932], 122).

Sabiamente, o romance ilustra a riqueza de conservar princípios de uma educação que abrange diversos saberes e espaços de desenvolvimento para formação humana, enaltecendo as identidades individuais e lhes dando visibilidade social, antes do que fragmentá-la, atrasá-la e enganar a formação das gerações face à atual circunstância socioeconômica.

Essa visão não absorve as noções de que o homem é um ser da técnica, fruto do projeto positivista da Revolução Industrial. Ancorada nos fundamentos da eficácia e da eficiência, a técnica não só possibilitou o domínio do mundo e da natureza, como impôs uma nova mentalidade explicativa sobre o modo como o homem deve conceber sua vida e seu processo de formação. "A vitória do industrialismo é a mais profunda ruptura com o passado, autêntica 'nova barbárie', onde o interesse dos homens se transladou dos valores da vida para os valores pecuniários" (VITA apud ORTEGA Y GASSET, 1963). A tecnização substituiu a subjetividade pela uniformidade, o elemento orgânico, pelo aparato mecânico organizado, e instaurou o culto dos valores instrumentais e utilitaristas. Nesse sentido, "vemos que os progressos da técnica, 'in concreto', acentuam a redução progressiva da diversidade humana, um nivelamento extraordinário das sociedades, do modo de viver" (MARCEL, 1951b, 198).

De acordo com Gabriel Marcel, filósofo do século XX, a civilização industrial perdeu a consciência do que é o humano. "Só conhece algumas dimensões do indivíduo; o homem integral, individualmente considerado, não existe para ela" (MARCEL, 1951b, 207).

Na perspectiva de Marcel (1951b), o objetivo da educação não é primeiro formar cientistas, inventores, produtores e/ou consumidores. Antes, seu papel é promover a humanização e a transcendência do ser é contribuir para que o homem se desenvolva em todas as suas dimensões. Assim como o homem não se define no ato da sua concepção, também não pode achar-se concluído ao término dos processos de escolarização e especialização técnica (SILVA; RÖHR, 2018-2019).

Para Brandão (1985), o termo educação remete a uma definição muito ampla se considerarmos que os processos educacionais e de formação são exercidos em diversos espaços além da escola, podendo haver outras redes e estruturas sociais de transferência de saber onde ainda não foi criado um modelo de ensino formal e centralizado.

Sabe-se que a educação não escolar sempre existiu desde os primórdios da humanidade. Só a partir do século XIX a escola atingiu o paradigma da ação educativa. Nos séculos XIX e XX, o objetivo das políticas educacionais foi primordialmente o acesso de todos à escola o maior tempo possível. Segundo Trilla (id), nessa época forma-se uma perspectiva pedagógica em torno da escola, pois a educação passa a ser vista como essencial a toda a sociedade e a escola é apenas uma de suas formas, mesmo assim, nas sociedades escolarizadas, a escola é apenas um momento do processo educacional global.

Surgem propostas pedagógicas e discursos da educação não formal a partir da segunda metade do século XX, principalmente a partir dos anos de 1960 e 1970. Esse contexto se originou devido a fatores sociais, econômicos, políticos etc., como a demanda por educação de setores tradicionalmente excluídos (adultos, minorias étnicas, idosos etc.). O contexto da Guerra Fria, os movimentos da contracultura, o movimento negro e outros movimentos impulsionam diferentes grupos na luta por seus direitos políticos e sociais. Para além da instituição escolar, validada como a forma preponderante e mais aprimorada da educação, conta-se com uma multiplicidade de outros espaços de educação que, de maneiras diversas e diferentes, colaboram para a proposta afirmativa do desenvolvimento humano. A nova relação social da escola pode ser assim descrita:

> [...] a escola é erigida, então, como o instrumento por excelência para viabilizar o acesso a essa cultura. Com efeito, em se tratando de uma cultura que não é produzida de modo espontâneo, natural, mas de forma sistemática e deliberada, requer-se, também, para a sua aquisição, formas deliberadas e sistemáticas. Assim, a sociedade moderna não podia mais se satisfazer com uma educação difusa, assistemática e espontânea, passando a requerer uma educação organizada de forma sistemática e deliberada, isto é, institucionalizada, cuja expressão objetiva já se encontrava em desenvolvimento a partir das formações econômico-sociais anteriores, através da instituição escolar. A escola foi, pois, erigida na forma principal e dominante de educação (SAVIANI, 1991, 86-87).

Valendo-se dessas considerações, é possível captar que, ao trazer a modalidade de educação assistemática, o documento de Medellín não desconfigura a escola enquanto instituição, que continua sendo o espaço privilegiado do saber sistematizado na formação dos indivíduos, mas reconhece que a educação formal, não formal e informal se intercruza mutuamente. Por exemplo, na escola, os alunos recebem a educação formal sistematizada, com a possibilidade da inclusão de atividades extracurriculares (educação não formal), além dos processos educacionais informais que resultam das interações não planejadas entre os próprios alunos (educação informal). Isso se revela no documento de Medellín nas orientações pastorais voltadas para a escola, o mesmo prescreve que a escola é chamada a:

- Ser uma verdadeira comunidade formada por todos os membros que a integram;
- Integrar-se na comunidade local e estar aberta à comunidade nacional e latino-americana;
- Estar aberta ao diálogo ecumênico;
- Escola como espaço cultural, social e espiritual da comunidade que chega aos demais ambientes educacionais;
- Escola aberta e democrática.

Essa identidade da escola abre-se a compreensão de que, como seres humanos, temos a capacidade de aprender em outros lugares, muitas vezes de forma mais eficiente e prazerosa e não sistematizada. Portanto a escola não é o único lugar de conhecimento e de transformação de subjetividades, como nos afirma Silva (1999), ela é o espaço da educação formal, da construção sistematizada do conhecimento. Existem outros espaços de saber que também educam, espaços não formais de educação, como já afirmamos anteriormente.

Pestalozzi foi um dos primeiros autores a abordar a finalidade social da pedagogia, tomando a família como ponto de referência até chegar à noção de educação livre, ligada à humanidade, de caráter eminentemente moral (PESTALOZZI, 1902). Tantos outros autores seguiram essa concepção e progressivamente se reconheceu e se solidificou a ideia de que a educação cabe despertar as predisposições sociais do sujeito e formá-lo para a vida em sociedade, da qual ele essencialmente faz parte e por natureza depende (DURKHEIM, 1973; NATORP, 1898). Para eles, "a educação não molda o homem em abstrato, mas dentro de uma determinada sociedade" (MANNHEIM, 1958, 48).

Contudo, os processos educativos sistematizados na história atrelaram a função de educar à instituição que a incorpora de maneira predominante

— a escola —, no entanto, deu-se de forma tão intensa e predominou ao longo do tempo de maneira tal que a educação praticada por outros atores passou a ser apenas marginalmente reconhecida como parte importante da formação do indivíduo. Com isso, as atenções e reflexões acadêmicas sobre educação acabaram por se restringir em grande parte ao setor formal. Assim, foi disseminada a compreensão de que a ação educativa e o alcance de uma formação apropriada e condizente com as demandas sociais de aprendizagem necessariamente passariam pela escola (TRILLA, 2008, 17).

Por outro lado, a reflexão pedagógica nos ensina que a formação é um processo que, para se realizar plenamente, precisa de um ambiente plural, de um conjunto de estímulos e relações essenciais para a concretização das potencialidades da pessoa (BERTAGNA, 2000).

O pluralismo — escreve Viviana Burza — é uma atitude de pensamento, é uma predisposição, uma forma de pensar e compreender a pluralidade de alternativas possíveis ao pensamento único, a oposição a um modelo totalizante de pensamento. É a expressão de uma racionalidade antifundacionista e antifundamentalista. A época do domínio da unidade cede ao domínio da multiplicidade e pluralidade (BURZA, 2008).

Pluralidade de ambientes, multiplicidade de estímulos, alta disponibilidade de modelos de referência se traduzem em uma extraordinária riqueza intelectual e ecológica.

O desenvolvimento biológico e cultural do gênero humano, o percurso que levou o homem a dominar outros seres vivos reside, em uma grande parte, justamente na extrema flexibilidade de seu ser, sua capacidade de pensamento criativo, para se adaptar a ambientes hostis, empregando a própria inteligência a serviço de suas necessidades materiais e espirituais.

A variedade de abordagens através das quais a humanidade fundou sua civilização, religiões, políticas, técnicas, formas de construir, vestir, alimentar representa, portanto, o maior patrimônio e, ao mesmo tempo, o mais poderoso recurso de nossa espécie.

O desafio educacional por excelência perpassa a ótica de aprender as primícias do pluralismo em termos da experiência de convivência social e democrática, de confronto, de participação, de diálogo e de realizá-las em termos de valores absolutos, de estruturas educacionais que, para além da escola, colaborem para que a pessoa possa ser buscada, desvelada, interpretada, apoiada e desenvolvida.

Nessa ótica, a educação integral tende a libertar o homem, na medida em que a vida humana é reorientada a assumir a inteireza das suas dimensões e é inaugurado um novo olhar sobre a educação, que caracteriza a composição do que se pode denominar de meta educacional, a qual apresenta como escopo fundamental "ajudar o educando a realizar o sentido da própria vida" (Röhr, 2013, 158).

Para Buber (1991), a vida humana é o compromisso do homem com a própria existência, afirmando que a educação que se quer afirmar integral, precisa ser uma educação para a transcendência. Perceber o humano que há em relação com mundo e com o Tu eterno é caminho necessário para se compreender a busca da integralidade entre os sujeitos em atos específicos que se dizem pedagógicos (Buber, 1991).

Considerando a leitura do nosso tempo, papa Francisco faz uma crítica:

> É preciso apostar na "educação informal", porque a educação formal se empobreceu por causa da herança do positivismo. Concebe apenas um tecnicismo intelectualista e a linguagem da mente. E por isso empobreceu-se. É preciso interromper este esquema. E há experiências, como a arte, o desporto… A arte e o desporto educam! É preciso abrir-se a novos horizontes, criar novos modelos… abrir horizontes a uma educação que não se limite apenas a inculcar conceitos. Há três linguagens: da mente, do coração e das mãos. A educação deve mover-se nestes três caminhos. Ensinar a pensar, ajudar a ouvir bem e acompanhar no fazer, ou seja, que as três linguagens estejam em harmonia; que a criança, o jovem, pense aquilo que sente e faz, sinta aquilo que pensa e faz, e faça aquilo que pensa e sente. E deste modo, a educação torna-se inclusiva porque todos têm um lugar; inclusiva também humanamente [...] A verdadeira escola deve ensinar conceitos, hábitos e valores; e quando uma escola não é capaz de fazer isto, esta escola é seletiva e exclusiva e para poucos[17] (Francisco, 2015).

---

17. Discurso do papa Francisco aos participantes no congresso mundial promovido pela congregação para a educação católica com o tema: "Educar

No desenvolvimento desses aspectos, papa Francisco faz o convite de não temer ao risco, tendo a coragem de ir às periferias para levar a luz da esperança cristã, não só nos lugares de violência, pobreza e injustiça, mas também nas situações de fragilidade existencial e moral que marcam a vida de muitas pessoas. É uma educação de saída na qual são demolidos os muros do egoísmo e da indiferença. O pensamento do pontífice demonstra que a intuição de Medellín com a educação integral, libertadora e assistemática, emite grande significado, sendo necessário também no tempo de hoje o acolhimento de uma realidade que se torna sempre mais plural e globalizada. Para realizar um projeto tão desafiador é necessária uma educação inclusiva e próxima, veiculada por meio das várias formas de educação não convencional.

Nessa abordagem, o pensamento do papa dialoga com o pensamento e a reflexão de vários teóricos e pesquisadores contemporâneos que tematizam a educação de maneira multidimensional. Dentre eles, podem ser citados Edgar Morin (2001, 2006), Howard Gardner (1999), Antunes (2008, 2010), Ballestero-Alvarez (2004), Gonçalves (1994), Pereira e Hannas (2000), Assmann (2001), Petraglia (1995), Moraes (1997, 2003), Bolzani (2015), Costa (2001) e Behrens (1999)[18].

---

hoje e amanhã. Uma paixão que se renova" (21 de novembro de 2015. Disponível em: <http://www.vatican.va/content/francesco/pt/speeches/2015/november/documents/papa-francesco_20151121_congresso-educazione-cattolica.html>. Acesso em: 15 fev. 2021).

18. Destacam-se, aqui, três pensadores importantes, dentre os mencionados, por sua enorme conjunção com a proposta das três linguagens da educação do papa Francisco. Morin (2001), criador do paradigma da complexidade, no seu livro *Sete saberes necessários à Educação do Futuro*, aponta para uma escola que provoque o ensino da condição humana, da compreensão, da identidade terrena e das cegueiras do conhecimento, além do enfrentamento das incertezas e ética do gênero humano.

Gardner (1999), docente de Ciências da Educação da Universidade de Harvard, identificou, em suas pesquisas sobre a capacidade cognitiva humana, oito inteligências localizadas em diferentes pontos do cérebro do ser humano, que devem ser desenvolvidas pelo sistema educacional. "Seriam elas a inteligência linguística ou verbal, a lógico-matemática, a espacial, a musical, a cinestésica corporal, a naturalista e as inteligências pessoais, isto é, a intrapessoal e a interpessoal" (ANTUNES, 2010, 25). A esses oito tipos de inteligência, Daniel Goleman (apud BALLESTERO-ALVAREZ,

A complexidade que se instaura em cada momento histórico revela circunstâncias e problemas, pois, já há algum tempo, as exigências de uma sociedade cada vez mais globalizada, multiétnica e técnica evidenciam os limites do sistema escolar. O avanço dos sistemas de comunicação e o aumento de informações e competências necessárias para enfrentar os desafios da atualidade denotam a fragilidade da condição humana dentro desta sucessão de transformações e inovações, em que se impõe ao pensamento pedagógico uma releitura crítica dos modelos tradicionais de formação na direção de uma nova educação que, colocando no centro a singularidade da pessoa humana, oferece respostas de autenticidade e significado para os problemas que se declinam de nosso tempo.

Segundo a Congregação para a Educação Católica, retomando as intuições da Declaração *Gravissimum Educationis*, do Concílio Vaticano II, a educação deve estar a serviço de um novo humanismo caracterizado pela solidariedade. Para tanto, é necessário humanizar a educação, ou seja, colocar a pessoa no centro da tarefa educativa. A educação para o humanismo solidário objetiva "assegurar a formação de cidadãos dotados de uma adequada cultura do diálogo" (Congregação Para a Educação Católica, 2018, n. 14).

Trata-se de um projeto que ultrapassa nações, igrejas, religiões, governos, pois centra-se no compromisso com a educação como bem comum e como direito universal.

Contudo, verifica-se também que no potencial transformador da educação libertadora e integral está a realização do ser humano como alguém vocacionado a viver em liberdade e responsavelmente voltado para a história presente, em busca da justiça e da paz e, ao mesmo tempo, aberto ao transcendente.

2004) sugeriu o acréscimo da inteligência emocional. Finalmente, Hugo Assmann também se une ao coro da perspectiva multifacetada da educação hoje, ao defender diversos pressupostos em sua mínima pedagógica (Assmann, 2001, 282-297).

Capítulo 5

A educação integral e libertadora católica nas trilhas educacionais do Brasil

As considerações amadurecidas ao longo deste trabalho demonstram um caminho sempre inacabado, porém em contínua progressão e projeção. A educação integral pensada na perspectiva católica, situada na prática de cada contexto histórico, parece assumir o caráter de uma experiência que podemos chamar de *modus vivendi*, por habitar a história onde a Igreja Católica galgou seus passos e deixou pegadas. Em se tratando da realidade brasileira, podemos dizer que deixou impressões quase que indeléveis que fazem parte da caminhada educacional do Brasil.

Os caminhos mobilizam a história e a memória, numa luta constante onde desbravá-lo é uma atitude cotidiana. Nesse ponto, a metamorfose de caminhos em trilhas torna-se uma metáfora expressiva para o Brasil, pois a educação católica brasileira ao se colocar no horizonte do Concílio também foi se definindo e caminhando por suas trilhas.

O termo trilha sugere picada aberta, marcada por sinais que ajudam o caminhante no compartilhamento do caminho, revelando assim que o Brasil não foi apenas um receptor das proposições do Vaticano II e Medellín. Antes, essa relação se configura como um alargamento do horizonte inicial, que no Brasil terá os seus encaminhamentos. Depois, a trilha é composta de sinais a serem observados, por isso assumimos a postura de viajante, que mesmo avistando o porto, deseja continuar a descobrir, por reconhecer que o porto que nos acolhe é o mesmo que nos reenvia a continuar o caminho. Assim o viajante se vê como aquele que ensaia "um projeto, algo que pode chegar a ser, e como apátrida, romper, através da interrogação os caminhos do pensamento" (Escola, 2011a, 153).

Pensamos na metáfora do caminho, usada por Marcel (2005), que ilustra o modo como a existência é apreendida a partir da própria experiência. Assim, a noção de itinerância se converte na tomada de consciência de uma posição fundamental do ser viajante, quando almeja sempre ir mais além de si mesmo e da própria realidade. A ideia de viagem comporta, em si, um sentido de peregrinação[1], de passagem de um lugar a outro, visando a busca desejada.

A partir dessas considerações, situamos esta pesquisa na realidade brasileira, reconsiderando sempre o tecido que fundamenta a educação integral desde a tradição da Igreja, sistematizada com mais vigor no seu magistério a partir do Concílio Vaticano II, nas linhas da Declaração *Gravissimum Educationis* e na América Latina nas discussões de Medellín e assim por diante nas Conferências posteriores. O que aparece em ambas as realidades é a "emergência educativa" (GE 1) como fator essencialmente predominante para o desenvolvimento da pessoa e da sociedade, que na ótica de Medellín se expressa no interior de outro discurso mediador de poder histórico concreto, o discurso da educação libertadora como legítimo caminho para uma educação integral.

Trazendo essas discussões para o Brasil, nos deparamos com a categoria de educação católica que abrange um vasto campo, podemos citar o ensino formal ministrado em escolas e universidades católicas, o ensino de caráter não formal realizado por instituições religiosas, ONGs e outras denominações, educação religiosa, laica, profissional, de elite e popular, acompanhadas por diversos carismas oriundos de congregações religiosas masculinas e femininas, por diferentes pedagogias, enfim o campo da educação católica no Brasil retrata uma história não indiferente, mas que acompanha

---

1. Olhando para os traços da biografia, personalidade, reflexão filosófica e estilo de vida de Gabriel Marcel, encontramos a encarnação do sentido da peregrinação. Ele se considerava sempre um peregrino. Todo processo do seu pensamento foi por ele mesmo, comparado mais de uma vez com a trajetória de um homem itinerante que não havia completado e concluído seu próprio caminho. O modo de construção do seu pensamento personifica a metáfora da marcha e reflete o verdadeiro sentido do que significa estar a caminho (Silva, 2014).

pelo menos 500 anos de experiência, pensando desde o projeto colonial, certamente estamos diante de uma riqueza histórica com determinações cruciais para a educação brasileira.

Depois da realização do Concílio Vaticano II e em meio a tantas incertezas e desafios, muitas mudanças paradigmáticas estavam ocorrendo na Igreja e, em consequência, nas escolas católicas. Após o Vaticano II e Medellín, as escolas católicas sofreram com a evasão de grande número de religiosos. Muitas escolas católicas encerraram suas atividades ou porque a congregação decidiu deixar o bairro de elite em que estava situada para ir a uma cidade ou região mais popular, ou porque com a redução de religiosos não foi mais possível sustentar a obra (MARIUCCI, 2011).

Nesse caminho, muitos colégios tradicionais optaram por seguir trilhas educacionais de perfil não formal, dedicando-se a atividades como projetos sociais, nos quais os alunos eram envolvidos nos princípios da educação libertadora que era educar para transformar. Segundo Libanio (1997, 9), a educação libertadora, à guisa dos ensinamentos de Paulo Freire, visava construir uma consciência crítica no aluno a fim de que ele fosse capaz de transformar a si mesmo e ao mundo em sua volta. Essa postura pedagógica causou muitos conflitos com os pais e a sociedade.

Para ilustrar melhor o impacto da educação católica na realidade brasileira após o Concílio Vaticano II (1962-1965) e a Conferência de Medellín (1968), nos valemos de algumas fontes que serão abordadas a partir da metodologia hermenêutica, na busca de compreender o encontro histórico entre o texto e o sujeito compreendedor, entre a história, o contexto e a linguagem imbricados no discurso que se apresenta. Nesse sentido, destacamos que a compreensão é muito mais do que um dado científico da natureza que busca explicar, "compreender e interpretar textos não é um expediente reservado apenas à ciência, mas pertence claramente ao todo da experiência do homem no mundo" (GADAMER, 2008, 29).

Inicialmente, nos valemos de alguns dados da pesquisadora Samyra Brollo de Serpa Crespo (1992)[2], presente na obra *Catolicismo: modernidade*

---

2. Samyra Brollo de Serpa Crespo possui graduação em História pela Universidade de São Paulo (1979), especialização em História Social pela Universidade

e tradição, organizada por Pierre Sanchis, coordenador do grupo de pesquisa ISER[3]. Reportamos também para a discussão dois números do Boletim da AEC, de 1975 e 1988, nos quais abordamos os artigos de Dayrimoraes Sores (1975), Leandro Rossa (1988) e Maria Leônida Fávero, além de uma entrevista com Paulo Freire, realizada por Ivan Teófilo. Ambos os artigos e textos nos ajudam a compreender quais ideias e repercussões circulavam em torno da nova roupagem da educação integral, veiculada como educação libertadora.

Por essas trilhas, subsistiu o entendimento de uma educação católica convocada a rever sua identidade, sua prática, suas estruturas. Já não era mais possível traduzir o apelo da emergência educativa, com um projeto distanciado da realidade e do compromisso social. A efetuação do mandado recebido, claramente anunciado pelo Concílio na *Gravissimum Educationis* no número 1 do documento, que expressa: o direito inalienável a educação; a importância da educação na vida do homem e a sua influência no progresso social do nosso tempo; a educação enquanto formação da pessoa humana em ordem ao seu fim último e, ao mesmo tempo, ao bem das sociedades de que o homem é membro e responsável; a educação que visa ao desenvolvimento harmônico das qualidades físicas, morais e intelectuais e à aquisição gradual de um sentido mais perfeito da responsabilidade na própria vida; a educação que prepara a pessoa para tomar parte na vida social, munida dos instrumentos necessários e oportunos para inserir-se ativamente nos vários agrupamentos da comunidade humana, na abertura ao diálogo com os outros e a cooperação no bem comum. A esse mandato juntam-se os apelos de Medellín, ambos incidem numa educação integral para além do âmbito conceitual, que

---

de São Paulo (1983) e doutorado em História Social pela Universidade de São Paulo (1989). Atualmente é pesquisadora titular do Museu de Astronomia e Ciências Afins. Tem experiência na área de História, com ênfase em História das Ciências. Atuando principalmente nos seguintes temas: Catolicismo no Brasil, História da Educação, Ideologia da Educação.

3. Instituto de Estudos de Religião (ISER), coordenado por Pierre Sanchis, responsável pelo projeto "A Igreja Católica no Brasil atual". O artigo de Samyra Crespo intitulado "Escolas católicas renovadas e a educação libertadora no Brasil" faz parte de sua tese de doutoramento em História Social pela USP (1989) e tornou-se parte deste projeto que congregou 18 subprojetos elaborados por pesquisadores de diferentes instituições e estados. Iniciado em 1985, encerrou-se em 1989 (CRESPO, 1992, 153).

pode permanecer restrita a uma promessa sem repercussão prática, ao contrário do que vem proposto e se define como caminho é uma educação integral mais concreta e coerente com o espírito novo que o Concílio viera soprar.

Embebida desse horizonte inicial, a educação católica se propõe a projetar seus encaminhamentos, não com um discurso reprovador do que foi efetivado no passado, por aliar-se às classes dominantes e por ter se afastado do espírito profético. O espírito que move a educação a estas novas trilhas reconhece com gratidão o passado em todo o bem realizado e se versa a ler e a interpretar os sinais que emanam deste momento novo.

5.1. Repercussões do Concílio Vaticano II e Medellín nos colégios católicos: os sinais da educação libertadora

A Igreja Católica possui a imagem de uma Igreja educadora. No Brasil, podemos identificar grande parte das instituições católicas destinadas a este fim, assim como ela possui a missão de educar em seu caminho de evangelização.

As repercussões que trazemos aqui não tratam de um estudo documental dos colégios católicos, mas facultam discussões que retratam o germe do novo, em que os sinais da educação libertadora começam a se difundir.

Crespo (1992) aponta duas posições diversas em colégios católicos: um de Porto Alegre e outro do Rio de Janeiro. A referida autora nos diz que, depois de Medellín, surge o discurso de que as escolas católicas, ao optarem por uma educação libertadora, estavam se atrelando à Teologia da Libertação, e que tal impostação se caracterizava pela doutrina marxista. Essa realidade, segundo dados históricos, revela que o Colégio Anchieta, dos jesuítas, em Porto Alegre, foi bastante popular nos principais jornais do país, por causa de uma suposta discordância de um grupo de pais da linha considerada marxista da escola (CRESPO, 1992, 154). Manchetes impactantes utilizavam o *slogan* "evangelho segundo Karl Marx" e outras mais suscitaram espanto e indignação[4].

---

4. Esta citação encontra-se no jornal *Correio do Povo*, de Porto Alegre (5/1/1980, 4). No "dossiê" sobre o caso Anchieta, organizado pelos próprios jesuítas, a fim de informar seus superiores sobre a polêmica que envolveu os pais, os

Em contraposição, encontramos pais a favor do novo projeto que se implantava com a educação libertadora e se tornam hostis ao recuo da Congregação da Ordem dos Lazaristas, que resolve frear os processos que ali se instauram. Tomamos como exemplo o colégio São Vicente de Paulo, no Rio de Janeiro (1983). Por meio de um documento, "Carta aberta à população", distribuído por uma autodenominada comissão de alunos, ex-alunos, pais e professores, que traz os seguintes dizeres:

> [...] o São Vicente tem quase 25 anos de uma educação em liberdade. Aprendemos ali que sem diálogo não há democracia. Sempre nos ensinaram que lutar contra as injustiças e falar a verdade é um dever cristão, mas agora a direção da escola resolveu fechar tudo! Em dezembro ela demitiu 10 professores e o coordenador do 2º grau sem dar nenhuma explicação aceitável. Com um gesto autoritário, o diretor deixou desempregados, às vésperas do Natal, 11 profissionais [...]. De lá para cá tudo foi tentado para que essa atitude fosse revista [...]. Esses donos da verdade têm coragem de desprezar o clamor de mais de mil alunos, pais, professores reunidos em assembleia, 1, 2, 3 vezes! Cansados, mas cheios de ânimo, chegamos ao fim dessa etapa de luta. Podemos dizer vitoriosos, que a força bruta pode nos roubar o prédio da rua Cosme Velho, mas não vai matar nossa necessidade de uma educação libertadora! Vamos construir o novo colégio. Aos tantos "nãos" que ouvimos, vamos responder um sonoro "sim". Sim a retirada em massas das matrículas! Sim à nova escola, democrática e libertadora pra valer! (Crespo, 1992, 155).

Segundo Crespo (1992), a conclusão desse episódio resultou numa ampla defecção no Colégio São Vicente e na saída em massa das famílias descontentes. Tais dados são possíveis de serem abordados por meio de um dossiê que fora disponibilizado à pesquisadora Samyra Crespo por um dos pais de alunos ali matriculados, Osmar Fávero.

Segundo Padin (1995), grande parte das escolas formais católicas estavam bem concentradas nas orientações da *Gravissimum Educationis* e

---

religiosos do colégio, a AEC/RS e o próprio bispado local, conta com mais de 50 matérias publicadas nos principais jornais do país. In: Crespo, 1992, 154.

avançavam em certos progressos, porém a mentalidade da escola católica separada do mundo exterior e da realidade social ainda era presente, cuja preocupação que daria a garantia da manutenção da escola católica como espaço de divulgação de sua doutrina.

Também Moura (2000) apresenta o caso de outros colégios tradicionais, em várias cidades do Brasil, que tiveram sucesso com a nova proposta pedagógica construída sobre os princípios da educação libertadora. O caso mais emblemático refere-se em decorrência da opção preferencial pelos pobres e uma educação que trabalhasse a consciência solidária e crítica.

A essas duas situações que expressam posições contrárias, Crespo (1992) acrescenta que entre 1960 e 1980 ocorreram alterações nas finalidades educativas de algumas congregações religiosas. Refere que congregações femininas, tradicionalmente voltadas para o ensino no Brasil, pelas quais passaram muitas gerações de moças pertencentes a famílias da média e alta burguesia, fechavam seus colégios ou passavam à administração de leigos. As motivações se davam pelo fato da escassez de religiosas estarem dispostas a gerir escolas; ao redimensionamento ideológico que afetava diretamente o religioso educador, que demandou um forte apelo à inserção popular e ao trabalho pastoral de base. Contudo, neste período, observou-se o fechamento de 70% das escolas católicas, entre 1960 e 1985 (Ibidem, 156).

Essa informação encontra apoio em Azzi (AEC, 1992, 84), que alude que diversas congregações religiosas, sobretudo femininas, fecharam alguns de seus colégios de classe média a fim de liberar seus membros para um trabalho junto às camadas populares. Com exceção de alguns colégios localizados nos grandes centros econômicos e nas capitais, que se mantêm graças ao prestígio alcançado juntos às elites econômicas e culturais, relevante fatia das escolas católicas perde, aos poucos, sua antiga autonomia e precisa se reinventar diante dos ares novos, que foram soprados também pelo Concílio Vaticano II.

A esses apontamentos de Crespo e Azzi é preciso juntar que desde a década de 1960, no Brasil, movimentos sociais ligados à Igreja Católica dos quais participavam leigos em geral, como casais, jovens, religiosos e religiosas pertencentes a congregações, tocados pelas orientações do Concílio Vaticano II e pelas conferências que se seguiram, cujos registros e ecos encontraram lugar nos cadernos da AEC (1985). Referimos, brevemente, ao Movimento de Educação de Base (MEB). Esse importante movimento social católico foi criado em 1961 e caracterizou-se pela proposta da educação popular. Teve origem no programa de escolas radiofônicas lançada pelo bispo Eugênio Sales em Natal em 1958. O governo Jânio Quadros, pelo Decreto n. 50.370, de 21 de março de 1961, oficializou o Programa para todo o país e "para cumprimento do decreto, foi assinado no mesmo dia um convênio entre o Ministério da Educação e a Conferência Nacional dos Bispos do Brasil (CNBB)" (CUNHA, 1991, 495).

Os leigos que trabalhavam no MEB "vinham de setores da Ação Católica, principalmente estudantes secundaristas e universitários, que já percebiam a possibilidade de empregar a educação de base como um meio para se aproximarem das classes populares, utilizando-a como um mecanismo de mobilização sociocultural e política" (Idem, 1991). O objetivo do MEB não era, então, apenas a alfabetização, mas principalmente a mobilização social ou politização, através do conceito de conscientização. Dirigiu-se, sobretudo, às regiões do Nordeste, Norte e Centro-Oeste do Brasil, por meio de programas radiofônicos com recepção organizada, propunha-se a criar nas escolas a dimensão da vida comunitária, despertando nos alunos o espírito de iniciativa e responsabilidade social; velar pelo desenvolvimento social, econômico e espiritual de povo de cada região, preparando a comunidade para as indispensáveis reformas que necessariamente iriam surgir.

Ao MEB, podemos juntar os Centros Populares de Cultura (CPCs) e os Movimentos de Cultura Popular (MCPs). Todos sinalizam a superação por parte da Igreja, de uma visão e prática elitista da educação, que também está radicada na própria evolução da doutrina social católica.

Mesmo que tocado de modo breve, a existência desses movimentos nos ajudam a considerar que algo de novo aconteceu na educação católica brasileira, e que tanto o evento conciliar do Vaticano II como o projeto da Igreja do Brasil impactaram no campo da educação católica, independentemente do âmbito em que ela se desenvolvia; educação formal, não formal, universitária, religiosa, popular. Verifica-se que a Igreja latina consegue entrever um novo projeto educacional, que se move a beber da fonte da realidade concreta de um povo, tendo como ponto de partida suas condições históricas reais e como anseio a sua formação integral, ensejada também no campo da política, em vista de sua plena participação nos processos socioculturais (na religião, na cultura, na política, na economia).

Apontadas as trajetórias do que se passava nos colégios católicos, pós-Vaticano II e Medellín, e destacando o MEB como um movimento social que, além de alfabetizar, se propôs à conscientização social e política, passamos a educação integral como a ceiva e prática libertadora que traz novas composições e encaminhamentos para o projeto educacional católico no Brasil, que computando-se a uma história com diferentes conjunturas, avança na superação de um projeto elitista e fechado, na compreensão da sua identidade e seu lugar na sociedade brasileira.

É preciso dizer que tanto o Concílio Vaticano II (1962-1965) quanto a Conferência de Medellín (1968) impactaram em uma nova mentalidade educacional católica no Brasil, conferindo a educação integral e libertadora o caminho para o fortalecimento da identidade educacional cristã, numa postura de importante diálogo com organismos de grande envergadura que adentram essa realidade, tais como a CNBB[5] e AEC.

Passamos, então, a apresentar a AEC na difusão da educação libertadora nos boletins das décadas de 1970 e 1980. A partir deles, nos concentramos a resgatar as ideias que circulavam acerca da educação libertadora.

---

5. Reproduzimos nesta nota o que reza nos artigos 1º e 2º dos Estatutos da CNBB: "A Conferência Nacional dos Bispos do Brasil (CNBB) foi fundada em 14 de outubro de 1952, no Rio de Janeiro. A CNBB é a instituição permanente que congrega os Bispos da Igreja Católica no País; nela, conjuntamente, eles exercem funções pastorais e dinamizam a missão evangelizadora. Respeitadas a competência e responsabilidade de cada membro, quanto à Igreja universal e à própria Igreja particular, cabe à CNBB, como expressão peculiar do afeto colegial, fomentar a comunhão entre os membros, ajudar os Bispos no seu ministério para o benefício de todo o povo de Deus, concretizar o afeto colegial e facilitar o relacionamento de seus membros, sendo espaço de diálogo, ajuda fraterna e de encorajamento recíproco, estudar assuntos de interesse comum, promover a ação evangelizadora, exercer o magistério doutrinal e a atividade legislativa, segundo as normas do direito..., representar o Episcopado brasileiro junto a outras instâncias, inclusive a civil" (Estatutos art. 1º e 2º). Disponível em: <https://www.cnbb.org.br/a-cnbb-esclarecimentos>.

5.2. A educação libertadora em boletins da AEC

A Associação de Educação Católica (AEC), reconhecida hoje sob a nomenclatura Associação Nacional de Educação Católica do Brasil (ANEC[6]), foi instituída a partir do I Congresso Nacional de Diretores dos Estabelecimentos Particulares de Ensino, em 1944, sendo fundada em 1945 com o objetivo de reunir pessoas em defesa da escola católica e aumentar a força das instituições escolares em vista da promoção da educação, à luz dos valores evangélicos que caracterizam um tipo de sociedade e de homem (FÁVERO, 1991).

Por apresentar dados importantes para o encaminhamento desta tese, apresentamos um breve histórico dessa associação, a fim de situar as publicações que se originam por meio do Boletim da AEC. Essas publicações também fazem seu processo em detrimento da organização que se dará a este instrumento de comunicação. A princípio se trata do boletim Servir, editado e distribuído gratuitamente entre 1945 e 1963 aos colégios, dioceses, congregações e associados da AEC. Grande parte desses artigos está registrada em *Vinte anos a serviço da educação*[7], obra publicada em 1966 pelo primeiro presidente nacional da AEC, o jesuíta Artur Alonso Frias, sob o pseudônimo religioso de Mariano da Cruz. Entre 1963 e 1964, assume o caráter de Cadernos da AEC, dedicado à análise da Lei de Diretrizes e Bases da Educação Nacional. A partir de 1971, o *Boletim da AEC do Brasil*, rebatizado em 1976 como *Revista de Educação AEC*, de publicação bimestral, editada regularmente durante todo o período analisado (até o número 93). Essa publicação possui caráter monotemático, abordando, a cada número, assuntos de

---

6. Nesta tese consideraremos chamar de AEC, respeitando, assim, o corte temporal que denominava esta associação como AEC.

7. Publicado em 1966 por Mariano da Cruz, *Vinte anos a serviço da educação* é fonte documental de extrema relevância para o estudo da Associação de Educação Católica do Brasil (AEC), por conter as memórias institucionais das primeiras duas décadas de existência da entidade, além de grande número de documentos, como textos produzidos pela própria AEC e por outras instâncias católicas dedicadas à educação, debates parlamentares e registros de reuniões com representantes do Estado, estatutos, teses, além de reunir editoriais, atas, circulares e artigos publicados em Servir (boletim da AEC) e manifestos de defesa do ensino privado, em geral, e católico, em particular (SENRA, 2013, 5).

interesse dos associados da entidade (PUHL, 1995). Distribuída nas escolas e livrarias católicas, a *Revista de Educação AEC* constituiu material fundamental para a realização deste trabalho. Neste recorte, recorremos a algumas publicações de 1975 e 1988 que tratam da educação libertadora.

A consolidação da AEC se dará na história por meio de muitos nascedouros, como cita Álvaro Senra (2007); aqui trazemos alguns caminhos percorridos na sua sistematização.

Segundo Cruz (1966), em setembro de 1945, foi convocada uma assembleia constitutiva para a fundação de uma entidade católica de educação. Na ocasião, o convite foi restrito a diretores de escolas católicas do então Distrito Federal. Em 24 de novembro do mesmo ano, a AEC foi fundada, em sessão realizada no Palácio São Joaquim, sede da arquidiocese e presidida pelo cardeal D. Jaime de Barros Câmara. A primeira diretoria foi formada pelo jesuíta Artur Alonso Frias (pseudônimo Mariano da Cruz), que ocupou o cargo de presidente.

Cabe-nos aqui maior conhecimento da figura do jesuíta Alonso Frias, nascido na Espanha em 1901, ordenou-se na França e atuou no Brasil desde o início da década de 1920. Homem dotado de grande capacidade de trabalho, foi, entre outros cargos, diretor do Colégio Santo Inácio, no Rio de Janeiro, entre os anos de 1941 e 1947, provincial dos jesuítas do Brasil; em 1945, foi reitor da Pontifícia Universidade Católica do Rio de Janeiro de 1956 a 1966, e membro do Conselho Estadual de Educação do Rio de Janeiro (1961-1967).

> Católico tradicionalista, Mariano da Cruz se opôs às reformas introduzidas pelo Concílio Vaticano II, que, em sua opinião, enfraquecia a autoridade do Papa e a hierarquia da Igreja. Desiludido com o apoio da Companhia de Jesus às decisões do Concílio, se transferiu para a Espanha. Retornou posteriormente ao Brasil, onde veio a falecer em 1990 (RAMAL, 1999, 99).

Mariano da Cruz imprimiu suas convicções à AEC, que presidiu entre o ano de sua fundação, 1945, e 1965. Além dele, a primeira diretoria da entidade era composta pelo beneditino Hildebrando Martins, vice-presidente; pelo barnabita Francisco Maffei, tesoureiro; pela professora Laura Jacobina

Lacombe, secretária, e pelo padre Helder Câmara, que ocupou o cargo de assistente eclesiástico (PUHL, 1995, 78).

Nesse contexto, a educação católica deparava-se com a expansão do ensino público e, com o fim da ditadura e da perda da retaguarda oferecida pelas estreitas relações entre a Igreja e o regime varguista, apresentava-se a possibilidade de enfrentamentos com os defensores do ensino público, do protestantismo, do laicismo liberal e do marxismo.

A relevância da AEC reside na sua constituição como principal entidade de defesa dos interesses da Igreja em relação à educação. Seu desempenho foi clarificado em momentos de tensão e mobilização para a educação católica e, também, na orientação cotidiana dada às instituições educacionais católicas sobre a resolução de problemas ordinários, a exemplo de dúvidas diante da legislação, questões salariais, mensalidades escolares, concessão de bolsas de estudo e administração da vida escolar.

O significado de transformação presente no nascimento da AEC aparece na reelaboração que a Igreja precisou empreender na sua forma de atuar e nas premissas de suas propostas, posicionando-se e preparando-se para o processo de modernização realizado pelo Brasil a partir das décadas intermediárias do século XX. A possibilidade de perda das garantias que o Estado assegurava às escolas e às teses defendidas pela Igreja durante o período varguista (1930-1945) e o desenvolvimento de forças político-sociais que defendiam a expansão da escola pública no contexto posterior a 1945, como foi sentido nos debates da Assembleia Nacional Constituinte (1946) e, posteriormente, nas discussões da primeira Lei de Diretrizes e Bases da Educação Nacional (1948-1961), tornaram a posição da Igreja relativamente mais frágil do que em períodos anteriores. Desde então, as reivindicações católicas para a educação escolar passaram a se fundamentar no direito que os setores da sociedade compromissados com o catolicismo tinham de desfrutar de uma educação em consonância com seus valores. As proposições da Igreja alinharam-se, naquele momento, com a defesa da escola privada, tendo a AEC desempenhado um papel estratégico nessa direção (SENRA, 2007).

A partir da década de 1970, a trajetória dos dirigentes nacionais espelha as alterações na rota política da AEC, identificada com os setores progressistas do catolicismo, tornando-se mais permeável à participação dos educadores leigos e investindo na educação popular. Observa-se um distanciamento em relação aos postos em órgãos de decisão estatais e a ênfase em carreiras mais sociais vinculadas, além das congregações religiosas a que pertenciam, a instituições educativas e movimentos sociais de educação não escolar.

Destacamos, também, a importância da Conferência Nacional dos Bispos do Brasil (CNBB), a mais importante das entidades católicas criadas no Brasil, organismo onde se deliberam as propostas políticas gerais da Igreja em âmbito nacional. Desde o início de suas atividades, em 1952, essa instituição aparece como a principal face política da Igreja no Brasil, além de estabelecer o espaço onde ocorrem os embates e os compromissos entre as frações existentes no interior da hierarquia, produzindo suas respostas às conjunturas histórico-sociais nas quais a Igreja atua (ALVES, 1979).

Os vínculos construídos entre a AEC e a CNBB foram imediatos e mantiveram-se muito fortes ao longo das décadas seguintes. Os principais atritos entre ambas remeteram à resistência inicial da AEC, ainda sob a presidência de Artur Alonso Frias, em aceitar as modificações propostas pelo Concílio Vaticano II.

> A AEC é anterior à CNBB. Por isso, sempre agira no campo da educação católica de uma forma praticamente autônoma, mesmo depois da constituição da CNBB. Em 1964 a CNBB elaborara seu Plano de Emergência, criticado pelo Padre Alonso, em circular distribuída para algumas AECs estaduais. A CNBB reagiu violentamente e o Padre Alonso achou por bem ficar calado. A partir desse momento, tive a impressão de que os bispos do Brasil desejaram a substituição do então presidente da AEC (LIMA, 1995, 172).

Apesar desses momentos de tensão, a colaboração entre a AEC e a CNBB fortaleceu-se em períodos de intensa mobilização, como ocorreu na segunda metade da década de 1950 e no processo constituinte de 1987-1988. O impacto do Concílio Vaticano II foi absorvido pela CNBB, difundindo-se e influenciando os rumos da AEC a partir da mudança de sua diretoria nacional em 1965, com a substituição de Artur Alonso Frias por José Vieira de Vasconcellos, resultando em uma importante contribuição na quebra do monolitismo tradicionalista da educação escolar católica e de sua entidade de articulação. A transferência da AEC para Brasília, em 1980, e a atribuição da AEC em indicar a assessoria de educação da CNBB aproximaram ainda mais as duas entidades, o que pode ser verificado pela intensa produção documental e pela atuação conjunta desenvolvidas nos anos seguintes (Panini, 1995).

Feita essa breve contextualização da AEC, analisamos, de imediato, alguns dos seus boletins, entre os anos 1975 e 1988 que fundamentalmente são dedicados a temática da educação libertadora.

5.2.1. Educação libertadora no Boletim ano 4, n. 16, 2º trimestre de 1975

Esse boletim de 1975 é dedicado à temática da educação libertadora, apresenta em seu sumário quatro títulos: Marco originário da educação libertadora; Princípios doutrinais da educação libertadora; Os objetivos da educação libertadora e Dimensionamento da educação libertadora.

No primeiro tema, *Marco originário da educação libertadora*, abordado pela autora Dayrimoraes Soares[8], apresenta uma entrevista com Leonardo Boff[9], articulada em três perguntas:

1. Como emergiu a temática da libertação, particularmente, na consciência do homem sul-americano?
2. Mais explicitamente, qual é a natureza da libertação que inspira a educação libertadora, promovida pelos colégios católicos?
3. Em que fonte pode se alimentar o esforço dos educadores católicos para aplicar uma educação libertadora?

---

8. Membro da equipe de redação do Boletim AEC, responsável pela edição de educação libertadora no ano de 1975.

9. Leonardo Boff (1938) é um teólogo, escritor e professor brasileiro, um dos maiores representantes da Teologia da Libertação, corrente progressista da Igreja Católica. Leonardo Boff, pseudônimo de Leonardo Genésio Darci Boff, nasceu em Concórdia, Santa Catarina, no dia 14 de dezembro de 1938. É neto de imigrantes italianos, da região de Vêneto, que vieram para o Brasil no final do século XIX. Em 1970 doutorou-se em Filosofia e Teologia pela Universidade de Munique, na Alemanha. Ao retornar ao Brasil, ajudou a consolidar a teologia cristã nascida na América Latina após a reunião do Concílio do Vaticano II. Disponível em: <https://www.ebiografia.com/leonardo_boff/>.

Na primeira questão, o teólogo tece uma resposta radicada em três subtítulos: *Subdesenvolvimento: a subconsciência da libertação*; *Libertação-categoria: a nova consciência articulada em seus opostos correlatos* e *Libertação-horizonte hermenêutico: a nova consciência generalizada*.

No primeiro subtítulo, o autor aborda a questão que a consciência da libertação fora gestada lentamente, em uma espécie de subconsciência, elaborada no interior de uma reflexão socioanalítica sobre o fenômeno do atraso e pobreza dos países latino-americanos. Imerso no drama das desigualdades, o homem contemporâneo compreende a urgência de um processo de transformação, como via de superação. Para expressar esse fenômeno, o termo desenvolvimento busca enfeixar as aspirações coletivas que arrancaria os povos do seu atraso, contudo, "o subdesenvolvimento não é uma fase superável, mas uma situação geral dentro do sistema político e econômico vigente na América Latina e no mundo Ocidental. É muito mais uma espécie de subproduto histórico do desenvolvimento de outros países" (SOARES, 1975, 8). Com efeito, a dinâmica da economia capitalista leva a estabelecer um centro e uma periferia que gera, simultaneamente, progresso e riqueza para os poucos e desequilíbrios sociais, tensões políticas e pobreza para muitos.

No segundo subtítulo, Leonardo Boff entende a libertação enquanto categoria em atitude dialética frente ao problema do desenvolvimento. Nessa passagem, a consciência libertadora não permanece na denúncia, sua efetivação, partindo de uma análise socioanalítica traz à luz os mecanismos de dependência e dominação, passando a uma práxis libertadora, pois neste sentido a libertação veicula um valor ético e não apenas um dado científico. Como se vê não se trata de um desenvolvimento harmônico, com fases sucessivas e lineares, embora aceleradas. "Iniludivelmente se postula uma ruptura e uma cissura com o *status quo* dependente, não para poder tornar outros dependentes, mas para que haja uma convivência humana mais fraterna ou menos dominadora" (SOARES, 1975, 9).

No último subtítulo, *Libertação-horizonte hermenêutico*, o entrevistado confere à libertação um caráter mais amplo, que supera a dependência econômica, política e social. Citando Gustavo Gutiérrez:

> A libertação consiste, mais profundamente, em ver o devir da humanidade como um processo de emancipação do homem ao longo da

história, orientado para uma sociedade qualitativamente diferente, na qual se situa o homem livre de toda servidão e como artífice do seu próprio destino (Soares, 1975, 10).

Nessa formulação, o que importa é buscar a construção do homem novo, sendo essa a última instância que deve delinear o esforço de libertação, como horizonte hermenêutico epocal da consciência latino-americana. Porém, segundo o autor, para que este seja autêntico e pleno é necessário que seja assumido e querido pelos próprios oprimidos a partir de seus valores.

Nas últimas perguntas, que nos aproximam do caráter deste trabalho de cunho educacional, o autor traz uma contribuição sobre a natureza da libertação enquanto fonte inspiracional da educação libertadora, promovida pelos colégios católicos e em que fonte os educadores podem se alimentar para a aplicação de uma educação libertadora.

Compreende-se, a partir da exposição de Leonardo Boff, a dinâmica que anima a articulação dos elementos estruturais da libertação e o seu processo como resposta aos educadores interessados na libertação, como meio ocular para a práxis educacional a ser promovida.

Nessa análise, Boff pauta-se nos elementos permanentes, pois esses são constitutivos da estrutura que articula a libertação como processo. A libertação estruturalmente considerada esses elementos articuladores: opressão, dependência, libertação, conflito, ruptura e abertura. Na interrelação de ambos, os mesmos podem ser representados, nos termos seguintes, como sumariza o autor.

O homem para viver cria para si um arranjo vital, que pode ser definido como circunstância. "No sentido de que, se por um lado, cerca-o e aprisiona-o (circun), por outro lado, permite-lhe viver e estar (stancia) como senhor dentro de um mundo domesticado e familiarizado por ele através do pensamento, do trabalho, da cultura e da convivência" (Soares, 1975, 12).

Partindo do exposto, percebe-se que o movimento de superação pode, às vezes, ser gestado numa situação de crise manifestativa do caráter conflitivo inerente a toda circunstância. Enfim, todo arranjo vital é sempre o equilíbrio difícil entre uma circunstância limitada que se inaugura dentro dela. Por isso, ele esconde latentemente dentro de si um conflito insuperável, mas que é o germe de vida, de crescimento e de todo processo libertador da educação. Quando o limite tenta obstruir a abertura para o ilimitado surge a opressão e a repressão (SOARES, 1975, 13).

Nesse movimento, a educação gera processos de liberdade que, na ótica do autor, não significa que seja um processo qualquer, que na sua primeira aproximação se define como o qualificativo "dialético", pois ele se move na polarização entre um não e um sim ditos a propósito de uma circunstância dada ou entre a distensão estabelecida pelo descompasso entre o ser livre *de* e o ser livre.

O processo de libertação, segundo o Leonardo Boff, pode ser analisado em seus momentos estruturais: conflito, crise novo projeto e decisão. O conflito é o momento estrutural do processo de libertação, pelo fato de que a dependência é sempre de tal ordem enraizada que a conquista da liberdade perpassa o esforço de libertar-se da dependência e assumir outras. A crise tem lugar quando o processo de libertação se torna urgente pelo caráter de paroxismo que o conflito assume. Nessa perspectiva, a crise indica sempre uma chance de nova vida. Age como um crisol que lapida o homem a fim de que ele se torne mais apto para a decisão de uma nova posição. "O novo projeto é o novo passo que possibilita ao homem uma situação nova. Representa, então, uma nova determinação dentro de um arranjo vital dado e concreto, em que se dará enfim a decisão" (SOARES, 1975, 14).

Para concluir a última pergunta, o entrevistado, Leonardo Boff, salienta como fonte educacional de aplicação da educação libertadora a própria pessoa de Jesus Cristo, tendo como referência as atitudes e comportamentos do Cristo histórico, no pressuposto que Nele se revelou o que há de mais divino no homem e o que há de mais humano em Deus. Nessa exposição, o autor não pretende, a partir de títulos mencionados, definir a pessoa de Jesus Cristo, mas sugerir ou provocar um confronto de quem se pretende educador católico com a pessoa do Cristo.

Para simplificar tais atitudes e comportamentos que servem de modelo aos educadores empenhados com a educação libertadora, Boff concentra as informações com base na seguinte questão: que traços mais comuns caracterizam a pessoa do Cristo como libertador da consciência oprimida[10]?

A partir dela, esse elenca, sem preocupação com a ordem lógica ou organização histórica, alguns momentos significativos, tal como apresenta o teólogo da libertação. A figura de Jesus que transparece dos evangelhos é a de um homem livre de preconceitos, com os olhos abertos para o essencial, em contínua relação com os outros, principalmente com os abandonados fisicamente e moralmente. Seu modo de viver anuncia que a ordem estabelecida não pode redimir a alienação fundamental do homem. "Esse mundo assim como está não pode ser o lugar do Reino de Deus, precisa sofrer uma transformação em seus próprios fundamentos" (SOARES, 1975, 15).

Seu olhar sobre a realidade é penetrante e sem qualquer subterfúgio vai ao cerne do problema. "Conhece a realidade da vida em sua totalidade. Sua primeira tomada de decisão nunca é de censura. Para todos, tem uma palavra de compreensão" (SOARES, 1975, 15).

No seu modo de falar e agir, no trato com as várias camadas sociais, nunca enquadra as pessoas em esquemas pré-fabricados. "Sua reação é sempre surpreendente: para cada um tem a palavra exata ou o gesto correspondente" (SOARES, 1975, 16).

Tais considerações são concluídas pelo autor com o pensamento de que "não existe fonte mais rica para alimentar o desejo de fazer educação libertadora do que sentir-se atingido por Cristo e tomar o caminho que Ele fez com os atos simples que traçaram as linhas mestras de sua vida" (SOARES, 1975, 16).

O segundo artigo que analisaremos desse mesmo boletim de 1975 é intitulado *Princípios doutrinais da educação libertadora*, de Maria do Socorro Veloso. Seu artigo parte da realidade latino-americana para o sentido de libertação e de missão libertadora da Igreja. A autora apresenta orientações pedagógicas para o desenvolvimento integral e finaliza propondo questões para um debate a ser estabelecido dentro dos limites de cada escola. Para a

---

10. Consultar Leonardo Boff: "Foi Jesus um revolucionário"? In: *REB*, 1971, 97-118.

exposição, a autora toma por base a divulgação feita por Freire no seu opúsculo *Uma educação para a liberdade*, no qual nos deteremos no ponto 4 do artigo que preconiza as orientações pedagógicas em vista da educação integral. A autora menciona orientações que consideramos relevante para a temática em questão. São elas:

1. Conforme Medellín, a educação libertadora é o tipo de educação reclamada pelo desenvolvimento integral;
2. A aplicação dessa educação libertadora torna-se cada vez mais urgente, como se torna cada vez mais apertada a situação na qual vivemos. Consequentemente, os responsáveis da educação católica consideram como sendo um compromisso que não se pode evitar ou diferir a promoção de uma mentalidade de estruturas educativas correspondendo fielmente às exigências dos tempos em que vivemos;
3. Toda a orientação pedagógica é convocada a basear-se na autêntica linha da libertação, tendo em conta a situação, tendências, aspirações e a vocação do homem latino-americano no seu contexto imediato;
4. Diante da realidade, é preciso procurar outras formas que conduzam a uma democratização autêntica a qual não se obterá por mudanças quantitativas do sistema educativo, nem pela simples modernização técnica do ensino;
5. A mudança não será uma realidade senão quando forem implantados, um conteúdo, uma concepção de estruturas educativas radicalmente novas, uma concepção nova da educação que não seja apenas transmissão de conhecimentos, mas desenvolvimento da capacidade criadora, um conteúdo novo, na medida em que não seja estático, mas responda às exigências da realidade dinâmica do aqui e do agora, estruturas novas que representem instituições marcadas por dimensões abertas, comunitárias e dialogais, em vez de sistema de domínio e de dirigismo pedagógico;
6. A educação libertadora deve traduzir-se por uma pedagogia que a faça passar do nível da teoria a uma práxis efetiva de transformação da realidade que vivemos;

7. A estratégia fundamental reside em um processo de conscientização que conduza à formação de grupos de base, instrumentos da mudança;
8. Para realizar tudo o que precede, consideramos como importante organizar e animar cursos de conscientização, de atualização e de avaliação, empregando utilmente o que já existe; procurar pessoal técnico; recorrer aos peritos do país ou a técnicos pertencentes a organismos internacionais latino-americanos; permutar experiências de educação libertadora e de formação dos grupos instrumentais de base; formar grupos de reflexão e de aprofundamento que difundam os princípios da educação libertadora e preparar grupos técnicos que estudem e desenvolvam pedagogia do diálogo que a educação libertadora se esforça por encarar (VELOSO, 1975, 20-21).

Tais perspectivas citadas foram disseminadas no intuito de produzir debates sobre a educação libertadora como programa de colégios católicos que constatamos que, na sua grande maioria, correspondeu negativamente ao porvir da educação libertadora enquanto proposta a ser amadurecida e compartilhada nas escolas católicas. Assim finaliza a autora:

> Quantas perguntas e nenhuma resposta debatida! É uma pena esse nosso desencontro, agora. Em todo caso, nenhuma coisa podemos fazer em conjunto. Se não mais, pelo menos ler os demais artigos. O debate poderá acontecer dentro dos limites do colégio onde atuamos (Idem, 1975, 21).

Ainda nesse mesmo boletim de 1975, temos outro artigo de Dayrimoraes Soares chamado *Os objetivos da educação libertadora*. A autora inicia enfatizando que a educação não pode ser neutra[11] ou orientar-se para domesticação ou para a libertação. Ela aborda a temática em dois momentos. No primeiro, explicitando o que não constitui objetivo da educação libertadora, para depois tematizar seus objetivos positivamente em suas linhas gerais.

---

11. Este pensamento é articulado por Paulo Freire em muitas de suas obras, e citamos aqui a pedagogia do oprimido.

Três são as ações que não fazem parte da constituição dos objetivos da educação libertadora: domesticar, academizar e profissionalizar *simpliciter*[12].

O domesticar vem entendido como domínio em seus diferentes graus, como uma práxis que atrofia ou que impede o despertar da consciência crítica e da solidariedade. Dayrimoraes associa a transmissão de conhecimento como uma das formas da domesticação escolar, voltada para o produto-individualidade, moldando a carreira do status, "o questionamento do ensino transmissão tem tomado a forma de verdadeira contestação, por parte dos educadores a favor da educação libertadora [...] se educação é uma relação entre sujeitos cognoscentes, ela é necessariamente um quefazer problematizador" (Soares, 1975, 24). Nesse sentido, a função do ensino não pode ser a de dissertar sobre o objeto cognoscível, de dá-lo, de atendê-lo, de entregá-lo, como se tratasse de algo já feito, elaborado, acabado, mas a de problematizar aos alunos os conteúdos que os mediatizam.

O academizar visto de modo negativo pela autora é considerado uma educação que se nega ao contato direto com a realidade, um contato feito de compreensão, análise, crítica, afrontamento, transformação, "podemos assegurar que tem sido enorme a proliferação e alimentação das escolas que apenas iniciam o aluno numa certa versatilidade verbal, sem dar-lhe a possibilidade real de atuar diretamente sobre o processo histórico, acontecendo à sua volta" (Ibidem, 1975, 25).

Em terceiro lugar, o objetivo da educação libertadora não pode ser o preparo de uma geração, o seu treinamento e habilitação para desempenhar um papel em um processo, ainda que esse processo seja o crescimento econômico. Sobre esse em particular, a autora nota que, mesmo para as escolas católicas, essa concepção de educação para o desenvolvimento pela via profissionalizante *simpliciter* representa uma forma concreta de superação

---

12. Profissionalizar *simpliciter*, na linguagem da autora, significa "uma educação vinculada exclusivamente a um processo de desenvolvimento, e tendo como objetivo preparar especialistas ou mão de obra para esse mesmo desenvolvimento, não tem a possibilidade de formar pessoas capazes de assumir o próprio processo educativo como objetivo decorrente e consequente de uma reflexão-crítica a respeito da maturação humana em todas as suas dimensões" (Soares, 1975, 26).

daquele tipo de educação puramente beletrista e decorativa. Talvez isso se justifique pela falta de uma leitura mais atenta da representativa do pensamento da Igreja latino-americana sobre o assunto.

A literatura veiculada pela Igreja latino-americana mostra-se resistente à profissionalização *simpliciter*. Nas conclusões de Medellín, constata-se:

> [...] os sistemas de ensino estão orientados à manutenção das estruturas sociais e econômicas reinantes, mais que à sua transformação. É uma educação uniforme, quando a comunidade latino-americana já despertou para a riqueza de seu pluralismo humano; é passiva quando já soou a hora para nossos povos de descobrirem seu próprio ser, cheio de originalidade; está orientada a sustentar uma economia baseada na ânsia de "ter mais", quando a juventude latino-americana exige o "ser mais", na posse de sua autorrealização no serviço e no amor. De modo especial a formação profissional de nível médio e superior sacrifica com frequência a profundidade humana nas asas do pragmatismo e imediatismo, para ajustar-se às exigências dos mercados de trabalho. Esse tipo de educação é responsável por colocar os homens a serviço da economia, e não esta a serviço do homem (MEDELLÍN, 1984, 73).

Para conferir a via positiva do problema proposto, sobre o objetivo geral da educação libertadora e as linhas mestras de sua articulação, a autora utiliza como referencial as proposições do MEB[13]. Ele propõe, como resultado de seu trabalho, o homem das comunidades marginalizadas como a ideia-força da libertação integral, consubstancia na dinâmica do processo da conscientização, educação geral, animação popular, evangelização e qualificação para o trabalho, entendendo-se, ainda, que a aplicação desse polinômio leva progressivamente esse homem a:

---

13. Movimento de Educação de Base (MEB), vinculado à Conferência Nacional dos Bispos do Brasil, que fora criado para oferecer educação às pessoas radicadas nas regiões mais carentes do País. A citação transcrita foi tirada do primeiro texto-proposições, distribuído como apostila, no IX Encontro dos Coordenadores dos Sistemas Locais, 1975.

- valorizar-se como pessoa humana, criada à imagem e semelhança de Deus;
- despertar para seus problemas existenciais;
- ter critérios para julgar criticamente a realidade e que vive;
- buscar, coletivamente, soluções comunitárias para a superação dos problemas diagnosticados;
- assumir sua posição de agente-sujeito do processo da criação cultural;
- instrumentalizar-se, em termos de capacitação, para a leitura análise interpretativa dos textos, domínio das operações básicas de matemática, utilização das técnicas de trabalho em grupo e o desempenho qualificado de uma profissão remunerada;

Tais aspectos refletidos pela autora em relação à síntese do Movimento de Educação de Base (MEB)[14] revelam certamente os aspectos fundamentais do objetivo geral de uma educação libertadora, cintiladas por algumas implicações estiladas pela autora.

A primeira implicação é a exigência de afirmação da pessoa humana; a segunda implicação, por sua vez, é a exigência de compromisso com a realidade; a terceira implicação é exigência de formação técnico-científica e, por fim, a quarta implicação é a exigência de consciência crítica.

Fazemos, aqui, mesmo se não presente nas discussões desse boletim, uma incursão da influência propositiva de Dom Helder Câmara no MEB, que contribuiu para a construção de uma educação libertadora solidária que defendia com afinco o valor da justiça.

Para Dom Helder (1976), a educação libertadora não pode desafeiçoar-se de algumas verdades que levam os homens à libertação, pois, para ele, essa prática se converteria em "todo homem, cada homem, é responsável pelo destino da humanidade, por suas ações e omissões" (CÂMARA, 1976,

---

14. O programa do MEB visava à alfabetização, à mobilização social e à politização. Isso era feito através da conscientização, entendida como um despertar da consciência que levaria a pessoa a perceber o seu valor humano e a sua capacidade de aprender, agir e crescer e, por consequência, promover mudanças, ser agente de sua própria história e traçar o seu destino (CONDINI, 2014, 79-80).

57), "o individualismo gera egoísmo, raiz de todos os males" (Idem), "é urgente solidarizar profundamente o ter e o ser, longe de se excluírem, os dois se completam" (Câmara, 1976, 58) e "nem miséria que subumanize, nem excesso de conforto que desumanize" (Idem).

Segundo Condini (2014), para Dom Helder, a educação libertadora é um meio para enfrentar os desafios e discutir a fundo as questões que necessitam de mudança, uma educação para além dos muros escolares, que leve em conta o âmbito social, econômico, político e religioso, como um instrumento legítimo para a promoção humana, gerando uma revolução pela educação.

Cabe-nos dizer que uma das preocupações de Dom Helder diante da realidade brasileira era que a educação tivesse a possibilidade de fazer com que a nação acendesse a condições de desenvolvimento. Para isso, ele acreditava que a ação educacional era promissora de desenvolvimento interceptando pontos relacionados à inteligência, à crítica, à liberdade, à juventude, às diferenças ideológicas e ao diálogo.

> Percamos o medo da inteligência, da crítica, da liberdade de pensamento e de criação: não chegaremos ao desenvolvimento econômico em clima que mantenha e agrave o subdesenvolvimento intelectual; [...] percamos o medo da juventude: aí do país que tenta quebrar o ímpeto dos jovens, sem inteligência para aproveitar a crítica destes juízes implacáveis mas leais, e sem coragem de tirar partido dos que têm consciência da responsabilidade de construir o mundo; dediquemo-nos, sem perda de tempo, por um projeto nacional de desenvolvimento; que aproveite as experiências do mundo capitalista e do mundo socialista; que acredite nas possibilidades, nas energias e na criatividade do mundo subdesenvolvido; que interprete consciência nacional não como jacobinismo, mas com afirmação soberana, autodeterminação, diálogo com o mundo (Câmara, 1967b, 2).

Dom Helder nutria a crença convicta de que a educação e a cultura conscientizam a pessoa, num movimento dialético que impele o homem a tornar-se humano. Como dirá Ortega y Gasset em sua obra *El hombre y la gente* (1973), sua obra magna de reflexão sociológica, a pedagogia social passa a compreender o homem como construtor de cultura, daí que seu valor ético esteja justamente no fato de fazer com que o todos os homens tenham consciência cultural, isto é, que se reconheçam na tarefa que realizam como parte de um grupo que partilha o esforço por tal tarefa. Ortega y Gasset entende "cultura" como "magnífica tarefa humana" que "abarca tudo, desde cavar a terra até compor versos" (Idem, 517), o que está em consonância com o que diria mais tarde na quinta lição de *El tema de nuestro tiempo*. Ali Ortega nos diz que a cultura jamais pode ser separada da vida, que é biológica, mas que tem exatamente na cultura sua função espiritual, o que se resume em um duplo imperativo: "a vida deve ser culta, mas a cultura tem que ser vital" (ORTEGA Y GASSET, 1937, 35).

Nesse sentido, para Câmara, esta vida imersa na cultura tende a humanizar o homem como condição associada ao seu desenvolvimento integral. Quando Dom Helder recebe o Prêmio Popular da Paz, em Frankfurt, no dia 20 de outubro de 1971, ele faz uma reflexão em torno da expressão humanismo, com o título "Mais perto ou mais longe da paz"? O autor sublinha a necessidade do esforço humano para a sua humanização. Naquele momento, a relação de Dom Helder com a educação libertadora se entrelaça com o pensamento da Igreja pós-conciliar, que, refletida em Medellín, impulsiona em parte do pensamento educacional católico no Brasil uma relação afeita às condições sociais, em que a educação seria parte desta transformação.

Todas essas implicações contribuem para a sistematização e o desdobramento da educação libertadora, discutida nesse contexto histórico.

No último artigo desta edição, o autor Gilles Bernier apresenta algumas discussões sobre o "Dimensionamento da educação libertadora" e descreve a concepção das escolas católicas a partir de uma definição do personalismo cristão. Uma educação libertadora como novo nome e nova forma de consciência histórica do personalismo cristão.

Referindo-se ao personalismo cristão enquanto denominador da educação libertadora das escolas católicas, Gilles procura apresentar as coordenadas do personalismo cristão, com sua caracterização provisória, mas atual. As coordenadas do personalismo cristão indicaram três linhas convergentes com as matrizes de seu horizonte hermenêutico: o mundo, o homem e a escola. O mundo na mentalidade cristã é a circunstância-aqui-agora como situação superável pelo esforço do homem na construção de seu destino. O homem é esse criador prematuro[15] que tem na superação do mundo-por-fazer o programa de sua hominização crescente a ser buscada na solidariedade com os outros homens seus irmãos. A escola é a própria dinâmica do homem na busca de sua hominização através da paradoxal liberdade comprometida, que se constitui processo sistemático na comunidade educativa (SOARES, 1975, 33). Nisso consistirá também o fazer-escola-católica, na expressão de uma educação como prática para a liberdade, ou como pedagogia da educação libertadora.

Esta visão antropológica, centrada no homem, é objeto da reflexão educacional da AEC. A pessoa humana passa a ser não mais vista como um ser em si (BOURDIEU, 1998), como uma encarnação de uma definição filosófica ou como um indivíduo isolado, fora e além da história e do contexto socioeconômico, político e cultural, mas como um ser situado e datado (CASTEJÓN, 1983).

Certamente, todo o constructo teórico e prático da educação libertadora, mediado pelas temáticas da AEC nesse período não consegue responder às demandas concretas das escolas católicas. O grande projeto de libertação dos pobres, assumidos como missão da AEC, provoca não somente dificuldade no diálogo da AEC com as escolas católicas, mas também gera um problema pedagógico fundamental: a dificuldade em transformar a missão em práticas pedagógicas concretas.

5.2.2. Educação libertadora no Boletim, ano 17, n. 67 de 1988

Nesse boletim, encontramos alguns artigos e entrevistas sobre a educação libertadora dos quais fizemos alguns recortes. O editorial desta edição, escrito por Danilo Gandin, parte com a seguinte expressão: "De fato, nenhum educador — pelo menos nenhum cristão — pode, sem perigo, desconhecer ou excluir sem análise as possibilidades da educação libertadora: ela é uma luz para um tempo de crise, posicionamento novo para enfrentar novos tempos" (GANDIN, 1988, 5).

---

15. O conceito "prematuro" é inspirado em FURTER, P., *Educação e reflexão*, 3. ed., Petrópolis, Vozes, 70-73.

No intuito de contribuir com a reflexão o autor sublinha três pontos que são abordados no boletim em relação à educação libertadora, como fonte de estratégia e ação:

1. Tanto as estruturas escolares como as outras não devem ser, necessariamente, assim. Elas foram construídas e podem ser modificadas. Essa aprendizagem precisa ser feita pela escola como instituição e pelos professores, para que se possa esperar igual resultado dos alunos;
2. A principal luta na transformação social é a da mudança das estruturas injustas que tornam alguns "ricos cada vez mais ricos às custas de pobres cada vez mais pobres" (*Puebla*, n. 30). A transformação das estruturas escolares sobre as quais o pessoal da educação tem poder é uma aprendizagem para a transformação de estruturas maiores e um sinal a serviço dos empobrecidos;
3. Os procedimentos educacionais concretos tiram sua luz dos ideais traçados por uma opção de sociedade nova e do homem novo. A coerência, na prática diária, com uma proposta sociopolítica global, é fundamental para a transformação do educacional como contribuição dos educadores à transformação social. O marinheiro que navega distingue a estrela que o guia do seu avançar diário rumo a sucessivos portos. Não é a estrela que ele quer alcançar, mas sem ela não navegaria com dignidade.

No primeiro artigo da revista, "Educação libertadora: aspectos históricos", o autor Leandro Rossa faz um apanhado quanto aos processos culminados pela educação libertadora trazendo três períodos importantes que, no crescer do trabalho, serão revisitados:

- Década de 1960: o desencanto com o desenvolvimento e o surgir da educação libertadora;
- Década de 1970: a educação libertadora vai se consolidando;
- Década de 1980: a educação libertadora é uma prática que avança.

Veremos seus desdobramentos a partir das perspectivas traçadas pelo autor. Na década de 1960, marcada historicamente por tantos acontecimentos, já relatados anteriormente neste trabalho, o marco da educação libertadora emerge como resposta, solução, fator básico e decisivo. Propõe-se uma visão da educação que seja entendida no horizonte da libertação integral, que possa responder às necessidades do continente, que transforme o educando sujeito do seu próprio desenvolvimento, que se constitui um meio-chave para libertar os povos de toda a servidão e para fazê-los ascender de condições de vida menos humanas, para condições de vida mais humanas. Libertação e desenvolvimento integral são duas expressões intercambiáveis na nomenclatura de Medellín.

Para tanto, essa educação necessita ser criadora, aberta ao diálogo, afirmadora das peculiaridades locais e nacionais, capacitadora para a transformação, redentora.

Na década de 1970, a educação libertadora vai se consolidando. No entanto, o que se preconiza é o caráter personalista da educação, enquanto seu papel político permaneceu na penumbra, já que a concepção sociopolítica não avança muito em Medellín, prevalecendo os aspectos psicopedagógicos.

Ao identificar essa lacuna, pensou-se então em orientar a educação libertadora para uma nova nomenclatura, "educação para a justiça", pois era necessário manter acesa a ideia da mudança social. No documento final do Sínodo de 1971, "Justiça no mundo", o texto preconiza, como objetivo principal da educação para a justiça, nos países em desenvolvimento, o esforço em despertar a consciência, para que saiba reconhecer a situação concreta e lançar o convite para alcançar uma melhoria total, no que já se inicia uma transformação do mundo.

No final da década, em 1979, acontece a realização da III Conferência Episcopal Latino-Americana, em Puebla. Nesse contexto, em vista das reações à abertura da Igreja para o social e político e à sua preocupação em colocar a educação católica a serviço da transformação social, temia-se um retrocesso em relação à educação libertadora. Evidentemente o uso da expressão libertação quase não aparece em Puebla, para evitar a disputa ideológica alimentada por grupos conservadores da Igreja. Nesse documento, encontramos o conteúdo e a prática da educação libertadora e para a justiça.

Em Puebla, serão encontradas tentativas de um discurso conservador, em que expressões como educação evangelizadora passam a ser tornar suspeitas. Nesse sentido, a interpretação da educação evangelizadora mais condizente com o discurso de Puebla se pauta na visão de "humanizar e personificar o homem" (n. 1027), de integrar-se ao processo latino-americano (n. 1028), de exercer a função crítica em ordem da "criação de uma nova sociedade, verdadeiramente participante e fraterna" (n. 1029), de converter o educando em sujeito do próprio desenvolvimento e do desenvolvimento da comunidade (n. 1030). A educação evangelizadora deve ainda "produzir os agentes de transformação permanente e orgânica" (n. 1033 e 1044) de que o continente precisa e "promover a educação popular para revitalizar a nossa cultura popular" (n. 1047) (ROSSA, 1988, 12).

Segundo Rossa (1988), Puebla teve grande influência na educação, tanto pelo seu objetivo evangelizador de anunciar Cristo, construir Igreja e inserir o homem na sua própria defesa na metodologia da comunhão e participação, dentro da opção preferencial pelos pobres. Em Puebla, foi de grande expressão a reflexão pedagógica de Paulo Freire, sobretudo em suas duas grandes obras, *Educação como prática da liberdade* e *Pedagogia do oprimido*, fortalecendo a ideia de que os caminhos da libertação são abertos pelos oprimidos que se libertam.

Após Puebla, tem peso a ideia de que não basta se libertar de, mas é preciso também se libertar para. Libertar-se das servidões das estruturas desumanizantes para uma vida solidária e participativa.

No início da década de 1980, muitos educadores e instituições de ensino se lançam em seu trabalho no processo de libertação, por meio da noção de educação libertadora. "As escolas mesmo as mais tradicionais não escaparam à força desta nova consciência histórica que começava a interpretar a história a partir do pequeno, do pobre, do oprimido, do vencido e começava, outrossim, a perceber que a transformação social só virá pela força libertária dos oprimidos" (ROSSA, 1988, 13).

Conforme Rossa (1988), a educação liberal que prevalecera na América Latina nos últimos 50 anos começa a ceder terreno. Nessa adesão, o autor sublinha que duas questões vão se tornando sempre mais evidentes na práxis de muitos educadores:
- que a educação é algo que vai além do indivíduo e da escola. É algo que vai ao político, ao social, ao povo, implicando, portanto, uma opção política.

- que se pode fazer educação também sem uma pauta preestabelecida, sistemática, imposta, porque o importante não é tanto a transmissão de conteúdos específicos, mas despertar uma nova forma de relação com a experiência vivida; o importante é atingir um nível tal de consciência que seja capaz de levar a atuar na realidade para transformá-la: o importante é produzir comunitariamente o saber e não só transmiti-lo (ROSSA, 1988, 14).

Certamente o posicionamento de tais escolas e educadores foi alvo de muitas reações das forças conservadoras da sociedade. Diante das reações (repressão dos movimentos populares, dos intelectuais, estudantes engajados na luta de transformação são tachados como agitadores, subversivos à ordem estabelecida). Os fatos têm alcance nos meios de comunicação, escandalizando e mobilizando boa parte da minoria privilegiada pelo sistema vigente.

Dadas as reações, os educadores sentem-se pressionados a abandonar a causa ou assumi-la com mais decisão, aguentando o acirramento da oposição.

A educação libertadora passa então a ser responsabilizada pela queda da qualidade de ensino e pela desordem instaurada em muitas escolas.

> É acusada de interferência moral deletéria na consciência ingênua das crianças, adolescentes e jovens através da releitura da história e da análise da estrutura e funcionamento do sistema capitalista; de deixar de se preocupar com a formação e o saber para se embrenhar no campo da organização da sociedade e da política; e só se preocupar com as atitudes e com o processo, subestimando os conteúdos que precisam ser transmitidos e os resultados que precisam ser alcançados (ROSSA, 1988, 14).

Em contraposição, percebe-se um aprofundamento teórico e prático da educação libertadora, visto que o pensamento de Paulo Freire e de Henrique Dussel se dissemina em várias instituições educacionais brasileiras de nível superior. Nas suas conclusões, o autor aponta proposições importantes:
1. Que a educação libertadora existe desde que o homem tomou consciência de que precisava se humanizar e começou o caminho na conquista da própria liberdade, não só como indivíduo, mas como povo;

2. Que foi somente nessas últimas décadas, no entanto, que surgiu espaço ideológico favorável a que se tomasse consciência, se refletisse e se tematizasse a educação libertadora como fato de um processo, o da libertação.

O artigo de Rossa revela que, mesmo diante dos limites que acompanham os direcionamentos da educação libertadora, ela emite um caráter inovador, quer seja na sua expressão libertadora, popular, educação para justiça, essa foi, sem dúvida, o que de mais original se produziu em termos de educação na concretização histórica da liberdade e desenvolvimento integral dos povos latino-americanos.

As bases históricas, antropológicas e pedagógicas da educação libertadora deram novo fôlego na reinvenção dos valores humanos, da valorização da pessoa na sua integralidade, com características típicas dos povos deste continente, "fortemente dilacerado e alienado, nestes últimos 500 anos, pela cultura dominante do colonizador" (ROSSA, 1988, 16).

Nesse mesmo boletim, Jorge Alberto Rosa Ribeiro traz algumas contribuições no seu artigo "Sob o signo da exclusão, nem cristão nem ciceroniano". O autor apresenta o caminhar da educação libertadora, engajada na história, cita um trecho importante de Gadotti datado em 5 de julho de 1984 no Instituto Nacional de Estudos e Pesquisas Educacionais Anísio Teixeira (INEP).

> Vivemos um momento histórico precioso para esse país: um amplo movimento de massa, de educação popular e de conscientização; o povo está nas ruas, está passando por cima de partidos, de tendências, de políticos, parlamentares e dirigentes. Está despertando um sentido novo de brasilidade. É nessas manifestações populares que a educação deveria buscar se alimentar, deveria nutrir-se de povo (GADOTTI, 1985).

A par desta situação econômica e social do fim dos anos de 1960 e início dos anos de 1970, o panorama político continental era a realidade repressiva, ditatorial, autoritária. Os campos desta batalha também dizem respeito ao campo educacional, segundo Ribeiro (1988), desenrolava-se forte disputa entre os que professavam uma educação popular (o que implicava a valorização da cultura popular e da participação popular) contra os tecnoburocratas tecnicistas (englobando os chamados funcionalistas, positivistas e sistêmicos). Alude o autor que neste campo a teologia da libertação encontrou terreno firme e fértil, contudo na década de 1980 esse processo de educação libertadora foi perdendo paulatinamente o impacto, foi se encontrando em impasses e contradições. As primeiras duas faces do impasse são de natureza institucional, levando em conta a estrutura dicotômica compreendida pelo ensino privado (predominantemente confessional) e pelo ensino público. Esta divisão torna extremamente complexas as relações entre educação libertadora, os educadores e as instituições educacionais.

No tocante às instituições confessionais, as jornadas libertadoras defrontam-se com as posições das ordens que as mantêm (mantenedoras), nas quais as posições são definidas por sistemas hierárquicos nos quais os educadores não possuem tanta voz ou influência. É notório que os avanços que houve em 1970 são refreados ou passam por um novo discernimento na década de 1980.

Segundo Ribeiro (1988), as instituições públicas, sob o controle do Estado, também revelam contradições. A concepção de público numa estrutura capitalista, que supõe a existência de classes antagônicas, remete à questão do Estado. Quem o define? Qual é a classe que o define? Portanto, a não definição de sua proposta educacional, ao contrário de expressar uma neutralidade, denota já uma exclusão para a classe trabalhadora. Por isso, segundo o autor, "neutralidade significa conservação — conserva os grilhões" (Ribeiro, 1988, 22).

Não obstante, a estrutura pública, nessa década, passa por um processo de democratização, possibilitando o estabelecimento de controles internos pelos educadores na medida em que eles tomam parte na hierarquia dos serviços educacionais. Mas nem por isso o ensino público supera sua contradição.

As outras duas faces do impasse se manifestam na discussão sobre saber e experiência/consciência e técnica e compromisso/político. O debate entre saber e consciência é bastante antigo e de difícil superação, porém o que dificulta esta bipolarização é necessariamente excludente, que ou vamos transformar nossas propostas pedagógicas em conscientização ou vamos transmitir o saber já sistematizado. Por outro lado, é sabido que a construção da consciência requer dominar o saber, objetivá-lo, separar-se do objeto e ver-se como sujeito (Idem, 23).

Por conseguinte, essa consciência é histórica e esse saber, apesar de sistematizado, é histórico, produtos da história humana e social. Se, portanto, tanto saber como consciência são históricos e por consequência são produzidos, construídos; como é possível pensar nesta outra dicotomia: compromisso político e competência técnica?

Ribeiro (1988) aponta que é duvidoso pensar que a competência técnica é argumento suficiente para atingir o apoio popular e que é inevitável deparar-se com a incompetência política. Vivendo em uma sociedade democrática, que instaura processos democráticos, essa postura perderá apoio por falta de consciência política da sua validade.

Por outro lado, sumariza o autor, que com o compromisso político a sociedade poderá superar as suas dificuldades reais, materiais, sociais, de relacionamento externo, o dogmatismo ou o autoritarismo na tentativa de solução daquelas dificuldades. Torna-se fundamental a competência política, pois o processo educacional é necessariamente político, e nisso a experiência popular torna-se objeto da sua consciência para transformar-se em saber. Não é só um saber dominado, mas um saber que dá solidez aos passos do caminho e das lutas.

Na busca de reconhecer os desdobramentos e a sistematização da educação libertadora, nos propomos a revisitar o artigo de Margot Bertolucci e Vera Lúcia Regina Pires Moraes, que neste período de 1988 eram professoras do Departamento de Ensino e Currículo da Faculdade de Educação UFRGS. Neste boletim, elas discorrem sobre a temática *Educação libertadora: conhecimento popular e conhecimento sistematizado no currículo*.

As autoras afirmam que não há uma única definição de conteúdos; eles podem ser visualizados como conteúdos da vida cotidiana, intuitivos, empíricos, científicos, ideológicos etc. Contudo, elas preconizam que o que o *habitus* nos têm impregnado de conteúdo enquanto saber sistematizado, ignorando que conteúdo é bem mais do que essa perspectiva envolve.

> Conteúdo inclui as vivências individuais e de classe, construídas através de muitas gerações, alguns frutos de observação empírica da vida

diária, outros decorrentes de questionamentos, estudos, descrições e experimentações (BERTOLUCCI; MORAES, 1988, 59).

Portanto, conteúdo tem a ver com o saber e o viver cotidiano, com o sentido que essas realidades exercem sobre a vida da pessoa. Em se tratando da educação libertadora, as autoras enunciam quais conteúdos fazem parte de um currículo que pretenda ser libertador. As mesmas apontam dois tipos de conteúdo:

- Aquele que se constitui em instrumento de compreensão do mundo, de si próprio e das relações do cotidiano com as decisões políticas e econômicas imediatas e mediatas, assim como com as vivências societárias, nas discriminações de classe;
- Aquele que se constitui em material que permite interferir na realidade social, na tentativa de superar os processos que escravizam, exploram e aviltam os indivíduos e as classes.

Desta forma, a linha mestra de todo currículo, na perspectiva da educação libertadora, seja nos conteúdos de origem erudita ou popular, não se dá de forma isolada, mesmo porque a construção desses conhecimentos se realizam em contextos históricos comuns e deles se nutrem, ainda que se desenvolvam com ritmos e direções distintas.

Contudo, as autoras entendem que a aprendizagem se dá por meio de um currículo que ensine ao aluno que o seu saber, popular, tem relação com o saber sistematizado, comparando saberes e descobrindo relações entre eles. Nesta linha de argumentação que desmistifica o conhecimento enquanto somente científico, é indispensável destacar que todo conhecimento sistematizado seja examinado no contexto em que foi criado ou desenvolvido, identificando os interesses sociopolítico-econômicos que o direcionam.

Outro artigo que se torna relevante para esta pesquisa é "A educação Libertadora no cotidiano da escola", de Irmã Maria Leônida Fávero. No decorrer do seu texto, Fávero procura problematizar e responder à seguinte questão: é possível a educação libertadora na escola? Para tanto são ressaltados alguns elementos da caminhada das escolas que optaram pela educação libertadora.

Primeiramente, uma escola começa a caminhar rumo à educação libertadora a partir de um processo participativo em que todos os membros da escola se sentem sujeitos solidários da construção da própria escola, em todos os seus aspectos, tal processo não vem assumido somente por decreto ou imposição curricular.

Se faz necessário também um posicionamento político claro: a favor de quem educamos? Para que educamos? "Essa opção decidida pela transformação social, solidária com projeto histórico dos pobres, é o núcleo central da educação libertadora" (FÁVERO, 1988, 72). Tal posicionamento requer a desarticulação da educação como projeto das classes dominantes para articulá-la com o projeto das classes populares emergentes e pobres; a passagem de um pensamento e de uma ação marcada pela ideologia dominante para um pensamento e uma ação coerentes com os interesses das classes.

Este posicionamento político, que tende a evitar na escola atitude de fechamento, tem repercussões didático-pedagógicas, organizativas, administrativas, nas relações interpessoais e de trabalho na escola. A prática pedagógica exige ser mais inovadora, no reconhecimento de que não é este atributo que faz uma escola libertadora, pois o que se ensina, o modo de fazê-lo e sua avaliação estão sempre imbricados e a serviço de um modelo teórico de sociedade e de educação.

A autora reconhece as contribuições dos movimentos pedagógicos progressistas, antiautoritários, autogestionários, a Escola Nova, com a introdução de metodologias ativas, somaram contribuição valiosa para a educação libertadora na escola.

Uma das dificuldades neste processo apontado por Fávero, na estrutura da escola confessional, diz respeito às relações de trabalho, que são objetivamente antagônicas. Para a superação desta situação, há, por um lado, um esforço, uma busca efetiva da parte de grupos coordenados pela AEC/CNBB, no intuito de encontrar uma alternativa para a escola católica, garantindo um projeto pedagógico próprio (evangélico-libertador). Por outro lado, havia encaminhamentos que se mostravam compatíveis com a prática de uma educação libertadora.

Ao final da revista, Ivan Teófilo transcreve a entrevista realizada com Paulo Freire, da qual sublinhamos duas perguntas direcionadas ao educador: quais as dificuldades e possibilidades que a escola católica tem hoje para se tornar espaço de uma prática educativa libertadora?

Com essas colocações iniciais, Paulo Freire dialoga que existem católicas de classe dominante e também de classe dominada. A análise de classe é fundamental para compreender o papel das escolas católicas. É preciso saber qual é a opção política que está por trás de uma escola católica e nela perceber que podemos ter uma escola católica com uma opção nitidamente popular e outras milhares de escolas católicas que tenham uma opção reacionária, que estão a serviço das classes dominantes. O autor faz memória que historicamente muitos colégios católicos foram implantados no sentido de formar as elites colonizadoras e que considera equivocado sob o ponto de vista histórico de educação brasileira, dizer que tivemos escolas católicas que foram formadas para educar os filhos dos dominadores. Freire argumenta sua posição com o questionamento: "será fácil para um grupo de educadores católicos instalar, criar uma escola nitidamente, claramente, marcadamente católica, mas ao mesmo tempo, engajada na perspectiva da luta?" (FREIRE, 1988, 88). Ele mesmo responde:

> Digo que é possível. Quem é que pode no Brasil negar historicamente o papel extraordinário, político que a Igreja Católica teve a partir de um certo momento do regime militar para cá? Somente agora é que a Igreja católica resolveu ficar calada e recuar um pouco. Não sei porque que ela deixou de falar. Eu não acredito que ela tenha pensado que a república Nova que começou... — não é nova mesmo, não existe coisa mais velha que isso que esta aí — ...mas o fato é que ela parou. É como se dissesse: eu falei muito num tempo em que podia ser presa e hoje não posso, não me prendem, então eu deixo de falar; vocês, que tomem conta (FREIRE, 1988, 88).

Paulo Freire elucida o papel extraordinário de homens e mulheres da Igreja Católica durante o momento mais difícil do regime militar e aponta sua posição mais radical em relação à educação católica: "Eu sou é pela escola pública. Eu acho que os cristãos católicos deveriam fazer a sua pedagogia, no contexto da escola pública. Esse negócio de escola privada só faz aumentar o fosso de classe" (FREIRE, 1988, 88).

Na última pergunta — Quais as qualidades que você destaca no educador que faz opção pela educação libertadora? —, Paulo Freire destaca algumas qualidades e explica de forma simples a importância de cada uma delas.

Apresenta a qualidade do amor, que representa amar o próprio ato de amar. Esse amor movido por uma grande paixão deveria mover o educador progressista "a lutar para adquirir essa paixão, pois é certo que nascemos com ela. O educador também é um artista, um arquiteto da boniteza de apaixonar-se, de amar o menino, o povo que sofre e cheira diferente dele e amar e apaixonar-se pela própria paixão" (Freire, 1988, 89).

Uma segunda qualidade é a competência. Uma competência que indaga e traz a vigilância de si mesmo: que fiz eu hoje? O que poderia ter feito hoje melhor do que ontem? A competência em torno dos conteúdos que o educador ensina.

Outra virtude é a coerência. Diante do sonho de uma sociedade se libertando reside a coerência entre sonho do educador e o que o educado faz para materializar esse sonho.

Freire menciona a qualidade do acreditar no povo. Confiar no povo sem ser ingênuo, acreditar sabendo que o povo, necessariamente porque é povo, não tem a sabedoria inteira, nem tem a decência inteira, nem a moralidade inteira, nem a boniteza inteira.

Por último, Freire cita a esperança e questiona: "como é possível lutar com a massa popular, ao lado dela, sem ter nenhuma esperança de que é possível?" (Freire, 1988, 89).

Freire argumenta que a esperança no povo exige uma compreensão científica diferente da histórica, ou seja, não podemos entender a história a não ser como uma sucessão de possibilidades. Quando falo, então, na história como possibilidade, eu aceito as limitações que tenho para viabilizar os sonhos possíveis na história. Mas, por hipótese nenhuma, ao compreender a história como possibilidade, eu posso aceitar fatalismos históricos. Portanto, compreender a história, como possibilidade, que não é um ato puramente intelectual mas científico, me põe na busca de uma outra qualidade do educador progressista que é a sua qualidade de ser utópico.

Os passos da educação católica em busca de uma educação integral e libertadora possuem reflexos nas trilhas em que esse tipo de educação foi acontecendo e se desenvolvendo ao longo do tempo, em uma busca que não se limita a propor uma ou outra tese pedagógica, mas busca ampliar o olhar para a percepção do potencial da educação na transformação das realidades que tecem uma nova sociabilidade. É nesse sentido que a educação integral se torna uma prática libertadora, na experiência de colaborar na transformação de indivíduos e, por conseguinte, da sociedade. No entanto, o modo de se concretizar essa transformação ainda precisa ser debatido e reassumido, uma vez que não é qualquer educação que forma e transforma, uma vez que a educação católica é chamada a retornar as suas fontes, a rever por quais trilhas tem caminhado, para, sim, fortalecer sua responsabilidade. Sendo assim, além de uma educação com perspectiva de valores e humanista, que caminhe na construção humana integral, o enlace entre educação integral e libertadora atinge laços comunicativos com as diferenças e estabelece contatos enriquecidos pela diversidade, e não afastados pelas peculiaridades. Se, por um viés, a educação precisa ser humanizada, por outro ela não pode deixar o compromisso concreto de lado, de modo a não ser somente uma reflexão temática, mas mobilizadora ativa de novas posturas, como enseja a educação libertadora.

5.3. Limites e possibilidades da educação libertadora para a educação católica

Horta (2005) identifica duas ambiguidades presentes na origem do conceito de educação libertadora, enfocando suas limitações — que marcarão definitivamente a sua trajetória.

> A primeira diz respeito à transposição, para o âmbito da educação escolar, em nível continental, da proposta pedagógica de Paulo Freire. Pensada inicialmente para a educação de adultos, tal proposta exigia, para sua aplicação na educação regular escolarizada, mediações que não estavam claras no momento e que só muito mais tarde seriam estabelecidas. A segunda ambiguidade refere-se à utilização da teologia — reflexão que tem seu fundamento último na autoridade de quem revela e na fidelidade absoluta de quem transmite e faz permanente a revelação — para legitimar, para uso interno e obtenção do consenso, um projeto pedagógico marcado pelo ideal da libertação. Trata-se

da mesma ambiguidade de uma teologia da libertação. Embora esta última seja uma reflexão *a posteriori*, que busca explicar e legitimar teologicamente o engajamento em um projeto político libertador vivido pelos militantes cristãos, enquanto a educação libertadora surge como reflexão *a priori*, que busca na teologia o fundamento e o ponto de partida para um engajamento em um projeto pedagógico libertador, ambas estão marcadas pela mesma ambiguidade: a ambiguidade de uma teologia alternativa vivida dentro da Igreja, fadada ao exílio ou ao silêncio e de uma educação libertadora vivida dentro da escola católica, fadada ao fracasso ou à transformação (HORTA, 2005, 14).

Horta (2005) ainda afirma:

> Sem negar estas explicações — e as ambiguidades que elas revelam — penso que por traz do discurso da "educação libertadora" se esconde a busca de uma saída para a forte crise pela qual passavam as escolas católicas no final da década de 60. No caso do Brasil, em 1965, 70% das escolas particulares de ensino médio eram católicas: em 1975, o percentual tinha se reduzido para apenas 40%. Em 1985, um relatório da Associação de Educação Católica (AEC) falava em 900 escolas católicas em funcionamento no país, metade do número de escolas católicas em funcionamento em 1965 (HORTA, 2005, 14).

Dentre as limitações da educação libertadora em Medellín, autores preconizam que o engajamento das escolas católicas na educação libertadora proposta por lá aparecia, para a própria Igreja, como uma saída para a crise supracitada.

> Em momentos de grave crise para a escola católica, produto de seus problemas financeiros, da redução progressiva do pessoal religioso, da desconfiança crescente dos setores público e privado, entre outros fatores, sua decisão de contribuir abertamente na formação de uma ordem social mais justa pode redundar no fortalecimento de sua estabilidade. O futuro da escola católica depende, em boa medida, de sua capacidade para comprometer-se com este objetivo (DOCUMENTO PREPARATÓRIO XIII CIEC, 1978a, 8).

Nos dizeres de Libanio (1983), no período que se seguiu a Medellín, a maioria das escolas católicas assumiu, com avanços e retrocessos, uma linha libertadora personalista, em que as estruturas rígidas de disciplina escolar, as relações autoritárias e os conteúdos bancários foram lentamente substituídos por uma disciplina flexível, cujas relações participativas e conteúdos críticos sociais, em um contínuo processo de conscientização do valor do educando, foram se tornando condição fundamental para a educação cristã.

As interpretações e as respostas a Medellín se deram de forma diferente, a partir da realidade das escolas que tentaram implementar a educação libertadora, levando em conta que em certas situações o universo conceitual da Igreja tradicional já estava bastante cristalizado nos agentes envolvidos nas escolas que a leitura de Medellín permaneceu estática e abstrata.

Segundo Candin (1995), como produto das suas pesquisas em escolas católicas, sobressai que, diante da leitura de Medellín, a atenção recai sobre os aspectos que serviam para legitimar a ação já existente em suas realidades. Como quase todos os colégios já se atentavam por nutrir as práticas fomentadas pelo *Plano de Emergência* de 1962, estas já procuravam fomentar mais ou menos "no espírito de família", com a ideia de combater o autoritarismo nas escolas, as conclusões de Medellín ajudaram a legitimar estas práticas. Contudo, mesmo que estas escolas tenham assumido a linguagem de Medellín (injustiças estruturais, escravidão, necessidade de libertação), esta não penetrou no tocante a uma mudança de mentalidade mais profunda.

Certamente, a ênfase de uma educação libertadora não se deu de forma totalizante no projeto educacional católico, tanto que nos limitamos a afirmar que a mudança ou acolhimento de uma educação tradicional para uma educação libertadora não se cumpriu e nem persistiu nas margens do tempo, porém, após Medellín, algumas escolas católicas, atraídas por essa renovação libertadora, vislumbraram um modo concreto de educação integral que atingiu sua coesão em detrimento das posições educacionais do Concílio Vaticano II e da Conferência de Medellín, prosseguindo depois em Puebla (1979). Como podemos observar no quadro anterior, a efetivação da educação libertadora assume outra lógica, que intervém concretamente, marcando um corte epistemológico, entende o movimento de *aggiornamento* proposto pela Igreja e atinge certo nível de coesão no Concílio Vaticano II e em Medellín.

Embora a Conferência de Medellín abrisse caminhos para uma ação e libertação, o encaminhamento dessa proposta se chocou diretamente com o sistema político vigente no Brasil, e com isso foi preciso mudar as estratégias e, mais, modificar a expressão "educação libertadora" para "educação para a justiça".

> O grito de Medellín soava: "É preciso agir". Esta não deixou de ser a hora da palavra, mas tornou-se, com dramática urgência, a hora da ação. No entanto, caía como uma placa de chumbo sobre o continente o silêncio violento da repressão. Os países maiores, como Brasil e Argentina, já viviam sob violenta ditadura militar, que mais tarde assola o Chile. Os outros países, mais ou menos, também estavam sob o império da ideologia da Segurança Nacional. Os princípios da "Educação Libertadora" entravam em choque direto com os novos rumos ideológicos do continente. Também no CELAM processava-se uma guinada conservadora. Sem querer trair alguns elementos fundamentais da "Educação Libertadora", com a proscrição do termo "libertação" no mundo político e mais tarde eclesiástico, buscou-se encontrar uma expressão e formulação palatável. O Sínodo de 1971 lançou a temática da justiça. É um termo menos marcado ideologicamente. Não havia regime militar por mais autoritário e discricionário que pudesse frontalmente opor-se a uma "educação para a justiça". A expressão tinha a desvantagem de omitir o significante "libertação", tão relevante e carregado de força, mas, por sua vez, permitia que se continuasse, sem tantos entraves, um trabalho educativo na linha da transformação estrutural da sociedade (LIBANIO, 1997, 11-12).

Assim, podemos crer que este processo não passou despercebido, mas trouxe certa evolução, reflexão e desencadeamento de concepções como de "educação para a transformação", "educação para a justiça", "educação para a liberdade", que veiculam os vários momentos de maturação da teoria que articula o novo projeto educativo católico no Brasil. Esse projeto traz enquanto pressuposto implicações que postulam alterações significativas ao "produto", ensino católico, oferecido pelas escolas católicas (CRESPO, 1992).

Do que podemos ver, longe de dar um diagnóstico que postule a acolhida ou resistência de escolas católicas em relação a uma educação integral nos moldes da educação libertadora, nos interessa afirmar que este novo projeto provoca avanços no que podemos creditar na ousadia de trazer o novo para uma mentalidade ainda bastante concentrada no tradicionalismo que marcou a educação católica nas décadas anteriores.

O projeto libertador busca suas afeições no diálogo, na conjunção entre educação e vida, escola e sociedade. Tanto a educação formal quanto informal são provocadas a partir de sua essência, a uma mudança de mentalidade que não é um debruçar teórico de conceitos válidos, mas uma nova prática que não extingue a contradição, rumo a uma mais radicada prática político-pedagógica inserida na realidade brasileira.

Em vista dessa relação congruente e dialética entre a educação libertadora e educação integral, trazemos algumas considerações históricas a partir do conceito de educação integral no Brasil.

5.4. Em síntese: caminhos em vista

O caminho percorrido até então nos permite abrir novas trilhas, aproveitando das estradas que nos conduziram até aqui. O horizonte do Concílio Vaticano II permanece como a fonte em que dialeticamente retornamos. Esse movimento dinâmico nos ajuda a entender a natureza flexível e dúctil da educação integral, que adentra o projeto educacional católico do Brasil e tece um novo paradigma, na sua forma de conceber e desenvolver a educação integral. Quando falamos de um novo paradigma em relação à educação integral, entendemos que paradigmas funcionam como linhas de fundo ou moldes, que modelam nossos pequenos esquemas mentais e nossa visão de mundo. Contudo, podemos dizer que, por trás da educação integral católica do Brasil, existe um paradigma que define seu rosto, o que para a Igreja da América Latina e do Brasil chama-se educação libertadora.

A educação libertadora descortina um novo paradigma no modo de realização da educação integral, influenciando o conjunto de realidades no qual a educação se insere. Dados reportados anteriormente revelam que o Concílio Vaticano II e a Conferência de Medellín trouxeram implicações para desinstalar paradigmas que estavam fixos, distantes da realidade, como a educação católica no Brasil que se vê diante de uma evidente fenda em função do crescente movimento educacional das escolas, das famílias, das congregações religiosas, da sociedade diante da adesão, interesse e incursão da educação libertadora que gesta uma nova mentalidade. As instituições referenciadas no seu propósito educacional tradicional em grande parte não se mantiveram indiferentes a essa nova perspectiva, porém pairava a dúvida entre abrir-se aos novos apelos "aos gritos e anseios de um povo que vive aqui e agora, ouvidos e interpretados pelos Bispos latino-americanos que em Medellín [...], traçaram o perfil da realidade e as carências urgentes do nosso modo de educar, ou se a tradição educativa que, apesar de sólida, nem sempre é eficaz para o mundo de hoje" (LIMA, 2007, 197).

Em face ao esforço de renovação eclesial indicado pelo Concílio Vaticano II, rompeu-se com uma mentalidade educacional conservadora e restrita para instaurar uma nova hermenêutica educacional, não sem considerar o auxílio de novos instrumentos de análise da realidade e que, por sua vez, implicaram na autocompreensão de sua ação no mundo. Como afirma Rossa (2005):

> Na realidade, Medellín convidava as escolas a incorporarem a educação libertadora e a se posicionarem pela libertação das classes subalternas. Criava-se, com isso, uma contradição: as escolas católicas formais atendiam às classes médias e dominantes. A educação libertadora é uma clara opção pelas classes subalternas. Tradicionalmente, as escolas estiveram vinculadas à reprodução das classes dominantes, formando suas lideranças (ROSSA, 2005, 101-102).

Percebe-se que condicionamentos obstaculizavam a adesão de uma educação integral nos moldes da libertação. Mesmo escolas que buscavam adotar sua proposta, abrindo seus espaços para práticas educativas populares e metodologias renovadas, enfrentavam um problema concreto: sua sobrevivência financeira dependia de um público oriundo dos setores sociais que tradicionalmente as frequentavam e que naquele momento viviam os efeitos da crise econômica. Segundo Fávero (1995), tornou-se evidente "a existência de um racha no interior da AEC, que os anos vindouros não conseguiram sanar" (FÁVERO, 1995, 59).

A AEC expressou o descontentamento e inquietação de muitos educadores católicos, e propôs no congresso de 1980 que a educação católica se afinasse com o passo da evolução histórica do Brasil.

> A educação católica [...] deverá rever sua utopia e, sobretudo, suas práticas, deverá rever as metas que se propõe e as mediações de atualizar estas metas num projeto histórico, concreto, viável. Só assim conseguirá acertar o passo com o passo da evolução histórica do Brasil (AEC, 1980, 9).

Nesse congresso, o jesuíta espanhol Agostinho Castejón foi eleito para a presidência da AEC, consolidando a hegemonia da opção libertadora. Conforme explica Crespo:

> Os próprios intelectuais orgânicos da AEC apontam Agostinho Castejón e um grupo de jesuítas como artífices dessa "virada", significando este último termo o engajamento da AEC na promoção da "educação libertadora", que aparece formulada em Medellín, mas que só vem a ganhar organicidade quando encontra respaldo ideológico-institucional. Reconduzido três vezes para exercer o mandato de presidente da AEC, com uma produção ideológica na revista que o organismo passa a publicar em 1971, esse jesuíta espanhol, mais três intelectuais da mesma ordem, são por assim dizer os transcodificadores do ideário da educação libertadora (CRESPO, 1992, 193-194).

Essa citação de Crespo encontra embasamento e reforço nas temáticas da Revista de Educação trimestralmente publicadas pela AEC a partir de 1971. Muitos temas mostram-se vinculados ao discurso de contestação ao papel da escola católica, por exemplo: *Educação libertadora* (n. 15, 1971). *Escola cristã: mundo em transformação* (n. 19, 1976); *Educação para a justiça* (n. 26, 1977); *Educação para uma sociedade justa* (n. 37, 1980), e assim por diante até 1992, com a publicação *Escola católica: interrogação e rumos* (n. 84, 1992) (SENRA, 2011).

Definia-se, portanto, o diferencial a ser apresentado pela educação católica no Brasil em vista do horizonte do Concílio Vaticano II. As trilhas da educação libertadora tornaram-se fecundas como prática voltada para a integralidade da pessoa, envolvendo, neste processo, a escola, a família e a sociedade.

As escolas que tratavam de incorporar a lógica da educação libertadora emitiam o potencial de transformação da prática libertadora para uma educação integral. O quadro a seguir, compilado com os dados da síntese de Crespo de 1992, apresenta o elenco dessas modificações, entre os anos de 1976 e 1983, as quais direcionamos a partir de dois eixos: cotidiano escolar e transformação social.

QUADRO 8
Repercussão da prática libertadora para
a educação integral católica no Brasil

Cotidiano escolar	Transformação social
Tentativa de democratização das relações de poder e autoridades internas, com a criação de instâncias colegiadas, onde têm assento representantes de alunos e professores (raramente funcionários administrativos).	Criação de cursos noturnos (supletivos, cursos técnicos profissionalizantes), subsidiados pelos diurnos, destinados às classes menos favorecidas.
Valorização do leigo, delegando-lhe poderes e encargos antes confiados apenas a clérigos e freiras, como o ensino religioso e a gestão econômica (está última menos frequente).	Tentativa de "democratização" do ensino católico, com a oferta de bolsas de estudos a alunos carentes, com recursos próprios e em porcentagem expressiva, manutenção de mensalidades com lucro mínimo, afim de ampliar o leque social da clientela.
Alinhamento do ensino religioso e catequético à Teologia da Libertação, com a adoção de textos elaborados por seus intelectuais ou em edições com versões simples, facilitadoras. Além disso são programados encontros, retiros, com a utilização das modernas técnicas de dinâmica de grupo. Nesses encontros, tem lugar especial a música, onde letras de cantiga populares adquirem um sentido religioso, há também um grande aproveitamento da música de contestação ou "política" da música popular brasileira dos anos 1960 e dos festivais, principalmente que aludem à situação do povo.	Tentativa de aproximação entre escola e pais, escola e comunidade: uma atuação no "bairro", como a manutenção de ambulatórios médicos, creches; a cessão de espaço físico para reuniões de ações locais; facilitar o acesso à biblioteca aos moradores próximos. O trabalho com os pais é realizado através de encontros pastorais e com a equipe de orientadores e assistentes sociais.

QUADRO 8
Repercussão da prática libertadora para a educação integral católica no Brasil

Cotidiano escolar	Transformação social
Incentiva-se a organização da sociedade civil presente no espaço escolar; a sindicalização dos professores, a organização dos grêmios de alunos, de associações de pais, cooperativas de funcionários.	Elaboração de uma "carta de princípios" ou "marco doutrinal" onde a escola explica para os pais, alunos e professores a sua ideologia e objetivos: comumente se fala do homem que se quer formar, da concepção de mundo que a escola quer passar etc.; as questões que envolvem a ideia de justiça, cidadania e a transformação da sociedade também são enfrentadas, assim como a natureza "religiosa" das opções da escola. A carta é distribuída a cada início de ano letivo aos pais e novos alunos e discutida em reuniões.
Articulação com pastoral orgânica da Igreja: todo ano os temas das Campanhas da Fraternidade são trabalhados nas escolas através de atividades especiais ou integradas ao currículo. Destaca-se que em 1982 a Campanha da Fraternidade teve como tema "Educação e fraternidade" e como lema "A verdade vos libertará".	Evitam-se festividades ou atividades dispendiosas, consideradas consumistas, em nome da crise econômica que atravessa o país e da "miséria popular", há todo um apelo a uma vida mais austera e à partilha com os pobres; é comum o engajamento dessas escolas em campanhas filantrópicas, como a de coleta de agasalhos, alimentos e remédios para os flagelados etc.
Institui-se comissões pedagógicas, algumas envolvendo os pais, em que se procura discutir criticamente a grade curricular, os conteúdos e sugerir modificações cabíveis. Em algumas escolas, tais iniciativas redundam, por exemplo, na ampliação da carga horária das disciplinas sociais, como História, Geografia, Sociologia etc.	São criados "estágios sociais" (as dominações variam). São atividades que podem durar dias ou semanas, conforme o caso, nas quais é programado o contato das crianças e adolescentes com os pobres: podem adquirir a forma de visitas a comunidades rurais, a favelas, doentes, aldeamento indígenas, estabelecimento de menores abandonados ou delinquentes; nesse contato com a pedagogia que cerca a ação do agente externo na educação popular e na CEBs é posta em prática. Não se trata de fazer turismo na periferia, mas de apreender objetivamente os elementos da opressão e da miséria das massas populares.

QUADRO 8
Repercussão da prática libertadora para
a educação integral católica no Brasil

Cotidiano escolar	Transformação social
Procura-se incentivar o exercício da cidadania com a promoção de debates acerca da realidade brasileira e dos temas nacionais: reforma agrária, constituinte, eleições etc.	

Fonte: organizado pela pesquisadora com base em Crespo (1992) e Teixeira (2021).

Desses encaminhamentos renovadores refletidos no cotidiano escolar e na transformação social resulta também a constatação de que a educação integral nas trilhas brasileiras colocou em questão o tradicional papel da educação católica no Brasil, que, até então, não assumira de modo concreto e condizente com a realidade o serviço de uma educação integral. Certamente enfrentou os riscos decorrentes desse processo, colocando em discussão a identidade da escola católica, parafraseando a expressão do papa Francisco, podemos dizer que nesse momento a educação católica esteve na ótica de uma *Educação em saída*, que vai às periferias da existência, que constrói alianças, que está atenta ao seu entorno, abre espaços para o diálogo, vai ao encontro das pessoas, inclusive aquelas que discordam de suas propostas. Sabe que a educação não está restrita ao ambiente escolar. Reconhece a importância da família, da sociedade e da Igreja, percebe que a junção dos vários âmbitos forma a identidade de uma educação integral.

Entre caminhos e descaminhos, sabe-se que muitas práticas inovadoras dos movimentos sociais e educacionais que o país conheceu nas décadas de 1950, 1960 e 1970 contaram com a participação efetiva de católicos, que já antes do Concílio Vaticano II e da Conferência de Medellín cogitavam e contribuíam por mudanças que marcaram o caminho e a incidência da educação católica, que mais tarde encontrará respaldo nas proposições da Igreja latino-americana. Paiva (2000) resume esse movimento contatando a ação educativa proposta por Paulo Freire. Assim, sintetiza:

Embora católico, Freire foi também um escolanovista e seu trabalho põe fim — mediante uma fusão profunda — à disputa entre católicos e liberais, nela refletindo-se o caminho percorrido pelo pensamento católico à Ação Católica Brasileira nos anos 50. Sua pedagogia situa-se também no ponto de encontro do pensamento católico e do nacional desenvolvimento (Paiva, 2000, 34).

Essa síntese educativa nos direciona a pensar nos caminhos que se encontram em vista de um ideal comum. Sendo assim, tanto os anseios e as práticas de uma educação libertadora gestada por Paulo Freire como o ideal perene de educação para a democracia em Anísio Teixeira tecem diálogos com a educação católica. Autores importantes não somente por seu pensamento, mas por suas ações, sendo capazes de pensar e construir e colaborar com a trilhas de uma educação integral católica.

Capítulo 6

Considerações sobre a educação integral no Brasil: caminhos que se cruzam

Como apresentado no capítulo anterior, a educação libertadora torna-se um novo paradigma para a compreensão da educação integral católica no Brasil. Essa constatação envolve a sensibilidade de considerar que os caminhos percorridos até então não foram trilhados somente a partir da experiência da Igreja educante, mas foram enriquecidos e impulsionados por outros educadores que constituem a história educacional do Brasil. A metáfora dos caminhos que se cruzam ressalta a ideia de que a educação católica vem pensada e realizada a partir de muitos horizontes e que se abrir a novas configurações não significa desprezo da tradição; significa, antes de tudo, a arte de estabelecer tenda em outros endereços que nos ajudam a descobrir novas faces da educação integral católica no Brasil.

Feita a menção ao título deste capítulo, torna-se patente trazer Anísio Teixeira e Paulo Freire. O próprio Freire nos motiva na compreensão de que "o ato de estudar é assumir uma relação de diálogo com o autor do texto, cuja mediação se encontra nos temas de que ele trata" (FREIRE, 1981, 8)[1]. Sendo assim, tanto Teixeira como Freire trazem luz para a educação brasileira. A menção desses autores enriquece a discussão em torno da educação integral e libertadora pela influência a nível nacional e internacional que

---

1. Devido as inúmeras obras e edições de Paulo Freire, neste capítulo optamos por menciná-las como nota de rodapé, a fim de situar o leitor.
FREIRE, P., *Ação cultural para a liberdade e outros escritos*, 5. ed., Rio de Janeiro, Paz e Terra, 1981, 149 p. (Coleção "O mundo, hoje", v. 10).

ambos possuem e pelo alcance de um pensamento intelectual despendido sem preconceitos e desafeição pelo novo.

Anísio Teixeira, por sua colaboração dialética na história da educação brasileira, compondo pontos de contradição ao projeto educacional católico abre horizontes de entendimento e missão comum acerca da educação integral. Seja por meio de sua vida, de sua produção e intervenção acadêmica e técnica, Anísio deixou um legado para a identidade da educação integral no Brasil que entende com anterioridade a educação integral como caminho de libertação e condição imprescindível para a prática da democracia. Desse autor, evidenciamos as memórias, os vestígios de uma educação católica que contribuiu na sua formação humana e intelectual, indo além do aprimoramento de suas habilidades, mas forjando aspectos do seu caráter que o fortaleceram na sua busca axiológica das metas educacionais, que envolvem transversalmente a compreensão de uma educação que na sua trajetória se mostra comprometida com uma visão integral do ser humano.

Paulo Freire, por sua vez, um dos intelectuais protagonistas do movimento da nova mentalidade, dá as vezes à educação enquanto instrumento político em face à educação libertadora. Freire colabora de forma relevante para que o pensamento educacional católico convergisse nas trilhas do diálogo com a realidade concreta em uma proposta que vai além da educação tradicional e formal, desbravando caminhos para uma educação integral que entrelaça a vida, a comunidade, a sociedade, a escola e a religião, enfim, todas as realidades que compõe a identidade do ser humano. Em face a essa contribuição de Freire, acolhida por parte da Igreja Católica brasileira, configura-se a legítima confiança no seu embasamento antropológico e educacional, pois Paulo Freire acredita que o homem, ainda que possa ser considerado ínfima parte da sociedade, é regulador dela através de suas ações, pois vive em organicidade com ela. Em um organismo, cada pequena variação contribui para o todo, para sua disfunção ou para sua normalidade (Tomaz, 2018). Isso nos aponta Freire em *Educação e atualidade brasileira*: "realmente, sem consciência de nossa realidade, sem apropriação de suas dimensões, de que nos tornemos íntimos, sem ocuparmos, com relação a ela, uma posição de que a sua visão parta de dentro dela mesma, não será possível nenhum verdadeiro diagnóstico dos seus problemas"

(FREIRE, 2003, 56)[2] e em *Pedagogia do oprimido*: "os homens são porque estão em situação. E serão tanto mais quanto não só pensem criticamente sobre sua forma de estar, mas criticamente atuem sobre a situação em que estão" (FREIRE, 2016, 168)[3].

Sendo assim, diante das contradições e discussões que embasam o pensamento e a práxis da educação brasileira, este capítulo pretende trazer a busca dialética de uma educação integral e libertadora no Brasil, tanto por parte da Igreja como por parte de outros intelectuais, revelando que mesmo diante de caminhos opostos que possam ter idealizado uma separação entre educação católica e pública, as matizes da educação integral perpassam o ideal de ambas, sobretudo no pensamento de Anísio Teixeira e Paulo Freire.

Evidenciamos que a educação integral como prática educativa que favorece a formação da pessoa em todas as suas dimensões, tem incitado a educação brasileira ao fortalecimento desse *modus vivendi*, construindo uma visão dialógica entre educação católica e a realidade educacional brasileira em torno desse conceito.

Na esteira dessas discussões, notadamente trazemos a educação libertadora como possibilidade que vai se sistematizando ao longo das transformações da mentalidade educacional católica, tornando-se relevante na construção no entendimento de uma educação integral no período aqui abordado, na década de 1960 e 1970.

A perspectiva histórica evidencia que a construção das práticas e conceituações de educação integral no Brasil acompanham diferentes contextos das experiências em educação, estando presente nas propostas das diversas correntes políticas que se delinearam no período educacional desde as décadas de 1920 e 1930 do século XX, tempo em que germinam importantes ideias educacionais advindas de nomes como de Fernando de Azevedo, Lourenço Filho, Afrânio Peixoto, Carneiro Leão, Anísio Teixeira, entre outros.

---

2. FREIRE, P., *Educação e atualidade brasileira*, 3. ed., São Paulo, Cortez/Instituto Paulo Freire, 2003, 124 p.

3. FREIRE, P., *Pedagogia do oprimido*, 60. ed., Rio de Janeiro, Paz e Terra, 2016, 284 p.

Recordamos que a educação integral, retratada na Declaração GE, não se apresenta como um conceito ou uma prática nova para a América Latina, em especial, para o Brasil, pois a literatura educacional brasileira é marcada desde a década de 1930 do século XX por essa discussão. Autores brasileiros se debruçaram no arco da história a sistematizar um pensamento em torno do conceito e a práxis da educação integral, entre os quais destacamos: Teixeira (1959, 1994, 1997), Ribeiro (1986), Cavalari (1995, 1999), Cavaliere (2002a, 2002b, 2007, 2010a, 2010b), Coelho (2005, 2009a), Galo (1995, 2011, 2012), Paro et al. (1988), Freire (1968), entre outros.

Diante da vasta bibliografia e periodicidade que acompanham a temática da educação integral no Brasil, trazemos, neste recorte, o pensamento de Anísio Teixeira, mesmo não sendo um termo usual nos seus escritos, cuja concepção de educação integral perpassa toda sua obra e filosofia educacional, até mesmo porque historicamente os ideais e as práticas educacionais reformadoras, sob a denominação de Escola Nova, fizeram uso, com variados sentidos, da noção de educação integral. Torna-se importante ressaltar que não compreendemos a educação integral como sinônimo de educação em tempo integral, embora suas práticas possam se relacionar.

Coelho (1996) indica que as concepções e práticas de educação integral objetivam uma formação completa dos sujeitos. Entretanto, não há consenso sobre o que caracteriza a completude na formação humana, por isso, ao longo da história, a educação integral foi pensada e materializada a partir de diferentes matrizes ideológicas. Assim, não há hegemonia no que se refere à formação completa, ou seja, quais pressupostos teóricos e abordagens metodológicas constituem tal formação.

Na visão da Igreja Católica, "a educação constrói o homem desde dentro, para o libertar dos condicionamentos que o poderiam impedir de viver plenamente como homem. A escola deve, portanto, partir de um projeto educativo intencionalmente dirigido à promoção total da pessoa" (CONGREGAÇÃO PARA EDUCAÇÃO CATÓLICA, 1977, n. 29). Em uma visão mais recente, papa Francisco fala da alfabetização integral que significa a "integração das diferentes linguagens que nos constituem como pessoas, que integre e harmonize o intelecto, os afetos e a ação, concretamente a cabeça, o coração e as mãos" (FRANCISCO, 2018).

O dissenso existe, é certo, na medida em que por trás dessas concepções, encontramos diferentes visões sociais de mundo que, como diz Löwy (1985), são "conjuntos estruturados de valores, representações, ideias e orientações cognitivas" (Löwy, 1985, 13), constituindo ideologias diversas, ou seja, diferentes modos de conceber o homem em sua relação com os outros e com a sociedade em que vive. Essas diferenças se formam a partir da visão e entendimento de mundo que possuem, tratando-se de conservadores, liberais e socialistas, (re)apresentam concepções de educação cujas características — diversas em sua(s) natureza(s) engendram práticas também diversas. Visto sob a perspectiva da dinâmica em que se inserem as sociedades complexas, há pontos em que elas convergem e divergem, por isso, quando aludimos a um *modus vivendi* da educação integral, levamos em conta as divergências que as individualizam e fomentam os grandes embates ideológicos.

Estudos e pesquisas apontam que as iniciativas voltadas para a educação integral surgiram no século passado no seio de movimentos, tais como movimento anarquista, movimento integralista brasileiro, movimento escolanovista e movimento católico.

O movimento anarquista concebia a educação como uma possibilidade de atuar na sociedade e poder transformá-la, entretanto, entendiam que a educação oferecida pelo Estado visava atender aos interesses de quem já detinha o poder, nesse caso, os grupos dirigentes. Gallo (2002, 21) afirma que o anarquismo apresenta como princípio a negação da autoridade instituída, assim, essa concepção rejeita a educação fornecida pelo governo, pois acredita que essa visa apenas reproduzir as ideologias capitalistas, defendendo a possibilidade da educação como fonte de libertação. Esse movimento, que tinha como base ideológica a *liberdade e igualdade*, defendia a descentralização do poder, nas relações da tríade capital, Estado e Igreja e o movimento liberal, que já no período de 1920-1930 buscava romper com a pedagogia tradicional e apresentava propostas de reformas educacionais, com educação laica, gratuita e de qualidade para todos. Como esclarece Coelho (2004, 8), essas tendências mantêm "natureza semelhantes, em termos de atividades educativas, porém, fundamentam-se em princípios políticos-ideológicos diversos".

Segundo Gallo (2002), o movimento integralista brasileiro[4] foi fundado como um movimento cultural em 1932 e transformado em partido em 1935, postulava a necessidade da intervenção da educação escolar nas relações entre Estado, família e religião. A concepção integralista traz uma perspectiva educacional conservadora, aludindo que a formação integral do homem contempla os aspectos espirituais, físicos, cívicos e morais, por meio de uma revolução espiritual, com a finalidade de instituir e manter a ordem imposta pelo Estado integral. É importante notar que na perspectiva integralista "o estado integral é um estado ético, ferramenta da revolução espiritualista, e que assenta sua legitimidade sobre a moral da família, da qual haure seu direito à autoridade" (CHASIN, 1999, 511).

Estudos apontam também para o caráter fascista da Ação Integralista Brasileira. Hélgio Trindade, no livro *Integralismo: o fascismo brasileiro na década de 1930*, ressalta que o integralismo é formado por elementos do fascismo europeu, acrescentado de princípios característicos da cultura brasileira, ou seja, um movimento eclético que incorporou aspectos dos movimentos do velho continente e do pensamento autoritário brasileiro.

O integralismo pautava-se em uma educação que pudesse elevar a cultura do homem, considerado sem cultura suficiente, assim, caberia ao integralismo torná-lo o homem ideal para o Estado integral, tornando-o um ser também elevado. Para o integralismo, os problemas sociais não se pautavam no analfabetismo existente na época, mas sim na falta de cultura dos brasileiros. Assim, "a ideia de educação integral para o homem integral era uma constante do discurso integralista" (CAVALARI, 1999, 46).

Uma parte do clero e do laicato católico nutriu simpatia pelos ideais integralismo, pois havia pontos em comum entre a doutrina social e o integralismo. Ambos eram antiliberais e anticomunistas e pregavam a reespiritualização como condição para a reforma social, realizando a justiça sem abalar a ordem. Priorizavam a defesa da família e da moral tradicional cristã

---

4. O integralismo teve como principal líder e fundador no Brasil, Plínio Salgado. Foi Salgado quem criou a Ação Integralista Brasileira (AIB), em outubro de 1932, em São Paulo, por meio de um manifesto, que ficou conhecido como Manifesto de Outubro, dando origem oficial ao movimento no Brasil (CAVALARI, 1999).

concebidas de maneira naturalizada. O projeto integralista assemelhava-se ao do movimento de restauração católica, pois previa a contemplação dos princípios católicos na estruturação do Estado e do convívio social, o revigoramento da fé e o combate às doutrinas materialistas que ameaçavam a civilização cristã ocidental. Diante de tais semelhanças, não é estranho que se criasse uma identificação entre a AIB e o catolicismo (MERG, 2007). Não obstante de tais colocações, a Igreja nunca se manifestou oficialmente em relação ao integralismo.

Contrariamente a esse entendimento, destaca-se que Anísio Teixeira, ao defender o seu conceito de educação integral, não compartilhava de tal concepção doutrinária dos integralistas da década de 1930, a sua filosofia de educação encontra respaldo na corrente pragmatista de Dewey e representa uma ação libertadora e progressista que entende a educação como detentora de força, capaz de libertar o homem e prepará-lo para a cidadania. Sobre a interpretação dada ao conceito de educação integral na obra de Anísio Teixeira, Cavaliere (2002) assim escreve:

> Educação integral, significando uma educação escolar ampliada em suas tarefas sociais e culturais com o objetivo de reconstrução das bases sociais para o desenvolvimento democrático, o qual só poderia se dar a partir de indivíduos intencionalmente formados para a cooperação e a participação (CAVALIERE, 2002, 01).

Os católicos também se fazem presentes nesse período histórico, no conjunto desse grupo diversificado de movimentos e organizações que concebeu e vivenciou a educação integral no Brasil "que, por meio de suas instituições escolares, efetivavam uma concepção de educação integral calcada em atividades intelectuais, físicas, artísticas e ético-religiosas, aliadas a uma disciplina rigorosa" (MERG, 2007, 88).

Os católicos compreendiam que a sociedade precisava estar mais próxima do seu criador e de sua natureza, pois a base da sociedade era a religião cristã de cunho católico, uma vez que "ela não se fundamenta em princípios liberais, mas nos princípios da Revelação Divina" (CURY, 1988, 44). Para essa corrente, a educação deveria ser o veículo de cura do mal intelectual, visto que sua restauração aconteceria com a presença de Deus na escola, assentavam na defesa de uma educação que levasse em conta duas realidades do homem: corpo e a alma, que eram vistos como unidos, pois a "educação integral Católica não deverá separar aquilo que é unido no composto harmônico. Neste sentido, não há educação física separada da educação moral" (Cury, 1988, 56). Os católicos defendiam a concepção de educação integral "calcada em atividades intelectuais, físicas, artísticas e ético-religiosas, aliadas a uma disciplina rigorosa" (Coelho, 2005, 88). A concepção de homem tinha uma visão tríade Deus, Pátria e Família. A educação deveria levar em conta duas realidades do homem: o corpo e alma, já que o corpo físico não podia ser visto como algo separado da alma.

Dentre os movimentos, o movimento escolanovista surgiu nos anos iniciais do século XX e caracteriza-se por um "movimento renovador impulsionado pelos ventos modernizantes do processo de industrialização e urbanização do Brasil, propondo uma reforma no ensino" (Saviani, 2011, 193).

Esse propunha, por meio dos princípios exposto no Manifesto dos Pioneiros da Educação Nova (1932), a defesa da educação pública, laica, gratuita e universal, bem como a coeducação da educação infantil ao ensino universitário, embora afirmasse assegurar a educação para todos, não interferia nas classes sociais existentes. O documento admite ainda que a educação é dever do Estado, mas deve ser compartilhada com a família e a sociedade em geral. Critica a escola fechada em si, propondo uma maior integração entre escola, família, comunidade e sociedade em geral, buscando tornar a educação escolar viva e interessante ao aluno.

> Dessa concepção positiva da escola, como uma instituição social, limitada, na sua ação educativa, pela pluralidade e diversidade das forças que concorrem ao movimento das sociedades, resulta a necessidade de reorganizá-la, como um organismo maleável e vivo, aparelhado de um sistema de instituições susceptíveis de lhe alargar os limites e o raio de ação. As instituições periescolares e postescolares, de caráter educativo ou de assistência social, devem ser incorporadas em todos os sistemas de organização escolar para corrigirem essa insuficiência social, cada vez maior, das instituições educacionais. [...] Cada escola, seja qual for o seu grau, dos jardins às universidades, deve, pois, reunir em torno de si as famílias dos alunos, estimulando e

aproveitando as iniciativas dos pais em favor da educação; constituindo sociedades de ex-alunos que mantenham relação constante com as escolas; utilizando, em seu proveito, os valiosos e múltiplos elementos materiais e espirituais da coletividade e despertando e desenvolvendo o poder de iniciativa e o espírito de cooperação social entre os pais, os professores, a imprensa e todas as demais instituições diretamente interessadas na obra da educação (Azevedo et al., 1932, 201-202).

Quanto à concepção de educação integral, no Manifesto dos Pioneiros da Educação Nova, as expressões "educação integral", "formação integral" e "desenvolvimento integral" são notadas várias vezes no documento e com sentidos bem determinados, referindo-se ao desenvolvimento individual do educando, de sua personalidade, de acordo com as suas fases naturais da vida.

A educação nova, alargando a sua finalidade para além dos limites das classes, assume, com uma feição mais humana, a sua verdadeira função social, preparando-se para formar "a hierarquia democrática" pela "hierarquia das capacidades", recrutadas em todos os grupos sociais, a que se abrem as mesmas oportunidades de educação. Ela tem, por objeto, organizar e desenvolver os meios de ação durável com o fim de "dirigir o desenvolvimento natural e integral do ser humano em cada uma das etapas de seu crescimento", de acordo com uma certa concepção do mundo (Azevedo et al., 1932, 191).
A partir da escola infantil (4 a 6 anos) à Universidade, com escala pela educação primária (7 a 12) e pela secundária (12 a 18 anos), a "continuação ininterrupta de esforços criadores" deve levar à formação da personalidade integral do aluno e ao desenvolvimento de sua faculdade produtora e de seu poder criador, pela aplicação, na escola, para a aquisição ativa de conhecimentos, dos mesmos métodos (observação, pesquisa, e experiência), que segue o espírito maduro, nas investigações científicas (Azevedo et al., 1932, 198).

Desse modo, a concepção de educação integral do ser humano possui, no tempo e seus contextos, forte conotação política, isso porque pensar um conjunto de práticas pedagógicas que possam abarcar a formação integral do ser humano pressupõe várias questões em aberto que dizem respeito a quais elementos podem responder à necessidade que aflora no sistema educacional brasileiro de uma intencional e efetiva ação socialmente integradora.

O Manifesto dos Pioneiros da Educação Nova, de 1932, redigido por Fernando Azevedo (1894-1974), assinado, entre outros, por Anísio Teixeira, M. B. Lourenço Filho, Heitor Lira, Carneiro Leão, Cecília Meireles e A. F. de Almeida Júnior, defendia a educação integral como direito biológico de cada indivíduo e como dever do Estado, que deveria garanti-lo:

> [...] do direito de cada indivíduo à sua educação integral, decorre logicamente para o Estado que o reconhece e o proclama, o dever de considerar a educação, na variedade de seus graus e manifestações, como uma função social e eminentemente pública, que ele é chamado a realizar, com a cooperação de todas as instituições sociais [...]. Assentado o princípio do direito biológico de cada indivíduo à sua educação integral, cabe evidentemente ao Estado a organização dos meios de o tornar efetivo (AZEVEDO, 1932, 199).

Assim, como já citado anteriormente, a educação integral não pode ser compreendida desvinculada de um projeto de sociedade, nem tampouco apresentada enquanto uma concepção educacional cientificamente neutra e muito menos como um conjunto de práticas pedagógicas voltadas para a manutenção da ordem social vigente.

De certa forma, para a corrente pedagógica escolanovista, a reformulação da escola esteve associada à valorização da atividade ou experiência em sua prática cotidiana. O entendimento da educação como vida e não como preparação para a vida foi a base dos diversos movimentos que a formaram (CAVALIERE, 2002).

A concepção desse ideal educativo se manteve viva no pensamento e nas ações do educador Anísio Teixeira, por sua significativa elaboração teórica e técnica, visando à ampliação das funções da escola e o seu fortalecimento como instituição que se dará em diferentes momentos de sua atuação política e administrativa: no Manifesto dos Pioneiros da Educação Nova, na criação do Centro Educacional Carneiro Ribeiro — Escola Parque — e em sua atuação na aprovação da primeira Lei de Diretrizes e Bases da Educação Nacional, em 1961, denotando que, para ele, a educação integral era sempre uma pauta remanescente que constituía um caminho fundamental, um instrumento necessário para adentrar as mudanças da modernidade.

Hermes Lima (1960) assim se refere a Anísio Teixeira:

> Pode-se dizer que Anísio acredita em educação porque acredita no homem, nas suas possibilidades de mudar, de reconstruir, de refazer e de pensar. Traço igualmente representativo do seu pensamento educacional é que não há como ponto prévio de partida, educações diferentes para homens diferentes. São os homens mesmos que diferenciarão ou graduarão, pelos dons da própria personalidade, a educação que são suscetíveis de receber (LIMA, 1978, 132).

Para Anísio Teixeira, a educação escolar deveria voltar-se para a formação integral rompendo com o modo tradicional, livresco e seletivo de se trabalhar e adotar uma prática educativa que considerasse os interesses, as aptidões, as habilidades e a realidade social de cada aluno. Nota-se que um dos intuitos da educação pensada após o Concílio, na realidade brasileira, era justamente esta: "pensar a educação numa conjuntura que considerasse o contexto social. Para o autor um contexto histórico vivido por qualquer povo necessita de quatro instituições indispensáveis: a família, o Estado, a Igreja e a escola" (TEIXEIRA, 1997, 98).

Em toda a obra de Anísio Teixeira, que percorre cinco décadas, o autor apresenta a defesa e a caracterização de uma escola de educação integral. As bases sobre as quais formulou sua concepção de educação integral passam pelo entendimento de que educação é vida e não preparação para a vida, salientando que as demais instituições sociais perderam parte de suas capacidades educativas, que devem ser supridas pela escola e a busca da escola verdadeiramente "comum", isto é, democrática (CAVALIERE, 2004).

Sobre a interpretação dada ao conceito de educação integral na obra de Anísio Teixeira, Cavaliere (2000) assim escreve:

> Educação integral, significando uma educação escolar ampliada em suas tarefas sociais e culturais com o objetivo de reconstrução das bases sociais para o desenvolvimento democrático, o qual só poderia se dar a partir de indivíduos intencionalmente formados para a cooperação e a participação (CAVALIERE, 2002, 01).

Sendo assim, a concepção de educação integral de Anísio aprofundou-se com base no pragmatismo, na compreensão de que o homem se forma e desenvolve na ação, no fazer-se e não por algum movimento exógeno de aprendizagem formal. Para além das concepções e movimentos políticos conjunturais, o grande diferencial do pensamento sobre educação escolar integral desenvolvido por Anísio deveu-se ao aprofundamento de seus fundamentos filosóficos, a partir da filosofia social de John Dewey. Se o otimismo pedagógico estava difundido entre a intelectualidade brasileira das décadas de 1920 e 1930, Anísio Teixeira, em particular, se ancorava em um otimismo também filosófico, isto é, na expectativa de inexorabilidade do processo de integração social presente na obra de Dewey (CAVALIERE, 2002a). Isso lhe deu fôlego para persistir em seu projeto reformista até o início da década de 1960, quando novo período autoritário o retirou, mais uma vez, da vida política (Idem, 2002).

Para Anísio Teixeira (1971), no intuito de atender aos fins da educação, a escola deveria ser um ambiente bonito, moderno e acolhedor. O trabalho pedagógico deveria apaixonar tanto aos alunos quanto aos professores. Esses deveriam desenvolver suas atividades visando construir um solidário destino humano, histórico e social, com destaque para a liberdade de criação e em "permanente diálogo com a arte, concebida como conceito antropológico como defendia Mário de Andrade" (CLARICE NUNES, 2001, 163).

Torna-se relevante a participação e contribuição de Anísio Teixeira no processo de construção e concretização da Lei n. 4024, de 1961, suas ideias, em torno de uma educação voltada par a formação total do indivíduo, também se farão presente no corpo deste documento. Mendonça (1999) afirma que o educador Anísio Teixeira, mesmo convicto na crença de que a mudança necessária para a educação brasileira não se faria por força de lei, porém pela ação, não fugiu ao debate e não se furtou ao comparecimento perante a comissão que fora criada para elaboração da LDB.

Revela-se indiscutível a contribuição de Anísio Teixeira no processo de construção e concretização da Lei n. 4024, de 1961, fazemos aqui um recuo para destacar suas ideias em torno de uma educação voltada para a formação total do indivíduo que também se fizeram presente no corpo do documento da LDB. Mendonça (1999) sublinha que o educador Anísio Teixeira, mesmo convicto na crença de que a mudança necessária para a educação brasileira não se faria por força de lei, mas pela ação, não fugiu ao debate e não se furtou ao comparecimento perante a comissão que fora criada para elaboração da LDB. Anísio Teixeira não se omitiu em refletir com os deputados sobre a realidade da educação brasileira, evidenciando, dessa forma, que não desperdiçava as oportunidades que se apresentavam para falar de seu projeto de educação e manifestar sua crença de educação enquanto "processo de preparação e distribuição de homens pelas diversas ocupações que caracterizam a vida humana" (TEIXEIRA, 1997, 81).

Segundo Teixeira (1999), o projeto aprovado ainda carregou compromissos com o passado. Todavia, para além das críticas que o educador fez à nova lei, não se pode negar aspectos, nela presentes, que refletem o ideal educacional por ele propagado. As marcas do seu pensamento e do pensamento que dominava sua época estão presentes, por exemplo, nos fins de educação.

> Art. 1º A educação nacional, inspirada nos princípios de liberdade e nos ideais de solidariedade humana, tem por fim: a) a compreensão dos direitos e deveres da pessoa humana, do cidadão, do Estado, da família e dos demais grupos que compõem a comunidade;
> b) o respeito à dignidade e às liberdades fundamentais do homem;
> c) o fortalecimento da unidade nacional e da solidariedade internacional;
> d) o desenvolvimento integral da personalidade humana e a sua participação na obra do bem comum;
> e) o preparo do indivíduo e da sociedade para o domínio dos recursos científicos e tecnológicos que lhes permitam utilizar as possibilidades e vencer as dificuldades do meio.

O primeiro artigo da LDB, nos incisos anteriores, trata dos princípios que devem nortear a educação nacional, traz como fins dessa educação a compreensão dos direitos da pessoa humana em torno da necessidade de lhe proporcionar um desenvolvimento integral da personalidade. A lei clarifica que o direito à educação subtende o dever de fazê-la de modo integral, ou seja, de preparar o indivíduo para a vida, para o bem comum. Subtende-se, pela leitura do quinto inciso, (e) que, por meio do domínio dos recursos científicos e tecnológicos, o indivíduo conseguirá se inserir no meio social e vencer as dificuldades.

A AEC, como toda a Igreja, reconhece o favorecimento dos pontos defendidos pela Igreja na Lei então em vigor. Vejamos os conteúdos de alguns dos artigos do texto final que confirmam tal preposição.

O art. 4 da LDB/61 apontou que "é assegurado a todos, na forma da lei, o direito de transmitir seus conhecimentos", o que substitui a ideia radical presente no substitutivo de que é vedado ao Estado o monopólio do ensino ou o seu favorecimento. Preserva-se também o direito da União de inspecionar os estabelecimentos particulares (art. 14), esses são dois dos argumentos defendidos pelo grupo escolanovista e pela Campanha em Defesa da Escola Pública (1960). Diversos temas reivindicados pela Igreja permanecem. O art. 8, §1, assegura a representação das escolas privadas nos corpos de decisão tanto a nível federal, com o Conselho Nacional de Educação, quanto a nível local, com os conselhos regionais. "Na escolha dos membros do Conselho, o Presidente da República levará em consideração a necessidade de neles serem devidamente representadas às diversas regiões do País, os diversos graus do ensino e o magistério oficial e particular". Ressaltando que as decisões mais importantes eram tomadas nesses conselhos e não no Ministério da Educação — vide o art. 9 — compreende-se o quão relevante era para o setor privado poder participar desses conselhos deliberativos. O art. 19 garante a equivalência no reconhecimento dos estudos feitos em estabelecimentos particulares e públicos, o que completa e solidifica a liberdade do aluno de estudar no estabelecimento particular sabendo que o ensino recebido é reconhecido e compatível com o ensino oficial. O texto do artigo aponta que "não haverá distinção de direitos, entre os estudos realizados em estabelecimentos oficiais e os realizados em estabelecimentos particulares reconhecidos".

No art. 95, as letras "a" e "c" concernem a cooperação financeira para os estabelecimentos privados, sendo um ponto de apoio para Igreja e para o setor privado na formulação final da LDB/61. A letra da lei pronúncia dessa forma:

> Art. 35º A União dispensará a sua cooperação financeira ao ensino sob a forma de: a) subvenção, de acordo com as leis especiais em

vigor; b) financiamento a estabelecimentos mantidos pelos Estados, municípios ou particulares, para a compra, construção ou reforma de prédios escolares e respectivas instalações e equipamentos de acordo com as leis especiais em vigor.

Com relação a liberdade de ensino, questão central do substitutivo de Lacerda — e bandeira maior de defesa da Igreja e do setor privado, o texto final da LDB/61 não apresenta modificações substanciais, permanecendo temas como: o direito da família, a igualdade de direitos entre a escola privada e a pública e a destinação de recursos para o ensino privado. No texto da lei, esses pontos aparecem logo no início do documento.

> Art. 2º A educação é direito de todos e será dada no lar e na escola. Parágrafo único. À família cabe escolher o gênero de educação que deve dar a seus filhos. Art. 3º O direito à educação é assegurado: I — pela obrigação do poder público e pela liberdade de iniciativa particular de ministrarem o ensino em todos os graus, na forma de lei em vigor; II — pela obrigação do Estado de fornecer recursos indispensáveis para que a família e, na falta desta, os demais membros da sociedade se desobriguem dos encargos da educação, quando provada a insuficiência de meios, de modo que sejam asseguradas iguais oportunidades a todos. Art. 4º É assegurado a todos, na forma da lei, o direito de transmitir seus conhecimentos. Art. 5º São assegurados aos estabelecimentos de ensino públicos e particulares legalmente autorizados, adequada representação nos conselhos estaduais de educação, e o reconhecimento, para todos os fins, dos estudos neles realizados.

Com a promulgação da LDB, a Lei n. 4.024, de 21 de dezembro de 1961, permitiu às escolas maior autonomia na sua organização administrativa, disciplinar e didática, desafiando a escola católica a se reorganizar. Também a publicação de *Gravissimum Educationis*, em 1965, lançou novos desafios sobre a escola católica e enxertou de forma bastante incisiva a educação integral, que, embora presente nos descaminhos da educação católica, insere-se no longo processo em que diferentes perspectivas foram se construindo no tempo e foram fincando raízes no *modus vivendi* do projeto educacional católico.

Multiplicam-se, por força desses fatores conjunturais, as experiências pedagógicas em diversas instituições educacionais católicas. Nesse período, foram muitos os que pediam a atualização da escola católica (ALVES, 2005).

Também, em 1965, a Associação das Escolas Católicas (AEC) realizou uma assembleia que teve como pauta de suas discussões o fazer da escola católica uma comunidade escolar, dando ênfase, assim, ao papel dos leigos nas escolas. Alves (2005) destaca ainda que, com a Conferência do Episcopado Latino-Americano em Medellín, na Colômbia (1968), questionando a educação no continente e apresentando a educação libertadora, como interface da educação integral, como proposta alternativa aos modelos educacionais vigentes, o tradicional e o técnico-desenvolvimentista, a escola católica foi obrigada a repensar o próprio sentido de ser, na conjuntura em questão.

Logo, a educação progressiva, como Anísio Teixeira costumava falar, possuía uma ideologia democrática, na qual o sujeito possuía autonomia e liberdade de escolhas. Percebemos, então, que essa ideologia buscou tornar a escola mais adequada à sociedade contemporânea e não está distante da proposta da educação libertadora. Segundo o pensamento de Anísio, a escola deve representar uma comunidade que é essencialmente promotora de uma educação integral, uma educação que tem nome, que tem face e que se comprometa com uma melhor conexão com a vida social. Firma-se como situação concreta de vivência da vida em uma sociedade com perspectivas democráticas.

Tal modelo de educação anisiano apoia a consciência de estar vivendo em um mundo em vital transformação e que a democracia é um processo em igual modificação, a ser consolidada como modo de vida.

6.1. Educação católica e possíveis diálogos com Anísio Teixeira e Paulo Freire a partir da educação integral e libertadora

Trazer as concepções educacionais de Anísio Teixeira e Paulo Freire em relação à educação integral e à educação libertadora pode parecer um tanto paradoxal devido às incongruências das ideias educacionais que acompanham em certo sentido as trajetórias desses dois educadores, porém, nas décadas de 1960 e 1970, encontramos traços comuns: ambos foram homens de ação política; ocuparam cargos públicos; elaboraram propostas educacionais; foram capazes de fazer uma leitura atenta do seu tempo e, com muito estudo, apresentaram caminhos para os problemas educacionais, homens que buscaram não só entender a complexidade e dinamicidade do fenômeno da educação no mundo social, mas tiveram uma ação em nome desse ideal, conforme o tempo histórico e mesmo se por caminhos diferentes lutaram por causas semelhantes: uma educação íntegra, libertadora e democrática para o Brasil.

Dados permitem dizer que tanto Teixeira quanto Freire obtiveram sua formação educacional nos colégios confessionais. Teixeira estudou em colégios de orientação católica, como o Instituto São Luiz Gonzaga, em sua cidade natal, Caetité (BA), e, posteriormente, no Colégio Antônio Vieira, em Salvador. Romperia, mais tarde, com os ditames da concepção católica na educação, encarada como tradicional, literária e intelectualista (TEIXEIRA, 2001).

Freire, por sua proximidade com a educação proposta pela Igreja Católica, muitas vezes foi tido como um humanista cristão e conservador. Há muitas divergências em torno de uma classificação e/ou concepção pedagógica para as ideias de Freire. Moacir Gadotti assim sintetizou a orientação religiosa do educador:

> A prática pedagógica à qual Paulo Freire se entregou desde a juventude tem muito a ver com a sua religiosidade. Ele conta que certa vez, ainda muito pequeno, foi aos córregos e aos morros de Recife, nas zonas rurais, impulsionado por "certa intimidade gostosamente petulante com Cristo", e imbuído de uma visão "adocicadamente cristã". Chegando lá, a dramática e desafiante realidade do povo o remeteu a Marx, o que não o impediu de encontrar-se com Cristo nos becos da rua. Como pensador de esquerda, Paulo Freire acredita que ser cristão não é ser reacionário, e ser marxista não significa ser um burocrata desumano. Os cristãos devem rejeitar a exploração (GADOTTI, 1991, 78).

A partir desta dimensão cristã, é possível compreender o pensamento de uma educação libertadora que integra o caminho de Freire, pois, para ele, libertação e humanização caminham juntos num processo de conscientização. "A libertação autêntica, que é humanização em processo, [...] é práxis que implica a ação e a reflexão dos homens sobre o mundo para transformá-los" (FREIRE, 2016, 67)[5].

No que se refere a Anísio Teixeira, ao se aproximar das ideias do pedagogo estadunidense John Dewey, na década de 1920, romperia com a longa tradição educacional jesuítica, tendo como marco histórico um documento da maior importância para o legado cultural do Brasil: o Manifesto dos Pioneiros da Educação Nova, em 1932 (TEIXEIRA, 2001). No Manifesto, torna-se evidente a necessidade de laicizar a educação nacional, assim como a importância de sua gratuidade e obrigatoriedade (GHIRALDELLI, 1994, 63).

O pensamento e a obra de Anísio acompanham os movimentos de transformações histórico-sociais. Ele permaneceu no cenário educacional buscando seus ideais de um ensino público democrático, mesmo em meio a mudanças radicais de regime político, com efeitos severos sobre a sociedade e a economia entre 1924 e 1964. Ele se projeta nos anos 1950 como intelectual maduro.

> É ele e suas circunstâncias atualizadas: a origem de família influente politicamente, a formação jesuítica e jurídica, as influências de autores seus contemporâneos, em especial Dewey, as experiências de viagens e estudos nos Estados Unidos e Europa, os estudos sobre a realidade brasileira, a efervescência dos interesses em disputa, consubstanciados em grande parte em torno da elaboração da Lei de Diretrizes e Bases da Educação Nacional (Anísio empenhava-se na defesa da escola pública) e as "cicatrizes" resultantes da perseguição política sofrida durante o Estado Novo (MACHADO, 2001)[6].

Contudo, concentramos o olhar para o ideal de educação integral presente no pensamento de Anísio Teixeira e a inserção e influência de Paulo

---

5. FREIRE, P., *Pedagogia do oprimido*, 60. ed., Rio de Janeiro, Paz e Terra, 2016, 284 p.
6. II Congresso Luso-Brasileiro de Política e Administração da Educação. Fórum Português de Administração da Educação, Universidade do Minho e ANPAE, Braga, Portugal, 18-20 jan. 2001.

Freire na educação libertadora, trazendo, assim, a relação de complementariedade entre essas duas trilhas educacionais e sua contribuição no projeto educacional da Igreja Católica, ressaltando que tal projeto não se desvincula da realidade. Neste recorte, trazemos mais especificamente as décadas de 1960 e 1970, sem nos eximir do exercício de compreender a história no seu resgate ao passado e tendências ao futuro a fim de compreender o próprio presente.

6.1.1. Educação Integral em Anísio Teixeira: uma prática construída a partir de influências e memórias de um educador

Reportar Anísio Teixeira para as discussões deste livro pode parecer um tanto incoerente quando se trata de uma incursão de suas teses educacionais com aquelas da educação católica, visto as divergências e pontos contrários que acompanham a relação entre Anísio e o pensamento educacional católico no Brasil[7]. Porém, tratando-se da educação integral, constatamos buscas em comum, mesmo de lados opostos, pois, diante das contradições e coerências que transitam no âmago de ambas as formas de proporcionar a educação, a história nos autoriza a dizer que o ideal da educação integral reiterou de modo notável a convicção tanto de Anísio Teixeira quanto da educação católica, a uma educação que levasse em conta a inteireza da pessoa no seu desenvolvimento integral.

---

7. Podemos constatar divergências no Manifesto dos Pioneiros (1932) nas disputas da LDB (1961), estabelecendo um debate polêmico sobre a educação nas instâncias do público e do privado, e como disserta Nunes (2000): Toda a grande polêmica provocada pelo livro *Educação não é privilégio* no ano de 1957, da qual a publicação do Memorial dos bispos gaúchos, solicitando a exoneração de Anísio Teixeira do INEP é uma consequência, dentre outras, colocou em xeque uma vocação pública num país de ferozes interesses privatistas. Mais uma vez Anísio catalisava a ira dos católicos que fizeram da *Revista Vozes* sua trincheira de luta. Mas, ao polemizar contra a Igreja, Anísio acionava, através dos seus pronunciamentos, a opinião pública, os órgãos do legislativo, do executivo, a própria universidade e setores combativos da intelectualidade colocando em foco a necessidade da expansão e da qualidade de uma formação pública comum de todos os brasileiros. A luta agora se fazia no sentido de se contrapor aos interesses privatistas sobre a educação na Lei de Diretrizes e Bases (Nunes, 2000).

Das tantas memórias que fazem parte da lição educacional de Anísio Teixeira, procuramos trazer alguns vestígios de sua formação com os jesuítas, que, vividas dentro de um certo marco temporal, representou seu contato mais direto com a educação católica.

Considerando que a educação é construída por meio de uma relação vivencial entre os sujeitos envolvidos na ação pedagógica, Franco (2008) afirma que "a cientificidade da pedagogia não é reduzível à cientificidade das ciências naturais" (FRANCO, 2008, 36), pois ela se estabelece num processo histórico e social.

O processo pelo qual transita a educação nos parâmetros históricos e sociais em relação a existência conferem ao ser humano a condição de *Homo viator*. Através dessa metáfora, Marcel (2005) consegue demonstrar que, apesar das limitações e fragilidades que acompanham o ser humano, ele poderá não só resistir, mas prosseguir seu caminho em direção ao alcance da luz que aspira. Uma aspiração que é mais que desejo e simples anelo, uma aspiração-esperança que "se situa como marco e prova a que não só corresponde, senão que é uma verdadeira resposta do ser" (MARCEL, 2005, 42).

Para São Boaventura[8], teólogo e filósofo do século XIII, a pessoa humana é capaz de conhecer e essa capacidade é ilimitada. O autor fala da *capax Dei*, referindo-se como *anima est omnia potentia, secundum Philosophum*, ou seja, a mente humana tem capacidade infinita aos moldes daquilo que sugeriu Aristóteles, isso porque a pessoa humana tem similitude e capacidade divina, enquanto é imagem do próprio Criador.

Contudo, a educação nos orienta sobre a aventura do conhecer, que envolve o homem na sua totalidade em um processo laborioso, permanente e, por consequência, lapidado ao longo da vida, em uma tessitura integral. A

---

8. Nascido provavelmente em 1217 e falecido em 1274, ele viveu no século XIII, uma época em que a fé cristã, penetrada profundamente na cultura e na sociedade da Europa, inspirou obras imperecíveis no campo da literatura, das artes visuais, da filosofia e da teologia. Entre as grandes figuras cristãs que contribuíram para a composição desta harmonia entre fé e cultura, destaca-se precisamente Boaventura, homem de ação e de contemplação, de profunda piedade e de prudência no governo. Disponível em: <https://franciscanos.org.br/carisma/especiais/sao-boaventura-o-teologo-de-cristo-i#gsc.tab=0>.

partir disso, podemos reconhecer, antes de tudo, que Anísio, antes de promover uma educação integral, foi um homem integral, que se construiu historicamente, um homem situado, de comunicação, de adesão, de transformação, que, ao apostar no ser humano, apostava também no valor da comunidade, já que a pessoa é comunicação essencial, é sair de si, é compreender, assumir o seu destino e o das outras pessoas. A responsabilidade e a fidelidade são os eixos que estruturam a ideia da comunidade como persona de persona.

Anísio Teixeira (1900-1971) é um educador que permanece na história do Brasil, diante de tantas publicações que retratam sua vida e prática, trazemos pequenos recortes do seu modo de viver e realizar a educação, no sentido de educação integral.

Darcy Ribeiro assim o descreve: "conheci muita gente inteligente e cintilante, mas Anísio foi o mais. Conhecia educação com muita profundidade e foi um homem que refez o seu próprio pensamento várias vezes na vida" (RIBEIRO, 2002, 65).

Ao final de sua existência, em 18 de janeiro de 1971, Anísio escreve uma carta para seu amigo Fernando de Azevedo.

> Por mais que busquemos aceitar a morte, ela nos chega sempre como algo de imprevisto e terrível, talvez devido a seu caráter definitivo: a vida é permanente transição, interrompida por estes sobressaltos bruscos de morte. Guardei de minha formação religiosa o sentimento de que viver é servir e nada mais esperar que o conforto desse possível serviço. A isto juntei sempre um agudo senso de certa insignificância pessoal, que jamais me permitiu pedir ou pleitear reconhecimento de qualquer espécie. [...] É que o ponho [Fernando...] entre os acontecimentos que envolvem esse sentido de solidariedade, comunhão e mistério que é da essência da vida humana, a que me dobrei como a um imperativo da sua extrema interdependência, sentindo mais uma vez quanto somos e existimos nos outros e pelos outros nesse inseguro mundo [sic] (TEIXEIRA, 1971).

Diante de sua luta e seus ideais, Anísio sintetiza sua prática que pode ser reconhecida como uma missão educativa, pois para ele viver é servir e nisso ele foi um combatente incansável, sobretudo em defesa da educação democrática, do direito de todos e não no privilégio de alguns. Sua morte resulta em um fato não elucidado, que Anísio fora encontrado morto no poço de um elevador, sobre o qual pairam muitas suspeitas de assassinato, Anísio Teixeira foi um democrata, crente na importância da educação para todos.

Os legados anisianos são evidenciados ao longo do estudo do pensamento educacional brasileiro. Ele foi inspetor geral de ensino da Bahia, de 1924 a 1929; diretor de instrução pública do Rio de Janeiro, de 1931 a 1935; reitor da Universidade do Distrito Federal (UDF), em 1935; conselheiro de ensino superior da UNESCO, em 1946-1947, na Europa; secretário de Educação da Bahia, em 1947, e reitor e vice-reitor da Universidade de Brasília (UnB), de 1962 a 1964. Ele ainda trabalhou na Coordenação de Aperfeiçoamento de Pessoal em Nível Superior (CAPES), de 1951 a 1964, foi diretor do Instituto Nacional de Estudos Pedagógicos (INEP), de 1952 a 1964; criou o Centro Brasileiro de Pesquisas Educacionais (CBPE) e organizou a Revista Brasileira de Estudos Pedagógicos (Matos, 2016).

Segundo Nunes (2000), a obra de Anísio consiste na sua riqueza e profundidade significados que vão "para além dos resultados, um núcleo de reflexão que se abre incessantemente de forma original. É o sentido que dela fazemos, as representações que construímos e onde palpitam os valores que abraçamos" (Nunes, 2000, 6).

Ao longo de sua trajetória, Anísio herdou muitas influências as quais, para o exercício da memória, Gondra (2000, 11) recorda que seria "possível encontrar Anísio em lugares onde ele não mais estivesse e, por intermédio de pegadas deixadas ou imaginadas, surpreender a flama, a lavareda, a luz em pleno movimento". Dentre essas pegadas, situa-se sua formação nos colégios jesuítas[9], instituições educativas tradicionais que gozaram de grande espaço político-ideológico e, não menos importante, de influência nas questões político-educacionais da época.

---

9. Os colégios jesuítas, no Brasil, foram fundados desde o período colonial e tinham como finalidade inicial proporcionar o processo de instrução aos gentios, bem como levar a fé cristã. Com o passar do tempo, obtiveram uma pedagogia sistematizada e respeitada ao adotar métodos e um currículo diferenciado aos alunos que lá eram educados (Azevedo, 1986; Lacouture, 1994; Leite, 1949).

A história e a historiografia, marcadas por tantos estudos sobre a educação brasileira, aludem que tantos os pressupostos teóricos e a organização dos processos educativos percebidos na pedagogia jesuítica como na pedagogia de Anísio Teixeira indicam ambas as pedagogias como ciência em marcos temporais distintos (Araújo, 2019).

O estudo em colégios jesuítas marcou o itinerário de Anísio Teixeira, deixou vestígios que resultaram na interiorização de normas e valores morais, no reconhecimento de que seus dons específicos (a inteligência, o desejo, a imaginação e a memória) precisavam ser orientados no sentido de impregnar seus atos com uma tessitura consciente, racional e espiritual (Nunes, 2010).

Em carta aos seus pais, em 25 de março de 1920, registrou gratidão ao ensino religioso que recebera.

> Cristão pela graça de Deus, tive a felicidade de, desde cedo, ser educado em colégios católicos, que me souberam imprimir um grande amor à minha religião. Com os anos, à proporção que crescia dentro de mim este amor, crescia-me, também, a experiência e a justa visão das coisas (Teixeira, 1920).

Essa formação forneceu-lhe um *modus vivendi*. Dentro desse universo, Anísio fez escolhas no campo das leituras (Santo Inácio, Padre Antonio Vieira, Santo Tomás de Aquino etc.), das amizades (padre Cabral, Herbert Fortes, Guilherme Joaquim Faria Góes etc.).

> O humanismo cristão dos colégios jesuítas possibilitou-lhe o domínio da escrita, mediante um trabalho constante com os textos, o treinamento caligráfico, diferentes tipos de leitura, a realização de operações mentais analíticas e sintéticas. Abriu seu pensamento para o campo filosófico e estimulou o contato com os livros numa relação íntima que o acompanhou a vida toda. No gabinete de física, no laboratório de Química e no museu de história natural, Anísio pôde ingressar no campo científico e num modo de pensar que embora subordinado à fé era novo nos colégios da época. Foi ainda nesse ambiente que ele se reconheceu, como dizia, "um animal religioso" (Ibidem, 2010, 13).

A educação no colégio jesuíta também colaborou no desenvolvimento do rigor, da organização e da disciplina para o estudo e para o trabalho que o acompanhou Anísio.

> Aí teria ganho as normas de severa disciplina de trabalho e de fervor ilimitado às causas a que se consagra; aí aprendeu a estudar com método e dedicação que o tornaram aluno exemplar; aí apurou sua vocação de ascetismo pessoal já trazida da frugalidade sertaneja, tão oposta à volúpia barroca do recôncavo, aí aprimorou o seu agudo senso dialético; ganhou o senso de respeito à hierarquia, a modéstia, timidez e mesmo humildade que não o deixaram vida afora (ABREU, 1960, 5).

Sua identificação com a Companhia e com a estrutura institucional justificava-se pela formação intelectual e espiritual, a qual esteve submetido nos anos de internato (LIMA, 1978). Observa que o rigor e a obediência sistemática à rotina de estudos e de exercícios espirituais próprio da formação jesuítica infundiram diretamente na formação do *habitus* de Anísio Teixeira, moldando o *ethos* do educador (MATOS, 2016).

Tanto Geribello (1977) quanto Nunes (2000) compreendem que o espírito de educador que animou Anísio Teixeira foi construído ao longo de sua trajetória política, onde vai descobrindo seu papel pedagógico, tomando o próprio destino nas mãos, superando o conflito travado entre o destino definido pelo pai e aquele definido pelo padre Cabral[10].

---

10. Pela sua origem social, radicada nas famílias Spínola e Teixeira, proprietárias de terra e com prestígio político consolidado e pela educação inaciana recebida nos colégios que frequentou, Anísio tinha diante de si um quadro de alternativas plausíveis à sua disposição: o sacerdócio; a magistratura; o exercício liberal da advocacia, Medicina (encaminhamento paterno) ou Engenharia (encaminhamento do seu irmão Nelson); o exercício do jornalismo e das letras; a condução dos negócios e interesses familiares ou a carreira de político profissional [...] Formou-se, assim, advogado a contragosto, mais por imposição da vontade dos pais. De fato, se padre Cabral pretendia que Anísio fizesse os votos religiosos e ingressasse para a Companhia de Jesus, seus pais procuravam demovê-lo dessa ideia e, por iniciativa do pai, Anísio foi para o Rio de Janeiro realizar os estudos jurídicos. Pressionado pelos pais

A partir de estudos e da própria experiência com Anísio, intelectuais registraram a importância e a presença da filosofia jesuítica em sua obra e pensamento. O educador Péricles Madureira de Pinho, seu amigo e conterrâneo, considera que sua constituição como intelectual e educador tem um legado da religiosidade adquirida e cultivada nos ambientes e atividades das escolas católicas; "Ficou-lhe, da formação jesuítica, como tanto já se tem repetido e ele próprio não contesta, uma atitude de mortificação diante da vida. Só o trabalho o diverte, seus encantamentos resultam dele [...]". Esse autor indica, ainda, que Anísio tinha as qualidades de consciência de missão, ascetismo, simplicidade e generosidade, tão presentes na filosofia jesuítica.

> Nenhuma dissipação o atrai. É um religioso do dever, que não perdeu o temor das tentações. Pode ter perdido a fé em Deus, mas continua acreditando no Diabo. De outra maneira não se explica a linha de absoluta temperança em todos os seus hábitos, de sobriedade em todas as suas atitudes, de simpleza no trato, compondo a figura de um místico, em contradição com o materialista desabusado dos que não sabem vê-lo (PINHO, 1960, 189).

Afrânio Coutinho, também amigo do educador, considerava que Anísio era altamente afeito ao debate, à reflexão e ao exercício da intersubjetividade, não perdendo, contudo, a fé, muito presente em sua vida, que convivia com inteligência e espírito religioso e dilemático.

> Espírito dilemático, seu maior conflito resulta no esmagamento e repressão da raiz religiosa de seu espírito por essa inteligência que não respeita limites e desafia todos os obstáculos. Espírito eminentemente religioso ele o é. Poucos homens mais dotados de fé. Fé nas causas em que se empenha, fé na humanidade, fé no ideal. Fé *tout court*. Uma fé ardente, envolvente, comunicativa, que arrasta, que conquista, que arrebanha, que comanda (COUTINHO, 2002, 106-117).

---

e pelo padre Cabral, Anísio se debatia entre seguir ou não uma carreira religiosa (NUNES, 2010, 14).

Se o segundo e o terceiro ciclos[11] de sua vida foram marcados pela poderosa influência da Companhia de Jesus, foram, também, a manifestação de sua contestação. A educação recebida por Anísio Teixeira nos colégios católicos encimou o conflito com o pensamento metafísico e o olhar objetivo para os problemas da vida humana na terra. Com a influência de Dewey, Anísio encerrou a batalha consigo mesmo e iniciou outra: elaborar uma filosofia da educação no e para o Brasil. "Trouxe de meus cursos universitários não somente esta paz espiritual, mas um programa de luta pela educação no Brasil" (TAVARES, 1952, 199).

O conceito deweyano da educação (CUNHA, 1994), assumido por Anísio, creditava a educação como um processo contínuo de crescimento e desenvolvimento, afastando-se de uma visão curativa moralizadora ancorada em um modelo já pronto a ser alcançado. Essa concepção de educação como vida e descoberta implicou em novos modos de organização cotidiana da experiência escolar e criou a necessidade de sua diversificação e ampliação.

Dessa forma, a perspectiva experimentalista, própria do pragmatismo americano, passa a marcar o pensamento educacional de Anísio Teixeira. A escola não poderia ser uma preparação para a vida, mas sim a própria vida. Ele defendia a formação integral em que a educação inclui em sua meta a construção de um adulto civilizado, pronto para o progresso e para o desenvolvimento da sociedade (MATOS, 2016; TEIXEIRA, 1971).

Além da dimensão pedagógica, idealizada por Teixeira, de uma aprendizagem pautada a partir da experiência, o autor também defende a escola democrática e como um direito de todos, que "[...] a escola precisa dar à criança não somente um mundo de informações maior do que a velha escola — só a absoluta necessidade de ensinar ciência fora bastante para transformá-la — como ainda lhe cabe o dever de aparelhar a criança para ter uma

---

11. Em entrevista concedida a Odorico Tavares, em 1952, Anísio Teixeira fez memória de sua vida e considerou que ela se dividia em ciclos: "Velha crença costuma dividir a vida dos homens em ciclos de 5, 7 ou 9 anos. Os ciclos de minha vida parecem ser de 7. O primeiro, importante e invisível como as raízes, foi a minha infância, numa pequena e antiga cidade sertaneja, Caetité, no seio de uma família dividida entre o patriarcalismo em desaparecimento e o republicanismo ardente dos pioneiros da abolição e da República" (TEIXEIRA apud TAVARES, 1952, 198).

atitude crítica de inteligência, para saber julgar e pesar as coisas [...]" (Teixeira, 1971, 40).

Logo, a educação integral, proposta por Anísio, vai além da tradicional função da escola no exercício de ensinar a ler, a escrever e a contar. Para Tenório e Schelbauer, os estudos e a obra de Anísio estão permeados pela concepção de uma educação que avança para a formação total do sujeito. Daí a primazia no currículo dos conhecimentos e conteúdos clássicos e formais previstos em lei e, sobretudo, a transmissão de valores éticos e morais, do ensino das artes e da cultura, de hábitos de higiene e disciplina e de preparação para um oficio (Tenório; Schelbauer, 2007).

Nesses moldes, a educação escolar elementar seria embasada por eixos do currículo formal, por atividades de recreação e educação física e pelo trabalho, em aulas de marcenaria, corte e costura, padaria, confeitaria etc. O objetivo maior de educar a criança era mais que habilitá-la a viver em sociedade democrática, ou seja, era educá-la para construir uma sociedade democrática que permitisse a existência de um homem integral, da criação artística e do jogo livre de ideias.

Há fragmentos do discurso de Anísio, do seu modo de organizar a educação, que trazem à memória as apropriações que, de forma não neutra, advêm de sua formação junto aos jesuítas, que ele atualizou e inseriu em sua prática, como ele mesmo diz:

> Sua philosophia, sua orientação para a vida, a clareza e o método do seu pensamento, foram forjados aqui. Aqui elles receberam, como nós outros mais antigos recebemos, essa disciplina psychologica que nos permitte desenvolver até o máximo as nossas forças espirituaes. Rectidão de intelligência, rectidão de coração, disciplina de suas energias, foram os nossos presentes do collegio (Teixeira, 1934, 3).

Os colégios jesuítas proporcionavam extensa formação de letras e humanas, geralmente organizada em cursos diferentes: o *Trivium* e *Quadrivium*. O *Trivium* era composto por três disciplinas: gramática, retórica e dialética. Tais áreas do conhecimento eram consideradas para a época como artes liberais (Paiva, 2000). O *Quadrivium*, por sua vez, era composto pelas artes literárias, gramática, retórica e dialética. Vale salientar que os Jesuítas atribuíam grande importância às artes literárias, sendo evidente o ensino de música, canto coral e, principalmente, o teatro (Idem, 2002).

Certamente, das muitas influências que deram luminosidade ao pensamento educacional de Anísio Teixeira, tanto a formação em colégios jesuítas como sua experiência no exterior, realidade que suscitou novos caminhos do pensar em uma mente bastante livre para seguir seu destino, sua paixão, tanto que torna-se dispensável afirmar que Anísio tenha assumido na sua busca incessante uma única determinação, pelo contrário, seu pensamento formou-se no tempo, constituiu-se e posicionou-se diante das lutas em uma postura bastante dialética e respeitosa, sabendo conviver e dialogar com diferentes grupos, tecendo projetos que onde se inscreveu a nobreza da sua intencionalidade educacional, numa perspectiva integral.

A educação integral idealizada por Anísio Teixeira foi colocada em prática nos anos 1950 com a implantação do Centro Educacional Carneiro Ribeiro (CECR) ou Escola Parque[12]. Como secretário de Educação da Bahia, em 1950, Anísio Teixeira constrói, em Salvador, o Centro Educacional Carneiro Ribeiro (CECR) com o objetivo de preparar os indivíduos para atuarem plenamente na vida social e econômica da sociedade. De acordo com Teixeira (1997, 87), o Centro Educacional Carneiro Ribeiro era uma escola constituída de programas e atividades da vida prática que proporcionava a formação de hábitos de vida real.

A construção do Centro Carneiro Ribeiro parecia a uma universidade infantil, com quatro prédios para mil alunos cada, as escolas-classe e um

---

12. O complexo educacional idealizado por Anísio Teixeira contava com quatro escolas-classe com capacidade para mil alunos cada, em dois turnos de quinhentos alunos, e uma escola-parque composta dos seguintes setores: (a) pavilhão de trabalho; (b) setor socializante; (c) pavilhão de educação física, jogos e recreação; (d) biblioteca; (e) setor administrativo e almoxarifado; (f) teatro de arena ao ar livre e (g) setor artístico. A escola-parque complementava de forma alternada o horário das escolas-classe, e assim o aluno passava o dia inteiro no complexo, onde também se alimentava e tomava banho. O centro abrigava crianças dos sete aos 15 anos, divididas por grupos a princípio organizados pela idade cronológica. Previa-se a construção de residências para 5% do total das crianças da escola, que fossem reconhecidamente abandonadas, e que ali viveriam (Éboli, 1983).

prédio com capacidade para quatro mil alunos, denominado escola-parque, "funcionando uma e outra em dois turnos conjugados, de maneira a contar o aluno com o dia completo de educação" (Teixeira, 1971, 145).

A partir da experiência desenvolvida pelo Centro Educacional Carneiro Ribeiro, em 1957, ao assumir a direção do INEP, Anísio Teixeira desenvolveu um projeto-piloto educacional para a nova capital, as escolas parques de Brasília. O projeto inicia um processo de mudanças estruturais na educação primária do Brasil com o objetivo de atender uma sociedade em fase de transformação. As construções escolares da nova capital "obedeceu ao propósito de abrir oportunidade para a Capital Federal oferecer à Nação um conjunto de escolas que pudessem constituir exemplo e demonstração para o sistema educacional do País" (Teixeira, 1961, 195).

O novo ciclo de vida é marcado pela permanência de Anísio Teixeira no âmbito do Ministério da Educação e Cultura entre 1951 e 1964. Por treze anos, esteve à frente de importantes instituições ligadas ao MEC, acumulou cargos e incumbências que o colocaram num papel de destaque face às políticas públicas educacionais do Brasil, a saber: secretário geral da Campanha de Aperfeiçoamento de Pessoal de nível Superior (Capes, 1951); diretor do Instituto Nacional de Estudos Pedagógicos (INEP, 1952) e diretor do Centro Brasileiro de Pesquisas Educacionais (CBPE, 1955). Aquelas instituições foram responsáveis pela gestão de cerca de 80% do orçamento do Ministério da Educação e Cultura à época (Gouvêa, 2011).

Ao resgatar algumas memórias da vida de Anísio Teixeira, torna-se perceptível as marcas do seu pensamento e ações em torno da concepção que trazia consigo de uma educação integral que estivesse voltada à preparação do sujeito para a vida, luta que se esmerou por fortalecer em toda sua trajetória, causando impactos na educação brasileira.

Como afirma Goff (1990), nem tudo fora descartado da velha pedagogia jesuíta. Dela procurou resgatar, sob uma outra matriz filosófica, o saber socialmente relevante do currículo humanista, o realismo construído pela inserção histórica do ato educativo, a articulação entre fins e meios, a valorização das atividades da sala de aula e do professor, a questão da centralidade do sujeito, o que significava trabalhar o profundo envolvimento da pessoa na ação educativa. Na pedagogia inaciana, esse envolvimento é mais que psicológico, é também ético e prático, no sentido de que deve converter-se em opções que construam o compromisso com a realidade.

6.1.2. A educação integral e libertadora no pensamento de Paulo Freire: uma prática libertadora

Dialogar com Paulo Freire, neste ponto do caminho, significa, para nós, estar diante do sentido do que até então aprendemos, constatamos, nos maravilhamos, nos inquietamos, pois Freire é, para a educação brasileira, uma memória viva, a qual precisamos sempre voltar para aprender o sentido profundo do integral, da inteireza, da totalidade, pois suas obras, sua prática e vida demonstram isto: um compromisso profundo com o ser humano, com a criação, com a sociedade, com a vida; por isso ele, de tantas formas, expressou que é necessário ler o mundo antes das palavras. Segundo Arroyo (2001), "educação para Paulo Freire é uma conduta. Um conjunto de valores pedagógicos; um compromisso; uma postura" (Arroyo, 2001b, 56).

Entendemos que Paulo Freire fez seu caminho, caminhando com os demais, ao desbravar a concepção bancária, a concepção problematizadora e libertadora ou humanista; deixa trilhas para que outros possam perfazer o percurso, na liberdade de descobrir e aprender. Por educação bancária, entende-se a educação tradicional que reflete uma sociedade opressora e discriminatória, nessa a pessoa do educando é considerada recipiente vazio, depósito de conteúdos programáticos predefinidos, os educadores, depositantes de conteúdo. Desse ato de depositar, como depositar valores em um banco financeiro, advém o nome de educação bancária.

A visão humana de educação vivida e propagada por Freire é provocatória e contrapõe à educação bancária. A concepção de uma educação humana tem caráter problematizador e libertador na medida que integra e transforma o mundo, a sociedade e a pessoa. Para Paulo Freire, o conhecimento é libertador e não há saber mais, ou saber menos, há saberes diferentes, para ele todas as pessoas são produtoras e consumidoras de conhecimento.

A pedagogia de Paulo Freire caminha pelas trilhas de uma educação libertadora, sua obra *Pedagogia do oprimido* afirma a sua concepção libertadora como possibilidade de uma prática transformadora da e na educação.

Trata-se de um processo educacional que influi na humanização da pessoa, valorizando a sua formação integral que transcende o aspecto cognitivo, tangencia o campo da cultura enquanto produção humana e promove a apropriação de valores, o desenvolvimento dos campos social, estético, ético, lúdico, epistemológico e pedagógico.

O que Paulo Freire expressa por meio de suas obras revela uma concepção da história e do ser humano como potencialidades, não como determinações. É um pensamento que se atrela à condição do homem enquanto ser humano a caminho, que busca ser aquilo que pode ser, e que diante da opressão que o acrisola busca sua emancipação, seu desenvolvimento, seu devir como sujeito social, no movimento contínuo de ser e se relacionar com o seu ser, educador e educando.

> É fundamental que eu saiba não haver existência humana sem risco, de maior ou menos perigo. Enquanto objetividade o risco implica a subjetividade de quem o corre. Neste sentido é que, primeiro, devo saber que a condição de existentes nos submete a riscos; segundo, devo lucidamente ir conhecendo e reconhecendo o risco que corro ou que posso vir a correr para poder conseguir um eficaz desempenho na minha relação com ele (FREIRE, 2000, 30-31)[13].

Olhar para o ser humano como um ser de relação com os outros e com o mundo é a marca da pedagogia de Paulo Freire (FREIRE, 2002a, 47). No seu entendimento, a educação libertadora concretiza a concepção de uma educação integral, porque integra as diferentes educações da família, da escola, da Igreja e da sociedade como um todo convergem para efetiva educação integral.

> [...] há um modo espontâneo, quase como se as cidades gesticulassem ou andassem ou se movessem ou dissessem de si, falando quase como se as cidades proclamassem feitos e fatos vividos nelas por mulheres e homens que por elas passaram, mas ficaram, um modo

---

13. FREIRE, P., *Pedagogia da indignação. Cartas pedagógicas e outros escritos*, São Paulo, Unesp, 2000.

espontâneo, dizia eu, de as cidades educarem [...] enquanto educadora, a cidade é também educanda. Muito de sua tarefa educativa implica a nossa posição política e, obviamente, a maneira como exerçamos o poder na Cidade e o sonho ou a utopia de que embebamos a política, a serviço de que e de quem a fazemos (1993, 23)[14].

Para Freire, as escolas devem ser verdadeiros centros comunitários, que eduquem alunos e familiares "no sentido da responsabilidade social e política". Deve também estimular a comunidade escolar "na análise crítica da problemática local, regional e nacional" (FREIRE, 2001)[15].

Segundo Scocuglia (1997), a pedagogia freireana carrega a dialética da totalidade e das contradições em uma ruptura complexa que une caminhos antropológicos, sociológicos, filosóficos, teológicos, políticos e epistemológicos com os caminhos educativos e pedagógicos. Dito isso, ressaltamos que Paulo Freire acredita na possibilidade de ser a educação libertadora um instrumento capaz de abrir caminhos e ajudar a constituir redes de mudança social.

Paulo Freire é até mesmo acusado de ser subversivo, pois sua intenção libertadora promovia a educação para decisão, o que ficou comprovado pelos líderes do golpe, pois de fato o autor era perigoso para soberania política do governo, uma vez que boa parte de seus alfabetizandos uniram-se ao movimento sindicalista e suas manifestações latentes, pois já tinham consciência de que para defender seus interesses deveriam se agrupar (SILVA, 2018).

Em seu livro *Educação como prática de liberdade*, originalmente escrito em 1965, no primeiro capítulo, *A sociedade brasileira em transição*, Paulo Freire preconiza que a interação do homem com o mundo está relacionada a alguns termos que tentam dar significação a sua existência, sendo eles a pluralidade, a transcendência, a criticidade e a temporalidade. Além disso, é importante partimos do princípio de que o homem compreende o mundo através de uma realidade objetiva, que independe da existência

---

14. FREIRE, P., *Política e educação*, São Paulo, Cortez, 1993.
15. FREIRE, P., *Educação e atualidade brasileira*, São Paulo, Cortez, 2001.

dele. Ele é um ser de relações e não apenas de contatos, pois sua existência não está apenas no mundo, mas com o mundo, o que o faz criador de sua própria história.

A educação libertadora influi em um momento histórico importante no Brasil, durante as décadas de 1960 e 1970. Mesmo esse período não sendo muito privilegiado pela historiografia, pesquisadores e estudiosos procuraram elucidar a importância da educação libertadora em um tempo de grandes conflitos, resistência e enfrentamentos.

Paulo Freire propõe uma educação diferenciada capaz de relacionar a reprodução cultural e social, escolar, ao nível da divisão social e sexual do trabalho, com a reprodução ideológica. O currículo hegemônico imposto, a partir das classes dominantes pela autoridade pedagógica, acaba sendo um fator decisivo nas dificuldades de aprendizagem com que se debatem os educandos oriundos dos grupos socialmente dominados, assim como será esse um dos elementos que os conduzirão à exclusão escolar, constituindo um elemento base para a sua alienação e doutrinação ideológica.

Paulo Freire oferece uma nova proposta de conteúdo para a educação que implica a compreensão dos limites entre o mundo da natureza e o da cultura. Trata-se de uma cultura que é da consciência, em vista de uma conscientização possível e necessária.

> O papel ativo do homem em sua e com sua realidade. O sentido de mediação que tem a natureza para as relações e comunicação dos homens. A cultura como o acrescentamento que o homem faz ao mundo que não fez. A cultura como o resultado de seu trabalho. Do seu esforço criador e recriador. O sentido transcendental de suas relações. A dimensão humanista da cultura. A cultura como aquisição sistemática da experiência humana. Como uma incorporação, por isso crítica e criadora, e não como uma justaposição de informes ou prescrições "doadas". A democratização da cultura — dimensão da democratização fundamental. O aprendizado da escrita e da leitura como uma chave com que o analfabeto iniciaria a sua introdução no mundo da comunicação escrita. O homem, afinal, no mundo e com o mundo. O seu papel de sujeito e não de mero e permanente objeto. A partir daí o analfabeto começaria a operação de mudança de suas

atitudes anteriores. Descobrir-se-ia, criticamente, como fazedor e não mero e permanente objeto (FREIRE, 2002a, 108-109)[16].

Em concomitância, Paulo Freire disserta que a educação como criação histórica se efetiva a partir de substanciais mudanças políticas e éticas na sociedade. Uma educação que aspira a autonomia e a capacidade de implementar caminhos de emancipação, uma educação capaz de formar cidadãos sujeitos, capazes de serem humanamente reconhecidos pela possibilidade de serem mais, sem lhes ter negado o direito à totalidade da ação e o dever de reinventar o mundo. Refere-se, enfim, a uma educação que:

> O homem existe — *existere* — no tempo. Está dentro. Está fora. Herda. Incorpora. Modifica. Porque não está preso a um tempo reduzido a um hoje permanente que o esmaga, emerge dele. Banha-se nele. Temporaliza-se.
> Na medida, porém, em que faz esta emersão do tempo, libertando-se de sua unidimensionalidade, discernindo-a, suas relações com o mundo se impregnam de um sentido consequente. Na verdade, já é quase um lugar comum afirmar-se que a posição normal do homem no mundo, visto que não está apenas nele mas com ele, não se esgota em mera passividade (FREIRE, 1987, 41).

O que Paulo Freire propõe é um caminho de protagonismo, encontrado, sobretudo, na sua experiência de emancipação presente de forma concreta na experiência cristã da Teologia da Libertação.

> Não foi isso que propus nos meus livros. Encontrei essa espécie de idealização entre cristãos, por causa de sua velha compreensão idealista do mundo. Contudo não quero dizer que todos os cristãos são idealistas. A teologia da libertação, por exemplo, não é idealista. Para mim, desde o início, a conscientização era concebida como um processo que se transformava em ação [...] O que eu tentei fazer com a conscientização foi insistir na relação contraditória

---

16. FREIRE, P., *Ação cultural para a liberdade e outros escritos*, 10. ed., São Paulo, Paz e Terra, 2002b.

entre subjetividade e objetividade da história (FREIRE apud GADOTTI, 2003, 441)[17].

Nesse processo, o homem contemporâneo toma consciência das desigualdades sociais, culturais, políticas e econômicas que caracterizam grande parte do mundo, compreende-se, então, a urgência de um processo de transformação para superar as distâncias e equilibrar as desigualdades. O termo "desenvolvimento" passa a expressar as aspirações coletivas que sinalizavam por novas realidades que viessem libertar os povos de seu atraso, de sua pobreza e dependência.

A categoria libertação torna-se, então, significativa na economia, na política, na medicina, na religião, na pedagogia, manifestando, assim, a urgência de nova consciência histórica, como caminho para compreender e situar-se face à totalidade da história.

A proposta educacional de Paulo Freire vislumbra uma pedagogia política, de ação sobre a realidade social, de conscientização. Gadotti (1996) ressalta que, para Paulo Freire, a educação por si mesma não conduz uma sociedade a se libertar da opressão.

> Evitando querelas políticas ele [Paulo Freire] tenta aprofundar e compreender o pedagógico da ação política e o político da ação pedagógica, reconhecendo que a educação é essencialmente um ato de conhecimento e de conscientização e que, por si só, não leva uma sociedade a se libertar da opressão (GADOTTI, 1996, 5).

Gadotti (2003, 6) enfatiza a sua visão do caráter político da pedagogia freireana ao dizer que "depois de Paulo Freire ninguém mais pode ignorar que a educação é sempre um ato político. [...] Ela sempre foi política. Ela sempre esteve a serviço das classes dominantes. Este é um princípio de que parte Paulo Freire [...]". A educação seria sempre um ato, mas não qualquer ato: seria sempre um ato político. Ela sempre seria e sempre teria sido política. Ela sempre teria estado a serviço das classes dominantes. Esse seria um

---

17. GADOTTI, M. (Org.). *Paulo Freire: uma biobibliografia*. São Paulo, Cortez/Instituto Paulo Freire; Brasília, UNESCO, 1996.

princípio, um ponto de partida a partir do qual Paulo Freire desenvolveria suas ideias pedagógicas.

Mesmo que as perspectivas de mudança contidas nas propostas de Paulo Freire dessa época se restringissem quase que unicamente à criação de uma democracia representativa, dentro do horizonte do desenvolvimento capitalista liberal, já estão presentes os germes que farão de sua pedagogia e de seu método, uma arma de transformação de estruturas de maior alcance (Rossa, 1988, 9).

A obra de Freire apresenta uma evolução que reflete o desenvolvimento de seus referenciais teóricos. Segundo Gadotti (1996), há três filosofias que marcaram a teoria freireana: o existencialismo, a fenomenologia e o marxismo. Freire nos fala em oprimido-opressor, nas obras dos anos de 1950-1960, em opressão de classe nos anos de 1960-1970 e opressão de gênero e raça nos anos de 1980-1990. Contudo, torna-se impossível citar o pensamento de Paulo Freire sem associá-lo à educação libertadora, vertente que ganha força no Brasil em função das elaborações políticos-filosóficas e pedagógicas desenvolvidas por ele, que o tornou conhecido em nível nacional e até internacionalmente.

Na América Latina, as correntes pedagógicas liberais, a partir, principalmente, dos anos de 1960, colocaram a ênfase da concepção da educação não formal na crítica e nas relações do homem com seu meio. A segunda transformou o educando no sentido libertário e autogestionário, como configuração de oposição ao Estado. A terceira, por sua vez, deu-se no fim dos anos de 1970, quando o educando foi visto como parte integrante do todo social, preparando-o para a participação ativa na sociedade (Libanio, 2005, 149).

Com efeito, a compreensão da proposta político-filosófica e pedagógica de libertação da consciência humana, construída por Paulo Freire, perpassa primeiramente sua concepção de ser humano e sua relação e visão de mundo/sociedade. Freire destaca que é fundamental entendermos o ser humano como um ser de relações e "[...] não só de contatos, não só está no mundo, mas com o mundo. [...]" (Freire, 1989, 39). Diferentemente dos animais, seres de contatos, "[...] somente o homem, como um ser que trabalha, que tem um pensamento-linguagem, que atua e é capaz de refletir sobre si mesmo e sobre a sua própria atividade, que dele se separa, somente ele, ao alcançar tais níveis, se fez um ser da práxis [...]" (Freire, 1980, 39). Assim, somente o ser humano é um ser de relações num mundo de relações. Sua presença no mundo implica uma presença que é um estar com e, dessa forma, compreende uma permanente relação com o mundo (Freire, 1980, 39). Nesse sentido, a educação merece destaque ao possibilitar a formação de uma consciência esclarecida para o processo do defrontar-se criticamente (Fochezatto; Conceição, 2012).

Assim, a educação libertadora toma como ponto de partida o pensar do povo. O conteúdo programático é feito a partir da situação concreta, presente, existencial. A situação posta, invariavelmente desfavorável, deverá ser problematizada e apresentada como um desafio com temas para serem superados através da reflexão e ação (práxis). Os temas geradores são o próprio pensar do povo que não se dá num vazio, mas nas pessoas, na relação entre elas e delas com o mundo. A investigação das temáticas significativas é feita em diálogo e serão objeto de reflexão coletiva em um processo de investigação cada vez mais profunda, em um ir e vir, buscando aproximação com a totalidade — econômica, política, social (Freire, 1999, 101-103).

Por sua vez, a obra de Paulo Freire, *Pedagogia do oprimido*, escrita em 1968, viria a revolucionar o modo de pensar a educação que certamente influenciou nas considerações educacionais efetuadas no documento sobre a educação elaborado em Medellín. É nesse sentido, por exemplo, que ressalta a importância de uma conscientização do ser para que ele, enquanto oprimido, torne-se capaz de perceber sua condição e libertar-se. Segundo Paulo Freire:

> Quem, melhor que os oprimidos, se encontrará preparado para entender o significado terrível de uma sociedade opressora? Quem sentirá, melhor que eles, os efeitos da opressão? Quem, mais que eles, para ir compreendendo a necessidade da libertação? Libertação a que não chegarão pelo acaso, mas pela práxis de sua busca; pelo conhecimento e reconhecimento da necessidade de lutar por ela (Freire, 2016, 43).

Sua análise vincula as condições concretas de sobrevivência na sociedade capitalista com a esfera ideológica dos processos educativos. Tal prerrogativa decorre da sua como educador e filósofo da educação que convivendo com a realidade dos trabalhadores constata a ineficiência do modelo educacional vigente e os perigos por ele gerados à consciência da população quando utilizado a serviço dos setores sociais dominantes.

Freire assim se reporta a esse problema: "esta falsa concepção de educação, que se baseia no depósito de informes nos educandos, constitui, no fundo, um obstáculo à transformação. Por isto mesmo, é uma concepção anti-histórica de educação [...]" (FREIRE, 1999, 80).

Sendo assim, mesmo em tempo de exílio, Freire buscou conceber um processo educativo em condições de promover a libertação da consciência e emancipação do sujeito humano, diferentemente daquele que ao domesticar cria uma falsa realidade, uma falsa crença aos olhos dos que se tornam objetos.

Paulo Freire, com coragem, ousadia e esperança, se permite falar de palavras como liberdade, democracia e justiça, pois acredita fielmente em seus significados e sua importância para a libertação do indivíduo, pois quando ele conhece e aceita as consequências dessas elas deixam de ser meros veículos alienantes e se tornam palavras geradoras, sendo esse o instrumento de transformação tanto para os indivíduos como para as sociedades.

Em *Teoria e prática da libertação — uma introdução ao pensamento*, Paulo Freire (1979)[18] diz que o verdadeiro humanista se reconhece mais pela confiança nos homens que o conduzem a comprometer-se em uma luta que nas milhares de ações que pode empreender por eles sem essa confiança.

> Converter-se aos homens exige uma profunda ressurreição. Os que a buscam devem adotar uma nova forma de existência; não podem permanecer como eram. Só na camaradagem com os oprimidos podem os convertidos compreender sua maneira característica de viver e conduzir-se, que, em determinadas ocasiões, reflete a estrutura de dominação (FREIRE, 1979, 31).

---

18. FREIRE, P., *Conscientização, teoria e prática da libertação: uma introdução ao pensamento de Paulo Freire*, São Paulo, Cortez & Moraes, 1979.

O sentido da educação libertadora, em Freire, decorre também consciência da incompletude do homem enquanto obra sempre inacabada. Em vista disso, modificar-se é uma necessidade da natureza dos seres humanos, na busca de complementarem-se como pessoas, concretizando sua vocação de ser mais em um caminho de ressignificação constante. No entanto, essa condição humana não exclui outra possibilidade, que consiste em ser menos: "a humanização enquanto vocação tem, na desumanização, sua distorção" (Freire, 1994, 184). Devido a essa contingência, a educação libertadora e integral condiz com a afirmação "ninguém educa ninguém, como tão pouco ninguém se educa a si mesmo: os homens se educam em comunhão, mediatizados pelo mundo" (Freire, 1999, 79).

> Em Paulo Freire, a abordagem da educação não é unilateral. Não há uma relação linear de poder, mas um processo dialético em que educador e educando estão imersos numa aventura de descoberta compartilhada. Por isso é [a educação] uma concepção revolucionária, comprometida com a libertação humana (Gayatto, 1989, 12).

Mais uma vez, a dialética define o desenrolar do projeto e o pensamento educativo freireano se faz mediante uma educação integral em uma dialética contínua em que a história que justifica também é justificada, a educação que forma também é formada e o ser humano que é oprimido, uma vez oprimido, torna-se apto à libertação. A educação, em sua práxis, configura-se como educação dialética e histórica. O grande diferencial em Freire, fato que ele já afirmava em *Educação e prática da liberdade* (1999), é que ele não se contenta com o teor histórico como elemento determinante de si mesmo, mas o afirma a partir da ligação com uma realidade criadora e que está na raiz de toda significação. Tal ênfase apresenta uma significatividade que remete a uma reflexão mais profunda, a crer que as trilhas de uma educação integral trazem implicações que direcionam o olhar para o sentido. Faz-se um caminho processual dinâmico que direciona o ser humano aos passos de educar e ser educado, que prime a educação como um passar fazendo caminhos, numa religação entre o ser humano e o seu semelhante, por trilhas que levem a uma consciência sempre mais clarificada que a educação integral não consiste somente em ser parte de um patrimônio teórico pedagógico, prático, político, jurídico ou cristão, mas tem a ver com a existência, com os andares da nossa história e do nosso tempo. Assim, a crença da existência de uma educação integral se dá a partir do educar juntos, mesmo se por trilhas distintas, porém, com o ideal que mantém o olhar no horizonte, do ser humano que caminha, que luta, que aprende, que transforma, que cresce na forma de compreender a realidade em uma pertença comum.

6.2. Educar juntos: trilhas que conduzem ao mesmo caminho

A partir de uma visão orgânica da educação integral, tecida a partir de vários olhares e contextos, denota-se uma fusão em torno ao seu entendimento. Diante das trilhas que conduzem ao mesmo caminho, reconhecemos a história como fonte inesgotável de retorno para compreender e interpretar os sinais do tempo presente.

Papa Francisco convocou o *Pacto Educativo Global*[19]: *juntos para olhar além* e afirma que a educação é um dos caminhos mais eficazes para humanizar o mundo e a história. Ele não propõe uma ação educativa, tampouco convida a elaborar um programa, mas concentra-se num pacto ou em uma aliança educativa. O termo aliança, segundo a tradição hebraico-cristã, evoca o vínculo de amor estabelecido entre Deus e o seu povo. Amor que em Jesus derrubou o muro entre os povos, restabelecendo a paz (cf. Ef 2,14-15). A partir dessa base, o papa convida a procurar companheiros de viagem no caminho da educação. Mais do que propor programas a seguir, convida a estreitar entre todos uma aliança que valorize a unicidade de cada um graças

---

19. Com a mensagem para o lançamento do Pacto Educativo, de 12 de setembro de 2019, o papa Francisco convocou, em Roma, os representantes da Terra para assinarem um compromisso comum, com o objetivo de reconstruir o pacto educativo global. Uma tal iniciativa não é uma ideia nova e repentina, mas a concretização de uma visão e de um pensamento que o papa manifestou várias vezes em seus discursos. Além disso, essa proposta coloca-se na linha do seu magistério, claramente formulado na exortação apostólica *Evangelii Gaudium* e na carta encíclica *Laudato Si'*, que fazem referência às orientações do Concílio e do pós-Concílio. Disponível em: <https://www.educationglobalcompact.org/resources/Risorse/instrumentum-laboris-pt.pdf>.

a um compromisso contínuo na formação. Respeitar a diversidade, poderíamos dizer, é, então, o primeiro pressuposto do pacto educativo. Por antever a universalidade da aliança educativa, o apelo do papa Francisco não se restringe aos cristãos, mas amplia a todos a iniciativa de adesão na medida em que acredita na universalidade da educação enquanto compromisso de todo. "Juntos" é a palavra que tudo salva e tudo realiza (FRANCISCO, 2019b).

Aproximar-se das questões que desafiam o tempo presente marcam também a atualidade e a ressonância do objeto desta obra, no sentido de que a educação integral está imersa na dialética de caminho, em consonância com o tempo e a história. Diante do caráter existencial que imbrica o ser humano e educação integral, em uma simbiose que proporciona o desenvolvimento da pessoa, esses caminhos não condizem como categorias prontas a serem seguidas, mas se situa no horizonte de busca, de diálogo que sinalizam trilhas para sua efetivação.

Entre os pontos fortes de reconstrução para uma educação integral, o papa Francisco acentua a tríplice coragem: a coragem de colocar a pessoa no centro; a coragem de investir as melhores energias com criatividade e responsabilidade e a coragem de formar pessoas disponíveis para o serviço da comunidade (FRANCISCO, 2019c).

Logo, pensamos ser importante essa visão conjunta da Igreja Católica, Anísio Teixeira e Paulo Freire, diante da educação integral, que retrata a unidade na diferença e descortina um novo pensar que se projeta também na escola, enquanto lugar privilegiado em que a tríplice coragem apresentada por papa Francisco torna-se fundamental.

A Igreja Católica compartilha da visão que situa a educação na esfera do serviço, no qual a escola torna-se um dos lugares privilegiados para a sua concretização.

> A Igreja, servidora da humanidade, tem-se preocupado, ao longo de sua história, com a educação, não só catequética, mas integral do homem. [...] reafirma esta atitude de serviço e continuará preocupando-se, por meio de seus Institutos Educacionais, aos quais reconhece plena validez, em prosseguir nesta tarefa adaptada às mudanças históricas (MED, 1984, III, n. 2, 54).

A escola católica se caracteriza principalmente como comunidade educadora, configura-se como escola para a pessoa e das pessoas, tendo por finalidade formar a pessoa na unidade integral do seu ser, intervindo com os instrumentos do ensino e da aprendizagem em que se formam "os critérios de juízo, os valores determinantes, os pontos de interesse, as linhas de pensamento, as fontes inspiradoras e os modelos de vida" (Congregação Para a Educação Católica, 2007).

Segundo a *Gravissimum Educationis*:

> Entre todos os meios de educação, tem especial importância a escola, que, em virtude da sua missão, enquanto cultiva atentamente as faculdades intelectuais, desenvolve a capacidade de julgar retamente, introduz no património cultural adquirido pelas gerações passadas, promove o sentido dos valores, prepara a vida profissional, e criando entre alunos de índole e condição diferentes um convívio amigável, favorece a disposição à compreensão mútua; além disso, constitui como que um centro em cuja operosidade e progresso devem tomar parte, juntamente, as famílias, os professores, os vários agrupamentos que promovem a vida cultural, cívica e religiosa, a sociedade civil e toda a comunidade humana (GE, 1965, n. 5).

Como afirma o *Instrumentum laboris* (2014):

> A proposta da educação integral, numa sociedade que muda tão rapidamente, exige uma reflexão contínua, capaz de renová-la e de torná-la cada vez mais rica de qualidades. Trata-se sempre de uma postura clara: a educação, que a escola católica promove, não tem por objetivo a meritocracia de uma elite. Ainda que seja importante a busca da qualidade e da excelência, nunca se deve esquecer que os alunos têm necessidades específicas, que muitas vezes vivem situações difíceis e merecem uma atenção pedagógica que esteja atenta às suas exigências. A escola católica deve inserir-se no debate das instâncias mundiais sobre a educação inclusiva e oferecer, neste âmbito, a sua experiência e a sua visão educativa (Congregação Educação Católica, 2014, n. III, 1).

Essas considerações integram sinais tangíveis de que a escola é, sem dúvida, uma encruzilhada sensível no seu potencial gerador de educação integral. Nesse sentido, tornam-se visíveis os caminhos que se cruzam, tornando-se possível dialogar com o pensamento congruente de Anísio Teixeira e Paulo Freire.

Anísio Teixeira, de vários modos, afirmou que a escola representa parte de um todo, dentro de um processo educativo que integra a vida do homem e as suas experiências passadas que afetam o presente e que reagem ao futuro, o que chamou de contínuo e progressivo, sendo essa relação um meio promissor de transformação da própria vida (Teixeira, 1934). "A escola deve ser uma parte integrada da própria vida, ligando as suas experiências às experiências da própria vida, de fora da escola" (Teixeira, 1934, 72). "Toda a humanidade é um grande laboratório, onde se ensaiam, com menor consciência, métodos e experiências de reconstrução material, social e mora" (Teixeira, 1934, 131).

Anísio Teixeira compreende que, nas bases da concepção de educação integral, habita o indispensável protagonismo dos alunos como sujeitos ativos no processo de aprendizagem. Para isso, os professores e a escola deveriam exercer os preceitos da democracia e da liberdade. O respeito às manifestações do aluno e à sua capacidade de resolver problemas e de criar suas soluções deveriam ser respeitados. A escola tem a função de acompanhar, corrigir e harmonizar a educação integral do indivíduo. Teixeira (1959, 83) propõe que "[...] a escola eduque, forme hábitos, forme atitudes, cultive aspirações, prepare realmente a criança para a sua civilização — está tão difícil por ser uma civilização técnica e industrial e ainda mais difícil e complexa por estar em mutação permanente".

A educação integral, em ambas concepções, tem a escola como núcleo educativo, agindo de forma integrada à sociedade no desenvolvimento dos aspectos físicos, espirituais, morais e intelectuais do educando, além da articulação do espaço escolar ao ambiente social.

Nessa perspectiva, Freire (1987) adverte que o conteúdo mediador de novas interpretações da realidade não vem do livro didático, ao contrário, vem das vivências, das falas da comunidade, das falas dos alunos, das representações que eles têm das experiências construídas nas relações rotineiras. Assim, é fundamental que a escola estabeleça parcerias e envolva novos atores para efetivação de uma educação voltada para formação integral do sujeito.

Para Freire (1987), a educação está a serviço da humanização do homem e refere-se à realização desse enquanto criador de cultura e determinador de suas condições de existência, passa necessariamente pela clarificação da consciência, coisa que somente pode ocorrer no âmbito do crescente comprometimento do homem com sua realidade em que se situa exatamente as funções do processo educativo.

No documento, a educação católica, no limiar do novo milênio, a Congregação para a Educação Católica ressalta a "escola católica como lugar de educação integral da pessoa humana através de um projeto educativo claro que tem o seu fundamento em Cristo" (CONGREGAÇÃO PARA A EDUCAÇÃO CATÓLICA, 1997, n. 1).

Uma educação integral é por natureza flexível e dúctil, capaz de superar as barreiras de qualquer formalismo e tecnicidade. A pessoa, educada segundo os princípios da antropologia revelada, é um sujeito que ama o mundo, a história, que cria cultura, que se responsabiliza pela vida público.

Dessa forma, a escola católica está ciente do seu compromisso com a promoção do homem integral, pois, em Cristo, Homem perfeito, todos os valores humanos encontram sua plena realização e, portanto, sua unidade. Aqui reside seu caráter especificamente católico e seu dever de fazê-lo está enraizado cultivar os valores humanos no respeito de sua legítima autonomia, na fidelidade à missão particular de estar ao serviço de todos os homens. Jesus Cristo, de fato, eleva e enobrece o homem, valoriza sua existência, constitui o paradigma e o exemplo de vida proposto pela escola católica. Se, portanto, como qualquer outra escola, visa à comunicação crítica e sistemática da cultura no que diz respeito à formação integral da pessoa, esse objetivo também é perseguido na ótica cristã, por meio da qual a cultura humana adquire seu lugar privilegiado na vocação integral do homem.

A escola católica tem uma identidade precisa e indispensável, não é uma escola dirigida por católicos, mas uma comunidade educativa de pessoas que se encontram em um projeto educativo de orientação antropológica e de base religiosa. É precisamente uma escola católica, isto é, uma escola que se define em seus objetivos e significado mais pelo adjetivo do que pelo substantivo. A identidade da escola católica, longe de impedir o diálogo com outras culturas, constitui o seu fundamento inequívoco, segundo o princípio tradicional da Patrística e da Escolástica: *charitas in veritate*. A escola católica é lugar de encontro e trabalho, a partir de um projeto específico que caminha e se desenvolve junto com a sociedade.

Conclui-se, portanto, que a educação integral, nos seus desdobramentos e efetivações, é uma estrada a ser percorrida em companhia, nas trilhas do diálogo, da contradição, das ideias e pensamentos que se diferem e ao mesmo tempo iluminam um ao outro. Essa conjuntura do estar a caminho permite o sentimento de completude do ser humano como sujeito em constante formação, que se ressignifica a partir das experiências educacionais escolares e não escolares, vivenciadas em uma dinâmica dialógica cujas experiências refletidas promovem mais que uma adaptação do homem ao meio, atribuindo a ele a capacidade de modificar a sua realidade.

Considerações finais

Iniciamos este livro desperta pela condição de que o caminho se faz ao caminhar, ao passo que é viva em nós a gratidão pela companhia daqueles que conosco traçaram essas linhas, pessoas concretas de ontem e de hoje. Nas circunstâncias do caminho, é veemente a beleza, os desafios, as descobertas, os limites do tecer o pensamento que evoca a sensibilidade de nos sentirmos parte e pertença de algo maior. Nesse percurso, reconhecemos que educar significa recordar e buscar, conservar e transmitir a sabedoria da vida que se revela na verdade, na bondade e no respeito a herança educacional que somos chamados a perscrutar e renovar: educar, portanto, é buscar as próprias raízes. Esse foi o modo como nos debruçamos na feitura desta tese.

Nesse sentido, acreditamos perfazer a experiência dos discípulos de Emaús, narrada pelo evangelista São Lucas, quando dizem: "não ardia o nosso coração quando ele nos falava pelo caminho [...]" (Lc 24,32). No exercício de fazer memória dos passos da Igreja em relação à educação integral católica, nos maravilhamos na medida em que pudemos compreender com mais clareza a relação viva e indispensável, concreta e inerente entre a Igreja e a educação.

A pesquisa nos conduziu a buscar resposta sobre quais caminhos da educaçao integral católica foram percorridos pela Igreja após o Concílio Vaticano II nas trilhas educacionais do Brasil. Constatamos que a Igreja, na sua índole essencial, desde a tradição, sempre entendeu a educação enquanto integral, fazendo-se mestra e discípula, pois sua transmissão realizada ao longo dos séculos deu-se por meio de uma pluralidade de linguagens, práticas, instituições, contextos sociais e culturais, em que o ato educativo se constituía mais como transmissão da fé enquanto núcleo fundamental, capaz de influenciar sobe os vários aspectos da vida social e cultural humana.

No processo de inculturação da mensagem cristã, ocorrido através da educação, a Palavra de Deus não oferece uma pedagogia restrita para esse fim, mas apresenta característica fundamentais pelas quais a tradição pode identificar os critérios e métodos para conduzir e acompanhar as práticas formativas de caráter educativo e catequético que se revelavam como práticas de uma educação integral, pois, por muitos séculos, educação e pedagogia significaram essencialmente educação e pedagogia cristãs.

A Igreja, em sua longa história, tratando da educação integral, não a fez inicialmente por meio de intervenções doutrinárias pelo magistério, mas sim pela promoção de experiências educativas concretas e de instituições escolásticas e acadêmicas com elaborações pedagógicas inspiradas na Palavra de Deus. Somente na contemporaneidade, em virtude do fato que a educação tenha assumido uma relevância mundial tornando-se prerrogativa das políticas dos Estados, a Igreja trouxe o tema da educação também a nível de magistério eclesial.

Dessa compreensão advém que o evento conciliar do Vaticano II marca um ponto de viragem determinante do magistério sobre os novos caminhos a serem trilhados em vista da educação.

A Igreja, do momento em que entende rever sua relação com o mundo e a modernidade, compreende também a importância de reportar o tema da educação para as suas discussões no seu sentido específico e no mais amplo. Gera-se uma nova consciência que articula novos caminhos. Torna-se latente a preocupação da Igreja com uma educação integral do ser humano. Para isso, ela busca articular seus discursos sobre a educação com os discursos das políticas públicas e busca acompanhar os sinais dos tempos por caminhos que inicialmente são concebidos na Declaração *Gravissimum Educationis* (1965) e desenvolvidos por uma comissão pós-conciliar e pelas conferências episcopais por onde caminharão as trilhas educacionais brasileiras.

A conduta do Concílio representa, portanto, uma abertura de novos caminhos também no campo da educação. Esse acontecimento extraordinário da Igreja manifestou um potencial educativo intrínseco não só nos documentos expressamente dedicados à questão educativa, mas no corpo geral do Concílio em todo o seu magistério e no espírito que o animava.

Torna-se evidente que o horizonte do Concílio Vaticano II desencadeia um processo de evolução da Igreja em relação à educação, de uma Igreja centrada a uma Igreja descentrada e, ao mesmo tempo concentrada, que incide e determina também todas as realidades que dentro dela convivem. Os trabalhos realizados nas comissões para a compilação da Declaração *Gravissimum Educationis* revela a dialética que compõe esse caminho, pois os padres e peritos reunidos traziam consigo posicionamentos e mentalidades, nutriam certamente o desejo de atualização conforme o intuito do Concílio, mas também eram marcados por uma impressão um tanto conservadora e de posições defensivas. Ressalta-se que o novo encontra resistências, a tentação de permanecer nos velhos esquemas, de seguir pela estrada costumeira desencadeou debates, ante a necessidade de renovação e ao mesmo tempo a manutenção de antigas propostas.

Consideramos importante notar que a relevância educativa do Concílio Vaticano II não despreza os caminhos do passado em uma ruptura entre o antes e depois, mas encontra, na experiência vivida, uma plataforma de suma vitalidade e apoio para o seu sucessivo desenvolvimento. Assim, o Concílio Vaticano II compreende que a educação assume grande influência no progresso pessoal e social do ser humano e da sociedade, abre-se para uma educação integral católica que reconhece sua incompletude, enquanto não se propõe a compartilhar seu caminho e a tecer pactos conjuntos com o mundo, com a sociedade, com as demais instituições. Dessa forma, a educação torna-se resultado de um ato comunitário, formada por sujeitos ativos em que o seu desenvolvimento integral é fruto da articulação de vários âmbitos que compõe o tecido da convivência universal, na consciência que a educação é direito inalienável de todos.

A esse ponto, a ideia de educação, que transparece do Concílio e da Declaração sobre a educação cristã, consolida-se na medida em que a imagem da Igreja não é mais triunfalista e autorreferencial, mas comunidade presente na mais ampla comunidade humana e em diálogo com o mundo. Uma Igreja que possui uma palavra e uma experiência educacional, que traz luminosidade para uma renovada reflexão. Essa percepção de uma Igreja que se coloca em diálogo e escuta dá origem a algumas indicações peculiares para os caminhos que dela emanam.

Nesse sentido, acreditamos que a *Gravissimum Educationis* dilata possíveis caminhos para o futuro, sendo geradora de continuidade e não de ruptura, do qual a projetualidade da educação se faz em um viés mais pleno de significado, na busca de ler e interpretar os sinais dos tempos e na construção de alianças que fortaleçam a identidade da Igreja enquanto colaboradora de uma educação integral católica no mundo.

Destacamos a preciosidade das fontes que nos permitiram sondar com rigor os debates que constituíram a feitura da Declaração *Gravissimum Educationis*. Documentos e atas, em latim e italiano, que tivemos acesso por meio das pesquisas realizadas por Giuseppe Fusi que gentilmente nos cedeu o material. Essas fontes nos permitiram adentrar a gênese do pensamento educacional que estava sendo gestado nos debates, nas discussões, nas votações da Declaração *Gravissimum Educationis*. Consideramos importante toda a riqueza de documentos emanados pela Congregação para a Educação Católica, bem como toda a produção de pesquisas que nos precederam, tornando possível dar um caráter consistente a esta tese. Retratamos que a segunda parte do trabalho encontrou obstáculos em relação as fontes, devido a realidade da pandemia da covid-19, que tornou impossível o deslocamento e acesso às bibliotecas, tornando mais restrito o campo da pesquisa.

Das estradas abertas pelo Concílio Vaticano II, adentramos a realidade latino-americana, especificamente no que se refere à Conferência de Medellín (1968). Ressaltamos que Medellín, no documento sobre a educação, mais do que uma recepção das proposições da *Gravissimum Educationis*, representa, para a América Latina, uma verdadeira ruptura e uma contribuição nova e criativa ao Magistério da Igreja em vista de sua práxis educacional. Ao adotar o conceito de educação libertadora, a Igreja tende a conscientizar os povos latino-americanos de sua histórica situação de exploração, injustiça e opressão e, a partir dela, trilhar caminhos de libertação. Medellín possibilita a voz, o grito da América Latina que anseia por um movimento fundamental de superação das estruturas de desumanização e a ausência de compromisso solidário no contexto educacional.

Percebemos, assim, que a preocupação com o desenvolvimento integral do homem latino-americano, situado na sua cultura, história e realidade, gera uma responsabilidade histórica, na qual a missão da Igreja não pode subtrair-se desses sinais que objetivamente clamam por respostas.

O discurso da educação libertadora convoca a realidade latino-americana a uma nova mentalidade que contribui decisivamente para a consolidação de uma educação compreendida na ótica do serviço que não pode se esquivar de contribuir na promoção cultural humana da sociedade e repudiar qualquer tipo de discriminação. Em Medellín, a partir de uma nova visão eclesiológica, a ação educativa começa a ser entendida como caminho de humanização.

O documento de Medellín trata o tema da educação partindo de uma análise crítica do sistema educacional vigente no continente e considera a distância em relação à promoção integral do homem e de toda a comunidade latino-americana no tocante à democratização da educação. Daí advém a proposta do documento para que a educação se insira no processo de transformação dos povos latino-americanos em uma perspectiva libertadora. Aponta de modo específico as transformações almejadas por meio de uma educação que favoreça o desenvolvimento integral da pessoa.

Opta-se, portanto, em passar de uma educação como privilégio de alguns para uma educação como direito de todos em uma perspectiva de superação da escola católica separada e das elites ricas dos países colonizados em favor de uma política educacional que inclua a participação das instituições católicas em clima de liberdade nos projetos cívicos de seus países. Tem-se a compreensão da educação para além dos muros escolares que constitui uma possibilidade de diálogo com os outros atores e instâncias educativas da sociedade civil, como sinaliza Medellín: "aflora também uma preocupação nova pela educação assistemática que numa linguagem mais próxima pode ser entendida como educação não formal, de crescente importância: meios de comunicação social, movimentos juvenis e tudo quanto contribui para a criação de uma certa cultura popular e para o aumento do desejo de mutação" (MED 4, I, 49).

Acreditamos que a libertação como objetivo da educação integral situa-se no horizonte de uma visão utópica da sociedade, no sentido de que a formação da pessoa desencadeia uma leitura crítica do mundo, sendo essa uma intencionalidade educativa. No entanto, a efetivação concreta dessa educação requer a denúncia de realidades opressivas e injustas e, como consequência, emite o caráter transformador no anúncio de outra realidade.

Constatamos que a Declaração Conciliar assinalou um marco da passagem da escola-instituição à escola-comunidade, ressaltando a dimensão comunitária, não como uma simples categoria sociológica, mas, sobretudo, como um sentir teológico que opta pela comunhão. Em concomitância, as discussões de Medellín sobre a educação são pautadas nessa mesma dimensão, porém acrescidas em suas grandes linhas da educação libertadora que já era parte da experiência da educação popular desenvolvida nas campanhas de educação de base a partir dos métodos inovadores da pedagogia do oprimido de Paulo Freire.

Trazendo os elementos importantes que vão reconstruindo os passos desta tese, trazemos a questão central a que nos dispusemos a buscar respostas: que caminhos da educação integral católica foram percorridos pela Igreja após o Concílio Vaticano II nas trilhas educacionais do Brasil?

Nossa argumentação, nos capítulos anteriores, leva-nos a apresentar ao leitor o modo como compreendemos essas trilhas e como as consideramos em pleno movimento em constante construção e evolução no Brasil.

Os caminhos percorridos foram certamente aqueles traçados em Medellín com a proposta da educação libertadora que já era efetiva nas trilhas brasileiras por meio dos movimentos de educação popular, porém agora traz implicações também às instituições católicas de caráter formal, que em grande parte não se mantiveram indiferente a essa nova proposta. Por meio dos relatos dos boletins da AEC e da reconstrução de autores, percebemos o misto de ousadia e receio que pairava no cotidiano das instituições, quem sabe a mesma dúvida e incerteza dos padres conciliares na compilação da *Gravissimum Educationis*: avançar para novas trilhas ou fazer a manutenção de antigos caminhos? Aqui representados por abrir-se aos novos apelos aos gritos e anseios de um povo que vive aqui e agora, ouvidos e interpretados pelos bispos latino-americanos em Medellín ou manterem-se atrelados aos processos antigos que não emitem mais sentido a uma sociedade em constante mudança.

Percebemos a busca das escolas em colocar-se nas trilhas da renovação, abrindo seus espaços para práticas educativas populares e metodologias renovadas, como também a problemática concreta da própria sobrevivência financeira das instituições que dependia de um público que fazia parte da elite do Brasil. Torna-se ouvido o pronunciamento das famílias a favor de uma educação mais politizada e inserida na realidade, nas dinâmicas que tornavam viva a relação da escola com o mundo e da educação pensada e desenvolvida nos vários âmbitos. Por outro lado, havia também aquelas que resistiam. Nessa dialética, evidenciamos os que acreditavam e os que retrocediam, tendo em questão também a visão educacional católica brasileira que acompanhou por várias décadas uma educação tradicional voltada em grande medida para a elite.

No entanto, parece-nos relevante interceptar que, por essas trilhas, outros autores e peregrinos, imbuídos pelo ideal da educação integral, beberam e deram de beber da fonte que emana do princípio da educação integral: a crença no ser humano como pessoa que, no caminho da vida, é chamada a desenvolver-se plenamente.

Os diálogos tecidos com Anísio Teixeira e Paulo Freire situam a tese no exercício da complementariedade, enfatizando que a educação integral católica não se constitui por seu único pensamento, mas se enriquece quando procura tecer alianças com o que parece oposto, contraditório, e exatamente ali descobre sua capacidade de ser Igreja profética.

Tanto Anísio Teixeira quanto Paulo Freire revelam que o caminho de libertação é condição imprescindível para a prática da democracia, colaboram de forma relevante para que o pensamento educacional católico convergisse nas trilhas do diálogo com a realidade concreta em uma proposta que vai além da educação tradicional e formal, desbravando caminhos para uma educação integral que entrelaça a vida, a comunidade, a sociedade, a escola e a religião, enfim, todas as realidades que compõem a identidade do ser humano.

Tecer diálogos entre a educação católica, que tem sua voz nos documentos, nas instituições e no seu próprio mandato educacional com Anísio Teixeira que tem sua vida radicada na luta por uma educação pública nos moldes da democracia e em Paulo Freire, um apaixonado e incansável promotor de uma educação humanizadora, apontam-nos caminhos a seguir e, embora seja, como adverte a parábola, um caminho estreito, comprometedor e difícil, pode nos conduzir a um modo eficaz de compreensão da realidade e seus anseios por uma educação integral.

Assim, elucidamos algumas trilhas que emanam do horizonte do Concílio Vaticano II. A nova mentalidade de diálogo que desponta do Concílio Vaticano II insere a educação integral católica numa ótica de conviver e integrar outras formas de saberes e pensamentos educacionais em um caminho sinodal, que requer percorrer juntos. Emerge a consciência clarificada que a educação integral não consiste somente em ser parte de um patrimônio teórico pedagógico, prático, político, jurídico ou cristão, mas tem a ver com a existência, com os andares da história e do tempo, a partir do projeto de uma sociedade.

De forma desafiante e atual, a Igreja cresce na sabedoria de uma educação integral que se dá a partir do educar juntos, mesmo se por trilhas distintas, porém com o ideal que mantem o olhar no horizonte, sanando a fratura entre escola, família, comunidade, igreja e sociedade. As instituições educativas despertam para o fato de que a educação integral não é uma experiência privada e isolada, mas um caminho que necessita de um contexto comunitário e de relações com a diversidade presente no outro.

Os pontos elencados encontram consistência no conteúdo deste trabalho, permitindo-nos defender a tese que, até aqui, são muitos e árduos os caminhos e as trilhas percorridas pela educação integral católica, como ficou evidenciado ao longo deste texto, mas, mais do que isso, esta obra permite ensejar e fomentar a propositura de que a educação integral católica no Brasil encontra sua efetivação somente se for capaz de abrir-se a uma conjuntura de diálogo e colaboração com a educação como um todo.

De certa forma, essas trilhas conduzem a educação integral católica a compartilhar do seu projeto, a tecer alianças que incluem e valorizam todas as formas de educação que promovem a integralidade do ser humano. Não se trata de uma aliança exclusiva entre instituições confessionais, mas de uma aliança entre todas as pessoas, instituições, famílias, comunidades que acreditam e projetam a educação das futuras gerações.

Podemos aqui encontrar grande similitude e aproximações com o Pacto Educativo Global, de papa Francisco, que, diante de uma sociedade em constante evolução, inserida em uma metamorfose não só cultural, mas também antropológica, o pontífice convida a humanidade a unir esforços para educar, envolvendo a sociedade como um todo. Nesse sentido, essa pesquisa se inscreve na ótica de colaborar para que esse caminho seja uma utopia a realizar-se nos passos da história, em que a memória da ação educacional integral da Igreja Católica seja uma experiência a reavivar o mandato recebido no Concílio Vaticano II e para além dele.

Disposta a continuar o caminho, como partícipe dessa aliança educativa que a educação integral enseja, reportamo-nos à epígrafe inicial que nos recorda que "não basta o estudo sem a graça". Nos passos da história, estamos todos a caminho, confiantes na bondade insondável de Deus que sempre nos antecede com à sua graça.

Referências

ABREU, J. Anísio Teixeira e a educação na Bahia. In: *Anísio Teixeira: pensamento e ação. Por um grupo de professores e educadores brasileiros*. Retratos do Brasil, v. 3. Rio de Janeiro: Civilização Brasileira, 1960.

ACONE, G. *Fondamenti di pedagogia generale*. Salerno: EdiSud, 2001.

ALBERIGO, G. O Concílio Vaticano II (1962-1965). In: ALBERIGO, G. (Org.). *História dos concílios ecumênicos*. São Paulo: Paulus, 1995.

ALEXANDRIA, C. de. *O pedagogo*. Campinas: Ecclesiae, 2016.

ALTEMEYER, F. J. Educação. In: GODOY, M; AQUINO, F. J. (Org.). *50 anos de Medellín: revisitando os textos, retomando o caminho*. São Paulo: Paulinas, 2017, 83-94.

ALVES, M. M. *Igreja e política no Brasil*. São Paulo: Brasiliense, 1979.

ALVES, M. Sistema católico de educação e ensino no Brasil: uma nova perspectiva organizacional e de gestão educacional. *Revista Diálogo Educacional*, Curitiba, v. 5, n. 16, 209-228, set./dez. 2005.

ARAÚJO, L. A. de. A pedagogia jesuítica e a pedagogia de Anísio Teixeira: Pressupostos da história e historiografia para uma pedagogia como Ciência. *Intelligere*, (7), 18. Disponível em: <https://doi.org/10.11606/issn.2447-9020.intelligere.2019.162176>.

ARCE, E. J. P. La recepción de gravissimum educationis en el documento "educación" de la conferencia de Medellín. In: *Cuadernos de Teología*, v. VII, n. 1, jun. 2015. Disponível em: <https://revistas.ucn.cl/index.php/teologia/article/view/732/622>. Acesso em: 13 nov. 2020.

ARENDT, H. *Il concetto di storia: nell'antichità e oggi*. Valecchi: Firenze, 1970.

ASSMANN, H. *Teología desde la Praxis de la Liberación. Ensayo teológico desde la América*. Salamanca: Sígueme, 1973.

Associação Brasileira de Escolas Católicas Superiores (ABESC). Educação para uma sociedade justa: X Congresso da Associação de Educação Católica do Brasil. *Revista AEC*. Rio de Janeiro, ano 9, 1980, n. 37.

Aubert, R. Il Concilio vaticano II: storia della chiesa dalle origini ai nostri giorni. In: Fliche, A.; Martin, V. *La Chiesa del vaticano II*, v. XXV, San Paolo: Cinisello Balsamo, 1994.

Ávila, F. *Pequena enciclopédia da doutrina social da Igreja*. São Paulo: Loyola, 1995. Verbete Medellín, 28.

Azevedo, F. de et al. *A reconstrução educacional no Brasil. Ao povo e ao governo. Manifesto dos pioneiros da educação nova*. São Paulo: Nacional, 1932.

Azzi, R. Educação e evangelização: perspectivas históricas. *Revista de Educação AEC*, Brasília, ano 21, n. 84, jul./set. 1992, 30-49.

Baldanza, G. *Appunti sulla storia della dichiarazione "Gravissimum educationis": il concetto di Educazione e di Scuola Cattolica: la sua evoluzione secondo i vari schemi*. Seminarium, 1985.

Baraúna, L. J. Fontes brasileiras do Concílio Vaticano II — Fundo Vaticano II. In: Beozzo, J. O. *História do Concílio Vaticano II: A Igreja latino-americana às vésperas do Concílio*. São Paulo: Paulinas, 1993.

Barros, J. D. A. *Teoria da História: a Escola de Annales e a Nova História*. Petrópolis: Vozes, 2012.

_____. O uso da temporalidade na escrita na História. *Saeculum*: revista de História, João Pessoa, n. 13, jul./dez. 2005, 144-155.

Bento XVI. *Discurso do papa Bento XVI durante a audiência a sete novos embaixadores junto da Santa Sé*. Roma: Editrice Vaticana, 2007.

Beozzo, J. O. Medellín: inspirações e raízes. *Revista Eclesiástica Brasileira*, fasc. 232, dez. 1998, 823-850.

_____. *Padres conciliares brasileiros no Vaticano II: participação e prosopografia* — 1959-1965. Tese de Doutorado em História Social. São Paulo, Universidade de São Paulo, 2001. Disponível em: <https://www.teses.usp.br/teses/disponiveis/8/8138/tde-17092002-124007/pt-br.php>. Acesso em: 3 fev. 2020.

_____. *A Igreja no Brasil no Concílio Vaticano II*. 1959-1965. São Paulo: Paulinas, 2005.

Berger, P. L. *O dossel sagrado. Elementos para uma teoria sociológica da religião*. São Paulo: Paulus, 1985.

Bertagna, G. *Avvio alla riflessione pedagogica. Razionalità classica e teoria dell'educazione*. Brescia: La Scuola, 2000.

Bertolucci, M.; Moraes, V. R. Educação Libertadora: conhecimento popular e conhecimento sistematizado no currículo. *Boletim da AEC do Brasil*, v. 4, n. 16, abr./jun., Brasília: AEC do Brasil, 1988, 58-61.

Boff, C. A originalidade histórica de Medellín. In: *Revista Electrónica Latinoamericana de Teología*, 2018, n. 203p. Disponível em: <http://www.servicio skoinonia.org/relat/203p.htm>. Acesso em: 3 jul. 2019.

Bolan, V. *Sociologia da secularização. A composição de um novo modelo cultural.* Petrópolis: Vozes, 1972.

Bourdieu, P. *A economia das trocas simbólicas.* São Paulo: Perspectiva, 2001.

Braudel, F. História e Ciências Sociais: a longa duração. In: Novais; Silva (Orgs.). *Nova História em perspectiva.* São Paulo: CosacNaify, 2011 [1958].

Buber, M. *Encontro. Fragmentos autobiográficos.* Tradução de Sofia Inês Albornoz Stein. Petrópolis: Vozes, 1991.

Burza, V. *Pedagogia, formazione e scuola. Un rapporto possibile.* Roma: Armando, 1999.

Câmara, H. *Circulares pós-conciliares: de 25/26 de fevereiro de 1968 a 30/31 de dezembro de 1968.* Zildo Rocha e Daniel Sigal (Orgs.), v. IV, t. II. Recife: CEPE, 2013, circular [427], 223-226.

_____. Educação para o desenvolvimento. Conferência na Comissão do Palácio da Câmara dos Deputados de Brasília promovida pelo instituto sobre a realidade brasileira. Brasília, 21 jun. 1967b. In: *Secretariado Regional Nordeste II*, CNBB, Recife, apostila n. 12/6, 1-4.

_____. *O deserto fértil.* 3. ed. Rio de Janeiro: Civilização Brasileira, 1976.

Cambi, F. Formazione e comunicazione oggi: un rapporto integrato e dialettico. In: Cambi, F.; Toschi, L. *La comunicazione formativa. Strutture, percorsi, fronteire.* Milano: Apogeo, 2006.

_____. *Saperi e competenze.* Roma: Laterza, 2004.

Canobbio, G. *Chiesa religione salvezza. Il Vaticano II e la sua recezione.* Brescia: Morcelliana, 2011.

Caprille, G. *Il Concilio Vaticano II: cronache del Concilio Vaticano II*, v. VI. Roma: La Civiltà Cattolica, 1965-1969.

Carbone, V. *Gli shemi preparatori del Concilio Ecumenico II*, Monitor Ecclesiasticus, M. D'Auria: Napoli, v. XCVI, fasc.1, 1971.

Carrasco, J. G. *La política docente: Estudio a la luz del Vaticano II.* Madrid: La Editorial Católica, 1969.

Casaldáliga, P. *Espiritualidade da libertação.* 4. ed. Petrópolis: Vozes, 1996 (Coleção Teologia e Libertação III/9).

Castejón, A. Opção pelos pobres: desafios e prospectivas para a educação católica. *Revista de Educação AEC*, n. 47, ano 12, 1983.

Cavalari, R. M. F. *Integralismo: ideologia e organização de um partido de massa no Brasil* (1932-1937). Bauru: Edusc, 1999.

Cavaliere, A. M. Educação integral: uma nova identidade para a escola brasileira. *Educação e Sociedade*. Educ. Soc., Campinas, v. 23, n. 81, dez. 2002, 247-270. Disponível em: <https://www.scielo.br/pdf/es/v23n81/13940.pdf>.

Chasin, J. *O integralismo de Plínio Salgado: forma de regressividade hipertardio*. 2. ed. Belo Horizonte: Uma, 1999.

Coelho, L. M. C. C. *Educação Integral e Integralismo: fontes impressas e história(s)*. Acervo, Rio de Janeiro, v. 18, n. 01/02, jan./dez. 2005, 83-94.

_____. Escola pública de horário integral e qualidade do ensino. *Revista Ensaio*, Rio de Janeiro, v. 11, n. 4, 1996, 121-128.

Condini, M. *Fundamentos para uma educação libertadora*. São Paulo: Paulus, 2014.

Congar, Y. *Diario del Concilio*. Cinisello Balsamo: Paoline, 2005.

Congregação para a educação católica. *A escola católica*. Roma: Editrice Vaticana, 1977.

_____. *A escola católica no limiar do Terceiro Milênio*. Roma: Editrice Vaticana, 1997.

_____. *Comunicado final do congresso mundial "Educar hoje e amanhã. Uma paixão que se renova"*. 2015. Disponível em: <http://www.nfq.va/content/cec/it/congregazione-per-l-educazione-cattolica/attivita/comunicato-finale-del-congresso-mondiale--educare-oggi-e-domani-.html>. Acesso em: 15 jul. 2020.

_____. *Educar hoje e amanhã, uma paixão que se renova*: Instrumentum Laboris. Roma: Editrice Vaticana, 2014.

_____. *Educar juntos na escola católica missão partilhada*. Roma: Observatório Romano, n. 48, 2007.

Conselho Episcopal Latino-Americano. *Medellin. Reflexiones en el CELAM*. Madrid: Biblioteca de Autores Cristianos, 1977.

Conselho Episcopal Latino-Americano — CELAM. *II Conferência Geral do Episcopado Latino-Americano. Conclusões de Medellín. A Igreja na atual transformação da América Latina à luz do Concílio*. 5. ed. São Paulo: Paulinas, 1984.

Coutinho, A. A dimensão humana de Anísio. In: Rocha, J. A. (Org.). *Anísio em movimento*. Coleção Biblioteca Básica Brasileira. Brasília, 2002. Disponível em: <https://www2.senado.leg.br/bdsf/bitstream/handle/id/1060/619664. pdf?sequence=4>.

Crespo, S. Escolas católicas renovadas e a educação libertadora no Brasil. In: Sanchis, P. *Catolicismo: modernidade e tradição*. São Paulo: Loyola, 1992, 153-218.

Cruz, M. da. *Vinte anos a serviço da educação*. Rio de Janeiro: AEC, 1966.

Cunha, L. A. *Educação, Estado e Democracia no Brasil*. São Paulo/Niterói/Brasília: Cortez/EDUFF/Flacso-Brasil, 1ª edição de 1991.

Cunha, M. V. *John Dewey, Uma filosofia para educadores em sala de aula*. Petrópolis: Vozes, 1994.

Cury, C. R. *Ideologia e educação brasileira*. 4. ed. São Paulo: Cortez/Autores Associados, 1988.

Delumeau, J. *Le catholicisme entre Luther et Voltaire*. Paris: Presses Universitaires de France, 1971.

Demaio, C. M. *Formazione e società complessa: il ruolo dela scuola*. Roma: Carocci, 2010.

Dussel, E. D. *De Medellín a Puebla: uma década de sangue e esperança*. v. I. São Paulo: Loyola, 1989.

_____. *Ética da libertação: na idade da globalização e da exclusão*. 2. ed. Petrópolis: Vozes, 2002. Disponível em: <https://observatoriodaevangelizacao.wordpress.com/2018/05/19/Medellín-historiae-simbolo/>. Acesso em: 5 jul. 2019.

Eagleton, Terry. *Ideologia: uma introdução*. São Paulo: Editora da Unesp: Boitempo, 1997.

Éboli, T. *Uma experiência de educação integral*. 3. ed. Rio de Janeiro: Faperj, 1983.

Escola, J. J. J. Paulo Freire e Gabriel Marcel. In: Severino, A. J.; Almeida, C. R. S.; Lorieri, Marcos António (Orgs.). *Perspectivas da Filosofia da Educação*. São Paulo: Cortez, 2010a.

Fávero, O. *Uma pedagogia da participação popular: análise da prática pedagógica do MEB — Movimento de Educação de Base*, 1961-1966. Campinas: Autores Associados, 2006.

Fliche A.; Martin, V. *Storia della Chiesa: Le Lotte politiche e dottrinali nei secoli XVII e XVIII XVIII*/v. 1. Collana Storia dela Chiesa. Roma: Paolo, 1995.

Fochezatto, A.; Conceição, G. H. A proposta da educação problematizadora no pensamento Paulo Freire. *Anais Seminário de Pesquisa em Educação da Região Sul — IX ANPED SUL*, Caxias do Sul, 2012.

Fonseca, D. A. O surgimento do Celam na América Latina. Anais do II Encontro Nacional do GT História das Religiões e das Religiosidades. *Revista Brasileira de História das Religiões*, UEM, Maringá, v. 1, n. 3, 2009, 1-16. Disponível em: <http://www.dhi.uem.br/gtreligiao/pub.html>.

Freire, P. *Conscientização, teoria e prática da libertação: uma introdução ao pensamento de Paulo Freire*. São Paulo: Cortez & Moraes, 1979.

_____. *Ação cultural para a liberdade e outros escritos*. 5. ed. Rio de Janeiro: Paz e Terra, 1981.

_____. *Ação cultural para a liberdade e outros escritos*. 10. ed. São Paulo: Paz e Terra, 2002b.

_____. *Educação como prática da liberdade*. 23. ed. Rio de Janeiro: Paz e Terra, 1999.

_____. *Educação e atualidade brasileira*. 3. ed. São Paulo: Cortez/Instituto Paulo Freire, 2003.

_____. In: Câmara, H., *Palavras e reflexões*. Recife: EDUFPE, 1995, 7-8.

_____. In: TV PUC-Rio: A atualidade do pensamento de Paulo Freire. 23 de abril de 2021. Disponível em: <https://www.youtube.com/watch?v=0mYRG0M4x3A&t=290s>.

_____. *Medo e ousadia: o cotidiano do professor*. Rio de Janeiro: Paz e Terra, 1987.

_____. *Os cristãos e a libertação dos oprimidos*. Lisboa: Edições Base, 1978.

_____. *Pedagogia da indignação. Cartas pedagógicas e outros escritos*. São Paulo: Editora Unesp, 2000.

_____. *Pedagogia do oprimido*. 60. ed. Rio de Janeiro: Paz e Terra, 2016.

_____. *Educação e atualidade brasileira*. São Paulo: Cortez, 2001.

_____. *Política e educação*. São Paulo: Cortez, 1993.

Fusi, G. *L'educazione al tempo del Concílio*. Padova: Editrice Messaggero di Santo'Antonio, 2018.

Gadamer, H. G. *Verdade e método: traços fundamentais de uma hermenêutica filosófica*, v. 1. Tradução de Flávio Paulo Meurer. 10. ed. Petrópolis: Vozes, 2008.

Gadotti, M. *Convite à leitura de Paulo Freire*. 2. ed. São Paulo: Scipione, 1991.

_____. *Paulo Freire: uma biobibliografia*. São Paulo: Cortez/Instituto Paulo Freire. Brasília: UNESCO, 1996.

_____; Freire, P.; Guimarães, S. *Pedagogia: diálogo e conflito*. São Paulo: Cortez/Autores Associados, 1985.

Gallo, S. A escola pública numa perspectiva anarquista. *Revista Verve*, São Paulo, n. 1, 2002, 124-164.

GANDIN, A. L. *Educação libertadora*. Petrópolis: Vozes, 1995.

GARRONE, G. M. *Il Concilio Vaticano II e l'educazione Cristiana: Via, verità e vita* (1968). Milano: Paoline, 2005.

GAYATTO, M. L. C. Abertura do seminário. In: ORTH, L. M. E. (Trad.). *O processo educativo segundo Paulo Freire e Pichon-Rivière*. 2. ed. Petrópolis: Vozes, 1989, 11-13.

GHIRALDELLI, P. *História da Educação*. 2. ed. São Paulo: Cortez, 1994.

GIOIA, F. *Metodi e ideali educativi dell'Antico Israele e del Vicino Oriente*. Città del Vaticano: Libreria Editrice Vaticana, 2008.

GIUMBELLI, E. *O fim da religião. Dilemas da realidade religiosa no Brasil e na França*. Rio de Janeiro: Attar, 2002.

GODOY, M. Verbete: Conferências Gerais do Episcopado Latino-Americano. In: *Dicionário do Concílio Vaticano II*. São Paulo: Paulus, 2015, 2262-2265.

_____. AQUINO, J. F. de. (Org.). *50 anos de Medellín: revisitando os textos, retomando o caminho*. São Paulo: Paulinas, 2017.

_____. Conferências Gerais do Episcopado Latino-Americano. In: PASSOS, J. D. *Dicionário do Concílio Vaticano II*. São Paulo: Paulus, 2015.

GOETHE, J. W. *Faust, Rizzoli*. Milano: Bompiani, 2005.

_____. *Os anos de aprendizado de Wilhelm Meister*. Tradução de Nicolino Simone Neto. 2. ed. São Paulo: Editora 34, 2009 [1975].

GRAMSCI, A. *Cadernos do cárcere: temas de cultura. Ação católica. Americanismo e fordismo*. v. 4. Tradução de Carlos Nelson Coutinho e Luiz Sérgio Henriques. 2. ed. Rio de Janeiro: Civilização Brasileira, 2007.

_____. *Os intelectuais e a organização da cultura*. 7. ed. Rio de Janeiro: Civilização Brasileira, 1989b.

GROPPO, G. Predicazione Apostolica. In: GEVAERT, J. (a cura di). *Dizionario di Catechetica*, Elle Di Ci: Leumann, 1987.

GROSSI, P. *L'Europa del diritto*. Bari: Editori Laterza, 2009.

HOFFER, P. *De Educatione catholica*, ASM (Arquivo da Sociedade de Maria), v. 1-2.6.8, 1990/24.1-2-6-8.

HORTA, J. S. Igreja Católica e educação escolar no Brasil: as ambiguidades da educação libertadora. *Amazônida*: Revista do Programa de Pós-Graduação em Educação da Universidade Federal do Amazonas, Manaus, ano 10, n. 2, jul./dez. 2005, 7-24.

HOUTARD, F. *L'Histoire du CELAM ou l'oubli des origines*. Archives de sciences sociales des religions, 31ème Année, n. 62.1, jul./set., 1986, 93-105.

JAEGER, W. *Cristianismo primitivo y paideia griega*. México: Fondo de Cultura Económica, 1965.

JOÃO XXIII. *Discurso na abertura solene do SS. Concílio Vaticano*, Roma: Editrice Vaticana, 1962.

_____. Discurso do papa João XXIII na abertura solene do Concílio. 1962. In: *Documentos do Concílio Ecumênico Vaticano II*. 5. ed. São Paulo: Paulus, 2001, 21-32.

_____. Humanae Salutis. *Constituição Apostólica*. Roma: Editrice Vaticana, 1961.

_____. Mater et Magistra. *Carta Encíclica*. Roma: Editrice Vaticana, 1961.

KANT, I. Risposta alla domanda: che cos' è illuminismo? In: *Scritti di storia, politica e diritto*, a cura de F. L. Gonnelli. Roma: Bari, 1784.

KASPER, W. *Introduzione ala fede*. Bescia: Queriniana, 1973.

KEMPIS, T. di. *De imitatione Christi. L'imitazione di Cristo*. A cura di V. Nicolini. San Paolo: Milano, 1993.

KLOPPENBURG, B. *Concílio Vaticano II*. v. I: Documentário preconciliar. Petrópolis: Vozes, 1962.

_____. *Revista Eclesiástica Brasileira*, v. 28, fasc. 3, set. 1968.

LÄPPLE, A. *Breve storia della catechesi*. Brescia: Queriniana, 1985.

LE GOFF, J. *História e memória*. Tradução de Bernardo Leitão et al. Campinas: Editora da Unicamp, 1990.

LEÃO XIII. Rerum Novarum. *Carta Encíclica*. Roma: Editrice Vaticana, 1891.

LÉNA, M. *Lo spirito dell'educazione*. Brescia: La Scuola, 1986.

LIBANIO, J. B. Vaticano II: o termo que se faz divisor de águas chama-se hermenêutica. *Revista IHU-ONLINE*. Disponível em: <http://www.ihu.unisinos.br/entrevistas/549939-vaticano-ii-o-termo-que-se-faz-divisor-de-aguas-chama-se-hermeneutica-entrevista-especial-com-joao-batista-libanio>. Acesso em: 14 mar. 2020.

_____. *Igreja contemporânea: encontro com a modernidade*. São Paulo: Loyola, 2000.

_____. Caminhada da Educação Libertadora: de Medellín a nossos dias. *Revista de Educação da AEC*, 1997.

_____. *Educação escolar: políticas, estrutura e organização*. São Paulo: Cortez, 2005.

_____. Medellín: história e símbolo. *Tempo e presença* (1988). Disponível em: <https://observatoriodaevangelizacao.wordpress.com/2018/05/19/Medellín-historiae-simbolo/>. Acesso em: 7 nov. 2021.

_____. *Evangelização e libertação. Reflexões aplicadas à vida religiosa.* Petrópolis: Rio de Janeiro, 1988.

LIMA, D. *Uma análise sociológica das influências da Igreja Católica na elaboração da Lei n. 4024/61 de Diretrizes e Bases da educação Nacional.* Dissertação (Mestrado em Educação), PUC-Rio, Rio de Janeiro, 1975.

LIMA, H. *Anísio Teixeira: estadista da educação.* Rio de Janeiro: Civilização Brasileira, 1978.

LIMA, IR. S. A. (Coord.). *Caminhos novos na educação.* São Paulo: FTD, 1995.

LODIGIANI, R. *Il mito delle competenze tra Procuste e Prometeo.* Milano: Quaderni di Sociologia, 2011. Disponível em: <https://journals.openedition.org/qds/662>. Acesso em: 15 jul. 2020.

LORDA, J. L. *Antropología Teológica.* Pamplona: Universidade de Navarra, 2009.

LÖWY, M. *Ideologia e ciências sociais.* São Paulo: Cortez, 1985.

LUKÁCS, G. *Arte e sociedade: escritos estéticos* 1932-1967. Rio de Janeiro: Editora da UFRJ, 2009.

LYOTARD, J. F. *La condizione postmoderna. Rapporto sul sapere.* Milano: Feltrinelli, 1987.

MACHADO, A. *Campos de Castilla. Parte Provérbios y Cantares,* 1921, n. XXIX.

MACHADO, L. M. Evolução do conhecimento em Administração da Educação no Brasil: um recorte da obra de Anísio Teixeira. In: *II Congresso Luso-Brasileiro de Política e Administração da Educação. Fórum Português de Administração da Educação,* Universidade do Minho e ANPAE, Braga, Portugal, 18-20 jan. 2001.

Manifesto dos Pioneiros da Educação Nova. São Paulo: Nacional, 2010.

MANNHEIM, K. *Libertad y Planificación Democratica.* México: Editorial Fondo de Cultura Económica, 1971.

MARCEL, G. *Homo viator: prolegómenos a una metafísica de la esperanza.* Salamanca: Ediciones Sígueme, 2005.

MARCHINI, W. L. *Descolonizando um Concílio europeu: a revista eclesiástica brasileira e a recepção do Concílio Vaticano II.* Tese (Doutorado em Ciências da Religião). Pontifícia Universidade Católica de São Paulo. São Paulo, 2018. Disponível em: <https://tede2.pucsp.br/handle/handle/22011>. Acesso em: 4 fev. 2020.

MARITAIN, J. *L'educazione al bivio.* Brescia: La Scuola, 1953.

MARIUCCI, S. E. *O mercado da educação e a escola católica: uma abordagem sobre as mudanças na política de gestão educacional nas escolas católicas do Brasil*. Dissertação de Mestrado, 2011. Pontifícia Universidade Católica do Rio Grande do Sul. Disponível em: <http://tede2.pucrs.br/tede2/bitstream/tede/3681/1/431033.pdf>. Acesso em: 22 fev. 2021.

MARROU, H. I. *Storia dell'educazione nell'antichità*. Roma: Etudium, 1950.

MATOS, S. C. M. Grandes pensadores tensionando o I Programa Especial de Educação (1983-1986). *Cadernos de História da Educação*, v. 15, n. 3, set./dez. 2016, 1248-1269. Disponível em: <https://seer.ufu.br/index.php/che/article/view/38494/20299>. Acesso em: 17 jan. 2021.

MAZZOLINI, S. *Vaticano in rete. Um alunga preparazione andata in fumo?* Bologna: Claudiana-Il Mulino, 2012.

MELLONI, A. O que foi o Vaticano II? Breve guia para os juízos sobre o concílio. *Concilium*, v. 4, n. 312, 2005.

MOUALLEM, K. P. *A Igreja greco-melquita no Concílio — Discursos e notas do patriarca Máximo IV e dos prelados de sua Igreja no Concílio Ecumênico Vaticano II*, Eparquia Melquita do Brasil. São Paulo: Loyola, 1992.

MOURA, L. *A educação católica no Brasil*. São Paulo: Loyola, 2000.

NORA, P.; LE GOFF, J. (Orgs.). *História: novos problemas, novas abordagens, novos objetos*. 3 v. Rio de Janeiro: Francisco Alves, 1988.

NUNES, B. Narrativa, discurso e tempo. In: RIEDEL, D. C. *Narrativa: ficção e história*. Rio de Janeiro: Imago, 1998.

NUNES, C. Anísio Teixeira entre nós: a defesa da educação como direito de todos. *Educação & Sociedade*, ano 21, n. 73, 2000, 9-40.

_____. *Anísio Teixeira*. Recife: Fundação Joaquim Nabuco/Editora Massangana, 2010. 152 p.

_____. Anísio Teixeira: a poesia da ação. *Revista Brasileira de Educação*, 2001. Disponível em: <https://www.scielo.br/pdf/rbedu/n16/n16a01.pdf>.

O'MALLEY, J. W. Il Vaticano II, un futuro dimenticato? *Concilium*, n. 41, 2005.

_____. *O que aconteceu no Vaticano II*. Tradução de Barbara Theoto Lambert. São Paulo: Loyola, 2013.

OLIVEIRA, A. R.; OLIVEIRA, N. A. Modelos de formação humana: paideia, Bildung e formação omnilateral. In: CENCI, A.V.; DALBOSCO, A.V.; MÜHL, E. H. (Org.). *Sobre filosofia e educação: racionalidade, diversidade e formação*. Passo Fundo: Ed. Universidade de Passo Fundo, 2009.

OLIVEIRA, R. A. A dimensão teológico-cristã da pessoa humana. In: *Horizonte*. Belo Horizonte, v. 14, n. 42, abr./jun. 2016, 557-605. Disponível em: <http://periodicos.pucminas.br/index.php/horizonte/article/view/P.2175-5841.2016v14n42p557>. Acesso em: 15 fev. 2021.

Origene. *Commento al Cantico dei Cantici*. Roma: Città Nuova, 1997.

Ortega y Gasset, J. *El tema de nuestro tiempo*. Santiago: Editorial Cultura, 1937.

_____. *Meditação da técnica: vicissitudes das ciências-cacofonia na física*. Rio de Janeiro: Livro Ibero-Americano Limitada, 1963.

_____. *El hombre y la gente*. Santiago: Editorial Cultura, 1973.

Padin, C. Educação libertadora proclamada em Medellín. In: *Conclusões da Conferência de Medellín, 1968: trinta anos depois, Medellín é ainda atual?* 3. ed. São Paulo: Paulinas, 2010.

Paiva, J. M. de. Educação jesuítica no Brasil Colonial. In: Lopes, E. M. T.; Faria Filho, L. M. de; Veiga, C. G. (Orgs.) *500 anos de educação no Brasil*. Belo Horizonte: Autêntica, 2000.

Paiva, V. *Paulo Freire e nacionalismo desenvolvimentista*. São Paulo: Graal, 2000.

_____. (Org.). *Catolicismo, educação e ciência*. São Paulo: Loyola, 1991.

Panini, J. Articulação da AEC. In: Lima, S. A. (Coord.) *Caminhos novos na educação*. São Paulo: FTD, 1995a, 114-154.

Parada, H. *Crónica de Medellín*. Bogotá: Indo American Press Service, 1975.

Parisi, P. Linee Cristologiche di Medellín. In: *REVER*, v. 18, n. 2, maio/ago. 2018. Disponível em: <http://dx.doi.org/10.23925/1677-1222.2018vol18i2a6>.

Passos, J. D.; Sanchez, W. L. (Orgs.). *Dicionário do Concílio Vaticano II*. São Paulo: Paulus, 2015.

Paulo VI. *Discorso di Paolo vi nel 50º anniversario della ondazione dello scautismo in Italia*. Roma: Editrice Vaticana, 1966.

_____. Eclesiam Suam. *Carta Encíclica*. Roma: Editrice Vaticana, 1964.

_____. *Exortação apostólica* Evangelii Nutiandi. *Ao episcopado, ao clero aos fiéis de toda a Igreja sobre a evangelização no mundo contemporâneo*. Roma: Editora Vaticana, 1975.

_____. Gaudim et Spes *sobre a Igreja no mundo atual. Constituição Pastoral*. Roma: Editrice Vaticana, 1965.

_____. Gravissimum Educationis *sobre a educação cristã. Declaração apostólica*. Roma: Editrice Vaticana, 1965.

Pedrazzi, L. *Vaticano II in rete*. Bologna: Claudiana-Il Mulino, 2011.

Pesh, H. O. *O Concílio Vaticano secondo: preistoria, svolgimento, risultati, storia postconciliare*. Brescia: Queriniana, 2005.

Pessoa (verbete). In: Mora, J. F. *Dicionário de Filosofia*. v. 3. São Paulo: Loyola, 2001.

PILETTI, N.; PRAXEDES, W. *Dom Helder Câmara: o profeta da paz*. 2. ed. São Paulo: Contexto, 2008.

PINHO, P. M. de. Anísio Teixeira, episódios de sua vida e de sua luta. In: AZEVEDO, F. (Org.). *Anísio Teixeira: pensamento e ação*. Rio de Janeiro: Civilização Brasileira, 1960, 167-90.

PIO XI. Divini Illius Magistri. *Carta Encíclica*. Roma: Editrice Vaticana, 1929.

PREISWERK, M. A questão do método na educação popular e na Teologia da Libertação. *Estudos teológicos*, São Leopoldo, ano 35, n. 1, 1995, 285.

PUHL, A. Organização e administração. In: LIMA, S. A. (Coord.) *Caminhos novos na educação*. São Paulo: FTD, 1995a, 69-101.

QUEIRUGA, T. A. Il Vaticano II e la sua Teologia. *Concilium*, n. 4, 2005.

RAHNER, K. *Vaticano II: um começo de Revelação*. São Paulo: Herder, 1966.

RAMAL, A. In: FÁVERO, M. L. A.; BRITTO, J. M. *Dicionário de educadores no Brasil: da Colônia aos dias atuais*. Rio de Janeiro: Editora da UFRJ: MEC — INEP, 1999, 99-103.

REIS, J. C. Os *Annales*: a renovação teórico-metodológica e "utópica" da História pela reconstrução do tempo histórico. In: SAVIANI, D.; LOMBARDI, J. C.; SANFELICE, J. L. (Orgs.). *História e História da Educação: o debate teórico-metodológico atual*. Campinas: Autores Associados, 1998.

REVISTA ECLESIÁSTICA BRASILEIRA. Petrópolis: Vozes, v. 20, fasc. 1-4, 151-153.

_____. Petrópolis: Vozes, v. 19, fasc.1-4, 1959.

RIBEIRO, A. R. Sob o signo da exclusão, nem cristão nem ciceroniano. *Boletim da AEC do Brasil*, v. 4, n. 16, abr./jun., 17-25, Brasília, AEC do Brasil, 1988.

RICOEUR, P. *Introduction. Le temps et les philosophies*. Paris: Payot, 1978.

ROCHA, T. S. de J.; JUNQUEIRA, S. R. A. Educação libertadora e importantes concepções de educação no contexto histórico brasileiro. In: *Ciberteologia — Revista de Teologia & Cultura*, ano VII, n. 34, abr./maio/jun. 2011. Disponível em: <http://ciberteologia.paulinas.org.br/ciberteologia/wp-content/uploads/downloads/2011>. Acesso em: 22 ago. 2020.

RÖHR, F. *Educação e Espiritualidade. Contribuições para uma compreensão multidimensional da realidade, do homem e da educação*. Campinas: Mercado de Letras, 2013.

ROSSA, L. *AEC do Brasil 60 anos: uma presença católica na educação*. Brasília: AEC, 2005.

_____. Educação libertadora — aspecto histórico. *Revista de Educação AEC*, Brasília, ano 17, n. 67, jan./mar. 1988, 7-16.

RUIZ DE LA PEÑA, J. L. *Imagen de Dios*. Santander: Sal Terrae, 1988.

SAUVAGE, M. *L'école chrétienne e le Concile. Lecture de la Declaration a la lumiére de sa "prehidtoire conciliaire", "orientations"*, n. 18, apr., 1966.

_____. L'espérance fragile d'um témoin. L'itineráire du F. Michel Sauvage (1923-2001). In: CAMPOS, M. A.: Universitat Oberta La Salle, 2014.

_____. *Gravissimum Educationis Momentum*, ASC (Arquivo das Escolas Cristãs), n. 2 EG 381, 7121-7124, 1-4.

SAVIANI, D. *A nova lei da educação: trajetórias, limites e perspectivas*. 4. ed. Campinas: Autores Associados, 2011.

_____. *Educação e questões da atualidade*. São Paulo: Livros do Tatu/Cortez, 1991.

SCOCUGLIA, A. C. *A história das ideias de Paulo Freire e a atual crise de paradigmas*. João Pessoa: Editora Universitária — UFPB, 1997.

SENRA, A. O. *Matizes do privado: a AEC e a defesa da educação escolar católica* (BRASIL, 1945-1994). Tese (Doutorado em Ciências Sociais), Universidade Federal do Rio de Janeiro, Rio de Janeiro, 2007.

_____. *Ação política católica e educação escolar*. Rio de Janeiro: Editora CRV, 2011.

SIERRA, A. M. *Antropología teológica fundamental*. Madrid: BAC, 2002.

SILVA, D. G. A educação libertadora de Paulo Freire. *Revista Tecnia — Revista de Educação e Tecnologia do IFG*, v. 3, n. 2, 2018, 168-180.

SILVA, E. G.; RÖHR, F. Fenomenologia da educação numa era de técnica e tecnologias da informação. *Revista Sul-Americana de Filosofia e Educação*. n. 30, nov./2018-abr. 2019, 75-90. DOI: <https://doi.org/10.26512/resafe.vi30.28243>.

SINISTRERO, V. *Il Vaticano II e l'educazione* (Collana Magistero Conciliare), Elledici: Leumann, 1970.

SIQUEIRA, G. P.; BATISTA, P. A.; SILVA, W. T. A Conferência de Medellín: contexto político-eclesial e a posição sobre a Educação e a Juventude. *Revista Horizonte*, Belo Horizonte, v. 16, n. 50, 648-676, maio/ago. 2018. Disponível em: <http://webcache.googleusercontent.com/search?q=cache:YwRmIF9aA5AJ:periodicos.pucminas.br/index.php/horizonte/article/download/P.2175-5841.2018v16n50p648/13557/&cd=2&hl=it&ct=clnk&gl=br>. Acesso em: 30 de jan. de 2023.

SOARES, D. Marco originário da Educação Libertadora. *Boletim da AEC do Brasil*, v. 4, n. 16, Brasília, AEC do Brasil, 1975, abr./jun., 5-16.

SOUZA, N. Notas sobre os antecedentes históricos da Conferência de Medellín. In: SOUZA, N.; SBARDELOTTI, E. (Orgs.). *Medellín: memória, profetismo e esperança na América Latina*. Petrópolis: Vozes, 2018, 23-40.

STEFANINI, L. *La pedagogia Cristiana. Atti del Convegno di Sholé-Centro di studi pedagogici fra docenti universitari cristiani*. Gargnano, 1954.

STEIN, G. *A educação nos documentos da Igreja Católica Apostólica Romana*. Brasília: Universa, 2001.

SUÁREZ, L. *De scholis catholicis*, AGSP (Arquivo Geral Escolas Pias), K 1/6.

TAVARES, O. Prioridade número um para a educação. Entrevista de Anísio Teixeira ao Diário de Notícias da Bahia, 1952. In: ROCHA, A.; GHIRALDELLI, P. *História da Educação*. 2. ed. São Paulo: Cortez, 1994.

TEIXEIRA, A. *A crise da educação brasileira*. São Paulo: Companhia Editora Nacional, 1961.

_____. *A educação não é privilégio*. Rio de Janeiro: Editora UFRJ, 1971.

_____. *Educação no Brasil*. Rio de Janeiro: Editora UFRJ, 1999.

_____. *Educação para a democracia: introdução à administração educacional*. 2. ed. Rio de Janeiro: Editora UFRJ, 1997.

_____. *Educação progressiva: uma introdução à filosofia da educação*. 2. ed. São Paulo: Companhia Editora Nacional, 1934.

TENÓRIO, A. F.; SCHELBAUER, A. R. A. *A defesa pela educação integral na obra de Anísio Teixeira*. In: *Jornada Histedbr*, 7. Campo Grande, 2007.

TOMAZ, M. S. C. de. *Ortega y Gasset e Paulo Freire: um diálogo entre educação e política*. Dissertação de Mestrado apresentada ao Programa de Pós-Graduação em Educação da Universidade Federal de São João del Rei. 2018. Disponível em: <https://www.ufsj.edu.br/portal2-repositorio/File/mestradoeducacao/Dissertacao%20Mauro%20sergio.pdf>. Acesso em: 24 mar. 2021.

TRILLA, J. A educação não-formal. In: ARANTES, V. A. *Educação formal e não-formal: pontos e contrapontos*. São Paulo: Summus, 2008, 15-58.

VATTIMO, G. *La fine della modernità*. Milano: Garzanti, 1985.

VELOSO, M. S. Princípios doutrinais da Educação libertadora. *Boletim da AEC do Brasil*, v. 4, n. 16, Brasília, AEC do Brasil, 1975, abr./jun., 17-22.

ZACHARIADHES, G. C. *Diálogo, modernização e conflito uma biografia do cardeal Dom Avelar Brandão Vilela*. Tese (doutorado) — Escola de Ciências Sociais da Fundação Getúlio Vargas, Programa de Pós-Graduação em História, Política e Bens Culturais. Rio de Janeiro, 2018. Disponível em: <http://bibliotecadigital.fgv.br/dspace/bitstream/handle/10438/22983/TESE%20COMPLETA.pdf?sequence=1&isAllowed=y>. Acesso em: 25 nov. 2020.

ZANI, V. A. *Educazione e insegnamento nel magistero della Chiesa Cattolica*. Roma: Fabrizio Serra, 2018.

ANEXO A
ATAS E DOCUMENTOS DA SÉRIE 1

AD II/2,4, 1968, 133-135 – de *scholis catholicis* (Relação do Cardeal Giuseppe Pizzardo Presidente da Comissão De Estudos e Seminários).

AD II/2,4, 1968, 136-157 – de *scholis catholicis* (intervenção feita na primeira e segunda congregação da Comissão Central sobre o T1 nos dias 12 e 13 de junho de 1962).

AD II, 2,2, 800-862 – de *studiis academicis ab universitatibus*.

ANEXO B
ATAS SINODAIS DO SACROSSANTO CONCÍLIO ECUMÊNICO VATICANO II

AS I/1, 1970, 96-98 – *Ordo agendorum*.

AS II/2,4, 1968, 133-135 – de *scholis catholicis* (Relação Em, mi P. D. Ioseph Card. Pizzardo) (3bis) (ver tradução em O Testo 1: *De scholis catholicis*, 26-27).

AS/III, 8, 1976, 190-196 – Relação de mons. Daem sobre os documentos e as razões que levaram a elaborar as preposições.

AS/III, 8, 1976, 973-1056 – Observações feitas por escrito em relação ao T4 durante a intervenção de 1963-1964. Textos do Cardeal Doi (Tóquio); McIntyre (Califórnia); Vsc Baldini (Itália); Beat.mus Petrus XVI (Patriarca Armênio); Arc. Baudoux (São Bonifácio); Vsc Dammet Bellido (Cajamara — Peru); Vsc Drzecnik (Maribor — Eslovênia); Maximus IV (Patriarca melquita 1014); Arcv Iul. Weber (Argentora-tensis — Gália); Vsc Math. Weber (Trevirensis); Vsc Taguchi (Osaka — Japão); Conferência Episcopal do México, Guatemala, Colômbia, Venezuela, Brasil, África oriental, Austrália e Indonésia.

AS III/8, 1976, 1041-1041 – Observações feitas por escrito em relação ao T4 durante a intercessão de 1963-1964.

AS/III, 8, 1976, 205-209 – necessidade de reduzir o T5, elaborado em base as observações dos padres, a votação, como sugerido pela Comissão Central, então segue os comentários das singulares proposições do T6.

AS/III, 8, 1976, 222-235 – intervenções dos padres na 124ª plenária de 17/11/1964 sobre o Testo 7. Card Spellman (New York), card. Ritter (St. Louis), Vsc Elchin-Ger (Argentina), Arcv. Cody (New Orleans).

AS/III, 8, 1976, 489-547 – Observações deixadas por escrito pelos padres que haviam renunciado a intervenção verbal ou não puderam fazê-la entre os dias 17 e19 de novembro de 1964. Cardeal GILROY (Sydney), cardeal RUGAMBWA (Bukoba — Tanzânia), bispo ALDAZÁBAL (Santander), bispo BIRCH (Ossory — Irlanda), bispo CAMBIAGHI (Novara), bispo CANZONIERI (Caltagirone), bispo CHIRIBOGA (Latakunga — Equador), bispo CIBRIÁN FERNÁNDEZ (Corococo — Bolívia), bispo DAMMERT BELLIDO (Cajamar — Brasil), bispo DONOHOE (Stockton — São Francisco), bispo DOZOLME (Puy-en Velay — França), bispo GROBLICKI (Cracóvia), Prelazia nullius GROTTI (Acre e Puru — Brasil — Manaus), HOFFER p. (superior geral marianistas), arcebispo JÄGER (Paderborn — Alemanha), bispo LÁSZLÓ (Eisenstadt — Sideropoli — Tanus — Viena), bispo LOPES DE MURA (Pouso Alegre — Castelo Branco — Brasil), bispo MACCARI (Montis Regalis — Mondovi), bispo MCELENEY (Kingston — Jamaica), bispo MCGRATH (Santiago de Veraguas — Panamá), bispo NICODEMO (Bari), bispo PADIN (São Sebastião do Rio de Janeiro), bispo PROBOZNY (amm. Ap. Rozanava da diocese de Kosice — Eslováquia), bispo QUARRACINO (S. Domenico di Nueve de Julio — La Plata — Argentina), bispo ROSENHAMMER (Chiquitania — Bolívia), bispo SCANDAR (Lycopolis dei Cpti [atual Assiut] — Egito), bispo SILVESTRI (Fulginatensis — Foligno — PG), bispo TENHUMBERG (Monasteriensis — Mônaco), ZIGGIOTTI (reitor maior salesiano), bispo ZOA (Yaoundé — Camarões), bispos da Indonésia, muitos padres conciliares, muitos bispos mexicanos).

AS/IV, 4, 1977, 231-247 – O Texto 7 comparado com o texto emendado segundo as observações dos padres em novembro de 1964 e sobre os textos deixados por escrito.

AS/IV, 4, 1977, 247-278 – Resposta aos singulares esquemas propostos.

AS/ IV, 4, 280-287 – Quesitos particulares sobre o texto 8 e relação conclusiva de Mons. Daem.

AS/V, 1, 1989, 122-124 – Relação do cardeal Confalonieri 25/01/1963.

AS/V, 2, 1989, 172 – Verbal do secretário Mayer 09/03/1964.

AS/V, 2,1989, 470-471 – Relação *De scholis* card. Confalonieri.

AS/V, 2, 1989, 121-124 – Redução do esquema 15/01/1964 e carta de Pizzardo 23/01/1964.

AS V/1, 1989, 229-246 – Os 26 números entregues pela comissão de seminários, de estudos e de educação católica em 9 de março de 1963 (n. 231/63).

AS V/1, 1989, 122-124 – Relação card. Confalonieri 26/01/1963.

AS VI/2, 1997, 21 – Pizzardo a Felice 30/01/1963.

ANEXO C
DOCUMENTOS DO CONCÍLIO VATICANO II

Acta Documenta Concilio Oecumenico Vaticano II apparando, 4 v. In 15 tomi + 1 v. Indici (I séri: antepraeparatoria) — 4 v. In 11 tomi (II serie praeparatoria) + 2 v. Di apparati (schemi costituzioni e decreti), Typis Polyglottis. Roma: Città del Vaticano, 1960-1968.

Acta Synodalia Sacrosancti Concilii Oecumenici Vaticani II, 6 v. In 31 tomi+ 1 v. Indici + 2 v. Appendici, Typis Polyglottis Vaticanis. Roma: Città del Vaticano, 1970-1991.

Edições Loyola

editoração impressão acabamento
Rua 1822 nº 341 – Ipiranga
04216-000 São Paulo, SP
T 55 11 3385 8500/8501, 2063 4275
www.loyola.com.br